2013년
개정 민법 해설

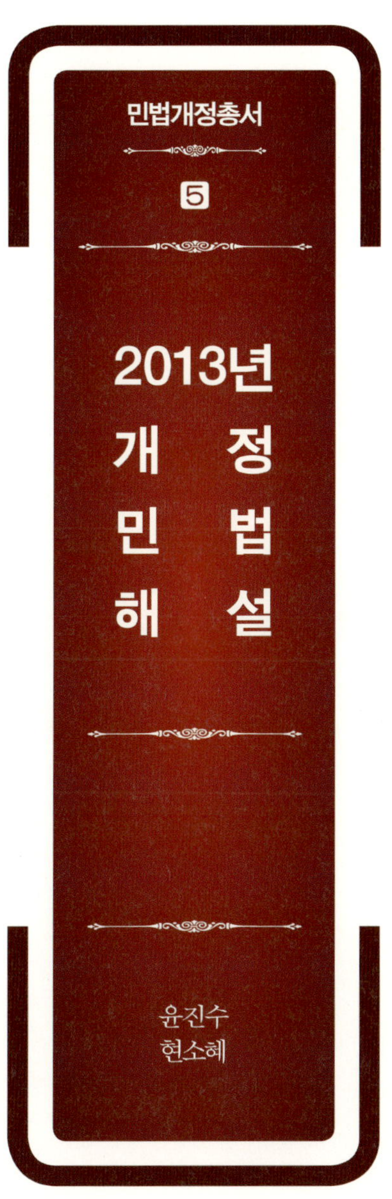
민법개정총서
5
2013년
개 정
민 법
해 설
윤진수
현소혜

MINISTRY OF JUSTICE • REPUBLIC OF KOREA

법무부
MINISTRY OF JUSTICE

발간사

민법은 재산관계와 가족관계를 일반적으로 규율하는 국민 생활의 기본법입니다. 민법의 소관부서인 법무부에서는 민법의 중요성을 깊이 인식하여 그간 민법 개정을 심도있게 논의하였을 뿐만 아니라, 그 민법 개정의 연구 성과를 담아 『법무부 민법총서』 시리즈를 출간해 왔습니다. 『법무부 민법총서』는 민법 개정 논의 과정에서 축적된 자료 등을 담은 『민법개정총서』와 외국민법전 및 해외자료 등을 번역 · 해설한 『비교민법총서』로 구분되어 출간되고 있습니다.

이번에 추가로 발간하는 『민법개정총서』에서는 2013년 7월 시행되는 개정 민법의 해설과 법무부 민법개정위원회에서 논의한 민법 개정시안 등을 수록하였습니다. 앞으로도 법무부에서는 『법무부 민법총서』의 발간을 통해 국민들의 민사법에 대한 이해를 드높이고, 한국 법학의 발전에 기여할 것을 약속합니다. 국민 여러분들의 많은 관심과 지원을 기대합니다.

2013. 7. 1.

법무부장관 황 교 안

축사

2011년부터 2012년에 걸쳐 개정되어 2013년 7월 1일에 시행될 세 개의 '민법 일부개정법률'(이른바 성년후견법, 친권법, 양자법)에 대한 해설서를 개정민법의 시행에 즈음하여 발간하게 된 것은 매우 뜻 깊은 일이고, 또한 시의적절한 일이라고 생각합니다. 이 세 개정 법률은 법무부의 자문기구인 민법(재산법)개정위원회와 가족법개정 특별분과위원회 위원들의 헌신적인 연구의 결과가 입법으로 반영된 것이어서 이 법률들에 대한 해설서를 접하니 민법개정위원회 위원의 한 사람으로서 기쁘기 한량없습니다.

법률이 개정되어 새 제도가 시행되면 국민은 그 내용을 익혀 일상생활에서 적용하는 데에 어려움과 불편을 겪기 마련인데, 이를 조속히 극복하기 위해서는 적극적인 홍보와 친절한 안내가 절실히 요청됩니다. 이 해설서는 이러한 요청에 부응하는 것으로서 매우 의미 있는 저서입니다. 이러한 유용한 자료의 발간을 기획한 법무부 관계관 여러분의 혜안을 높이 평가하며, 알찬 내용의 해설서를 저술한 저자에게도 진심으로 치하의 말씀을 드립니다.

이 해설서는 위의 세 개의 민법 개정 법률의 개정배경과 개정경과를 설명하고, 각 법률의 내용을 조문의 순서에 따라 상세하게 해설하고 있습니다. 그리고 개별조문의 해설에서는 개정안을 마련하는 과정에서 논의된 내용을 간략하게 소개하는 한편 법조문의 의미를 상세하게 설명하고 있어 일반국민이 개정 법률의 내용을 이해하는 데에 많은 도움을 줄 것으로 기대됩니다. 한편 이 해설서는 개정된 조문과 관련된 학설과 판례 및 외국의 입법례를 참조하고, 관련문헌을 충실하게 소개하고 있어 법률전문가에게는 개정된 제도의 올바른 해석과 운용에 좋은 지침을 제시할 것으로 예상됩니다.

개정민법의 해설서가 그 시행에 앞서 발간되게 된 것을 충심으로 축하하며, 아무쪼록 이 해설서가 널리 보급되어 개정민법에 대한 국민의 이해를 도와 일상의 법률생활을 편리하게 하고, 준법정신을 드높여 우리나라가 선진민주국가로 발전하는 데에 크게 이바지하는 밑거름이 되기를 바라는 마음 간절합니다.

2013. 7. 1.

법무부 민법개정위원회 위원장 서 민

머리말

우리 민법은 1958년 제정되어, 시행된 지 약 50년이 지났습니다. 그동안 우리 사회에서는 많은 변화가 일어났고, 국민 생활의 기본법인 민법을 변화된 환경에 맞게 개정하여야 한다는 요청이 지속적으로 있어 왔습니다.

법무부에서는 여러차례에 걸쳐 학식과 명망있는 학자와 법조실무가들로 민법 개정을 논의하는 자문위원회를 구성하여 심도있는 연구 끝에 국회에 민법 개정안을 제출하였습니다. 그 결과 2013년 7월 1일부터 행위능력 · 입양 · 친권 · 후견 등 민법 총칙편과 친족편 규정을 대대적으로 정비한 개정 민법이 시행됩니다.

그간 법무부에서는 『민법개정총서』 시리즈 발간을 통해 법무부가 민법 개정 연구과정에서 수집한 자료를 널리 소개해 왔습니다. 이번에 출간하는 『2013년 개정 민법 해설』은 개정 민법의 시행일에 즈음하여 새로운 민법 조문에 대한 국민들의 이해를 돕고자, 개정 민법의 각 조문이 입법에 이르게 된 취지와 향후 해석 방향을 상세하게 해설하는 책자입니다.

아무쪼록 이 해설서가 개정 민법에 대한 국민들의 이해를 드높이고, 관련 판례의 정립에 올바른 지침을 제공하는 데 기여할 수 있기를 바랍니다. 마지막으로 해설서를 감수해 주신 서민 법무부 민법개정위원회 위원장님과 해설서를 집필해 주신 윤진수 서울대학교 법학전문대학원 교수님, 현소혜 서강대학교 법학전문대학원 교수님께 깊은 감사의 말씀을 드립니다.

2013. 7. 1.

법무부 법무실장 강 찬 우

차례

제1장 행위능력 · 후견

제2장

친권

제3장
입양 등

민법개정총서 05

2013년
개정 민법 해설

민법개정총서 05

2013년 개정 민법 해설

제1장 행위능력 · 후견

제1절 개정경위

1. 개정의 배경

2013년 개정 전 민법상 행위무능력 제도는 한정치산과 금치산으로 대별된다. 요건과 효과에는 다소간의 차이가 있지만, 두 제도는 모두 사건 본인으로부터 행위능력을 포괄적으로, 그리고 전면적으로 박탈한다는 특징을 갖는다. 심신미약 또는 심신상실 상태에 있는 사람의 의사결정을 제3자, 즉 후견인으로 하여금 대신 하도록 하거나, 후견인의 동의를 받아야만 할 수 있도록 함으로써 비합리적인 의사결정에 따른 각종의 위험으로부터 행위무능력자 본인을 보호하기 위함이다. 그러나 이와 같은 행위무능력제도는 그다지 활발하게 이용되지 못하였다. 그 이유로는 다음과 같은 점을 들 수 있다.[1]

1 기존 행위무능력 제도의 문제점을 지적하고 있는 문헌으로 성년후견제도연구회, 성년후견제도 연구, 2007, 19-21면; 南潤鳳, "高齡化 社會에서의 成年後見에 관한 硏究", 法과 政策硏究 第8輯 第2號(2008), 3-6면; 박인환, "새로

첫째, 행위무능력 제도는 한정치산자 및 금치산자로부터 행위능력을 전면적으로 박탈함으로써 그들을 보호한다는 미명 하에 오히려 그들의 자기결정권을 침해하는 결과를 가져오게 되었다. 행위무능력자로 선고된 사람은 더 이상 자신의 의사에 따라 일상생활을 자유롭게 향유할 수 없으며, 타인(후견인)의 간섭에 자신의 삶을 지배당하게 된다.

둘째, 행위무능력 제도는 한정치산자 및 금치산자로부터 행위능력을 포괄적으로 박탈함으로써 그들의 잔존능력을 부인한다. 어떤 사람에게 의사능력이 있는지 여부는 "전부 또는 전무(all or nothing)"의 기준에 의해 일률적으로 판단할 수 있는 것이 아니다. 사람의 의사능력은 연령에 따라, 지능에 따라 또는 그가 가지고 있는 정신질환의 종류와 정도에 따라 탄력적으로 변화한다. 그럼에도 불구하고 행위무능력 제도는 이와 같은 인간 정신의 가변적 성격을 고려하지 않고, 일률적으로 행위능력을 부정하고 있으므로, 구체적 사정 변경에 따른 제도의 탄력적 운영이 불가능하다.

셋째, 한정치산, 금치산 선고를 받을 경우 그 사실이 가족관계등록부에 기재될 뿐만 아니라, 그 선고와 동시에 공무원법을 비롯한 이백여 개의 법률에 의해 자격을 박탈 또는 금지당한다. 이와 같은 "낙인"과 "사회로부터의 격리"는 정신장애를 가지고 있는 사람들에 대한 차별로써 「UN장애인권리협약(The Convention on the Rights of Persons with Disabilities)」에 위반되는 것이다.

넷째, 한정치산자 또는 금치산자의 법정대리인이 될 수 있는 후견인의 숫자를 1인으로 한정하고, 그 자격을, 친족, 그 중에서도 근친자, 최연장자 또는 배우자 등의 순으로 엄격하게 법정하였으므로, 행위무능력자를 위해 적절한 보호를 제공할 것으로 기대할 수 없는 사람이 후견인으로 되는 경우가 비일비재하였다.

다섯째, 후견인의 권한남용을 방지하기 위해 감독기관으로써 친족회 제도가 마련되어 있기는 하였으나, 사실상 유명무실한 경우가 많았다. 친족회가 소집된 경우라도 후견인과의 밀접한 관계 등으로 인해 실질적인 감독기능을 수행하지 못하였기 때문이다.

운 성년후견제 도입을 위한 민법개정안의 검토", 가족법연구 제24권 1호(2010), 34-37면; 신은주, "우리나라에서 성년후견제도의 도입", 한국의료법학지 제17권 제6호(2009), 20-26면 등 참조.

여섯째, 후견을 필요로 하는 사람들은 그 특성상 신상에 관한 보호가 더 절실하게 요구됨에도 불구하고, 행위무능력 제도는 주로 재산관리를 중심으로 법조문이 구성되어 있었으므로, 정작 수범자의 수요에 부응하지 못하였다.

2. 개정의 경과

행위무능력 제도의 문제점을 해결하기 위하여 새로운 후견 제도를 도입하자는 주장이 1990년대부터 꾸준히 제기되었다. 특히 21세기 이후 사회의 고령화가 급속히 진행되면서 인지증(치매) 환자의 수가 증가하는 한편, 정신장애인의 인권에 대한 민감성이 높아지자 이러한 주장은 더욱 힘을 얻게 되었다.

그 결과 2006년에는 이은영 의원 등 20인이 「성년후견에 관한 법률안」을, 2007년에는 장향숙 의원 등 10인이 「민법 일부개정법률안」을 제출하였다. 이 중 이은영 의원 안은 민법상 한정치산 및 금치산 제도를 그대로 유지하는 것을 전제로 "특별법"으로써 정신장애 또는 신체장애인이 손쉽게 이용할 수 있는 성년후견 제도 및 성년후견 계약 제도를 도입하는 것을 주된 내용으로 하고 있다. 민법상 행위무능력 제도를 이용하는 대신 법원에 의해 선임된, 또는 본인이 계약에 의해 스스로 선택한 후견인이 본인을 위해 재산의 처분과 관리, 보험 및 사회복지의 수혜 등을 위한 청구, 의료시술의 선택, 간병인이나 가사보조원의 선임 등의 법률행위를 대리할 수 있도록 하는 것을 주된 내용으로 한다. 반면 장향숙 의원안은 기존의 행위무능력 제도를 완전히 폐지하고, 성년후견 제도로 이를 갈음하기 위해 "민법" 자체를 개정하는 것을 목적으로 한다. 법원이 정신장애 또는 신체장애인에 대해 피후견 선고를 내리면서 후견인의 동의를 얻어야 하는 의사표시의 범위를 정하는 한편, 가장 적절한 자를 후견인으로 선임하되, 복수의 후견인을 둘 수 있도록 하였다. 그러나 위 안들은 모두 국회 임기만료로 폐기되었다.

그 후 법무부는 교수, 판사, 변호사 등으로 구성된 민법개정위원회 제2분과에서 성년후견 제도 도입을 위한 민법 개정안 마련 작업을 진행하였고, 2009. 9. 18. 입법예고와 같은 달 30. 공청회 등을 거쳐 정부안을 확정하였다. 이와 같이 확정된 정부안은 2009. 12. 29. 국회에 제출되었는데, 이는 주로 "사회복지적 관점에서 민법상 금치산·한정치산 제도를, 현재 정신적 제약을 가지고 있는 사람은 물론 미래에 정신적 능력이 약해질 상황에 대비하여 후견제도를 이용하려는 사람이 재산 행위 뿐만 아니라 치료, 요양 등 복리에 관한 폭넓은 도움을 받을 수 있는 성년후견제로 확대·개편"[2]하는 것과 청소년의 신체적·정신적 성숙과 사회·경제적 현실을 감안하여 민법상 성년 연령을 만19세로 낮추는 것을 주된 내용으로 하고 있다.[3]

한편 2008. 8. 4.에는 황영철 의원 등 16인이 민법상 성년 연령을 만19세로 낮추는 것을 주된 내용으로 하는 「민법 일부개정법률안」을, 2009. 10. 27.에는 나경원 의원 등 17인이 성년후견 제도 및 후견법인 제도의 도입을 목적으로 하는 특별법 제정을 위해 「장애성년후견법안」을, 2010. 1. 8.에는 박은수 의원 등 39인이 성년후견제도의 이용자를 신체장애인에게까지 확대하는 것을 주된 내용으로 하는 「민법 일부개정법률안」을, 2010. 6. 30.에는 신학용 의원 등 13인이 민법에 성년후견제도를 도입하되, 그 공시방법을 등기로 하고, 후견계약에 관해서는 특별법을 제정할 것을 주장하면서 「민법 일부개정법률안」, 「임의후견에 관한 법률안」, 「후견등기에 관한 법률안」을 발의하였다.

법제사법위원회는 성년후견과 관련하여 제출된 위 각 안을 함께 심의한 결과 정부안을 기본으로 하되, 의원안의 입장을 반영하여 청구권자의 범위 및 공시방법 등에 관하여 일부 수정을 가한 법제사법위원회 대안을 마련하였고, 그 대안이 2011. 2. 18. 국회 본회의를 통과하여 2011. 3. 7. 법률 제10429호로 공포되었다. 이와 같은 경과에 따라 공포된 개정민법은 2013. 7. 1.부터 시행될 예정이다.

2 정부 발의 민법 일부개정법률안 제안이유의 표현을 그대로 차용한 것이다.

3 정부안의 주된 내용과 정부안 마련 경과에 대해 자세히는 법무부 민법개정자료발간팀 編, 2013년 개정민법 자료집, 2012, 법무부(이하 "자료집"이라고 약칭한다.), 46-52면 참조.

3. 개정 내용

개정민법이 새롭게 도입한 성년후견 제도란 "장애, 노령 등에서 비롯된 정신적 제약으로 인하여 재산이나 신상에 관한 사무를 처리할 능력이 부족한 사람의 의사결정이나 사무처리를 돕는 법적 지원 장치"[4]를 말한다. 성년후견제도 도입 당시 이를 위해 특별법을 제정할 것인지 또는 민법을 개정할 것인지가 문제되었으나, 기존의 행위무능력 제도가 존치되는 이상 "낙인과 배제"라고 하는 고질적인 병폐를 해결하는 것이 불가능하므로, 민법 자체를 개정하는 것으로 하였다.[5] 이하에서는 개정민법을 해석함에 있어서 지도이념이 되는 성년후견의 기본원리를 소개하고, 개정민법상 후견제도의 전체적인 체계를 개관한다.

가. 기본원리

성년후견제도를 지배하는 원리는 다음 몇 가지로 나누어 볼 수 있다. 필요성, 보충성, 그리고 보편화(또는 정상화, normalization)의 원리 등이 그것이다.[6] 이 중 필요성의 원리란, 피후견인에게 필요한 한도 내에서만 후견이 개시되어야 함을 의미한다. 후견을 통하지 않고도 충분한 보호를 제공할 수 있다면, 후견은 개시되어서는 안 되며, 설령 후견이 개시되더라도 그 정도와 범위는 필요최소한의 것으로 제한되어야 한다. 이를 통해 요보호성년의 잔존능력을 최대한 활용할 수 있도록 하기 위함이다. 보충성의 원리란 본인 스스로의 의사에 의해 해결할 수 없을 때 비로소 국가 또는 제3자가 개입할 수

4 구상엽, "개정민법상 성년후견제도에 대한 연구 – 입법 배경, 입법자의 의사 및 향후 과제를 중심으로 –", 서울대학교 대학원(박사학위논문), 2012. 4, 31-32면.

5 구상엽(주 4), 31면 참조. 그 밖에 특별법 제정 대신 민법 개정을 지지한 문헌으로 南潤鳳(주 1), 16-17면; 엄덕수, "성년후견 법안, 그 쟁점과 입법 방향", 法務士 제516호(2010), 20면; 이영규, "성년후견법안의 검토 및 향후과제", 경남법학 제26집(2010), 221-222면; 김명엽, "성년후견제도 도입을 위한 법무부 입법안의 개선에 관한 연구", 法과 政策 第16輯 第2號(2010), 28-29면 등 참조. 반면 특별법 제정을 지지한 문헌으로 김은효, "민법(성년후견)일부 개정안에 대한 소론", 법률신문 제3793호(2009. 11. 16.), 15면 참조.

6 성년후견제도의 지도원리의 자세한 내용에 대해서는 대표적으로 宋鎬烈, "成年後見法制化의 基本原則과 方向", 동아법학 제33호(2003), 181-216면; 이영규(주 5), 218-221면; 제철웅, "요보호성인의 인권존중의 관점에서 본 새로운 성년후견제도", 民事法學 제56호(2011), 279-284면; 제1차 성년후견법 세계대회가 발표한 요코하마 선언(Yokohama Declaration) 등 참조.

있음을 의미한다(자기결정권의 존중). 개입을 할 때에도 그것은 부차적인 것에 불과하며, 본인의 의사를 확인할 수 있는 한, 본인의 의사가 타인에 의한 결정에 우선할 수 있도록 하여야 한다. 보편화의 원리란, 정신장애가 있는 사람이라도 사회로부터 배제하거나 격리하는 대신, 그가 속한 사회의 다른 구성원과 더불어 조화롭게 살아갈 수 있도록 사회적 여건 자체를 개선해 나가야 함을 의미한다. 이를 위해 성년후견제도는 누구에게나 원칙적으로 의사결정능력이 있는 것으로 추정하다.

위와 같은 성년후견의 기본원리 원리는 모두 자기결정권을 실질적으로 보장하는 것을 목적으로 한다. 다소간 비합리적인 결정일지라도 본인의 자율적 의사가 최대한 존중될 수 있도록 하는 것이다. 이를 통해 비로소 피후견인은 타인결정의 객체로부터 자기결정의 주체로 그 법적 지위가 격상될 수 있다.

나. 체계

개정민법은 후견을 크게 미성년후견과 성년후견으로 구별하였다(개정민법 제4편 제5장 제1절). 미성년자에 대해서는 여전히 포괄적인 보호와 교양이 필요하므로(제913조), 친권자가 더 이상 미성년자를 위해 친권을 행사할 수 없는 경우 미성년후견이 개시되도록 하였다. 반면 성년자에 대해서는 자기결정권 존중의 이념 하에 필요성 · 보충성 · 보편성의 원리에 따라 후견의 종류를 다원화하는 한편, 그 내용 역시 탄력적으로 구성하였다.

성년자가 이용할 수 있는 후견 제도는 다시 성년후견, 한정후견, 특정후견 및 후견계약으로 나누어진다. 이 중 성년후견, 한정후견, 특정후견은 법원의 선고를 요하는 법정후견인 반면, 후견계약은 본인의 의사에 따라 체결되는 임의후견이다. 법정후견은 원칙적으로 임의후견이 존재하지 않는 경우에만 개시될 수 있도록 함으로써 보충성의 원리를 실현하고, 자기결정권을 최대한 보장하였다(제959조의20).

법정후견제도를 설계함에 있어서는 '일원적 구성'[7]을 택할 것인지, 또는 '다원적 구

7 일원적 구성이란 후견의 유형을 나누지 않고 재판부가 사안별로 후견의 내용을 정하는 방식을 말한다. 독일민법상 "Betreuung"이 이러한 구성을 택하고 있다. 일원적 구성의 장단점에 대해서는 구상엽(주 4), 33-34면 참조.

성'을 택할 것인지를 두고 많은 논란이 있었으나, 기존의 한정치산·금치산 제도와의 연속성 및 법원의 심리부담 등을 고려하여 다원적 구성이 채택되었다.[8] 그 결과 법정후견은 본인의 사무처리능력과 후견인에 의한 개입의 필요성의 정도에 따라 성년후견, 한정후견, 특정후견으로 나누어진다. 그러나 실제 각 후견유형의 본질은 '일원적 구성'과 매우 유사하다. 즉 각 유형의 후견이 개시된 경우라도, 그 효과가 법정되어 있지 않으며, 사안에 따라 유연하게 변화한다. 즉 성년후견이 개시된 경우에는 가정법원이 필요한 한도 내에서 피성년후견인이 단독으로 할 수 있는 법률행위의 범위를 정할 수 있고, 반대로 한정후견이 개시된 경우에는 필요한 한도 내에서 피한정후견인이 후견인의 동의를 받아야만 하는 법률행위의 범위를 정할 수 있다. 성년후견이나 한정후견과 같은 지속적·포괄적 보호 대신, 일시적 후원 또는 특정사무에 관한 후원만으로도 충분한 보호를 제공할 수 있을 때에는 특정후견 제도를 이용할 수 있다. 요컨대 법정후견제도 전반에 걸쳐 필요한 한도 내에서 후견이 개시된다고 하는 필요성의 원리가 실현되고 있다.

한편 피후견인이 후견 개시 후에도 종래의 생활을 유지하면서 계속 사회의 일원으로서 살아갈 수 있기 위해서는 그를 위한 신상감호사무가 적절하게 제공되어야 한다. 따라서 개정민법은 법정후견이 개시된 경우 재산관리에 관한 규율 외에 신상감호에 관한 다수의 조문을 별도로 마련함으로써 보편화의 원리를 실현하였다.

8 다원적 구성의 의의와 구체적인 내용에 대해서는 김형석, "민법 개정안에 따른 성년후견법제", 家族法研究 第24卷 2號(2010), 113-116면 참조. 그 밖에 입법론으로서 다원적 구성을 지지한 문헌으로 南潤鳳(주 1), 18-19면; 宋鎬烈(주 6), 211면; 신은주(주 1), 28면; 제철웅, "성년후견제도의 개정방향", 민사법학 제42호(2008), 141면 등. 반면 입법론으로서 일원적 구성을 지지한 문헌으로 엄덕수(주 5), 20면; 이영규(주 5), 222-223면 등. 역시 다원적 구성을 지지하면서 보조 및 한정치산 후견의 이원체계를 택할 것을 주장하였던 견해로 정남휘, "성인후견제도의 입법적 고찰", 법무사 506호(2009), 24면 참조.

제2절 조문별 해설

Ⅰ. 행위능력

○ **제4조**

현행	개정
第4條(成年期) 滿20歲로 成年이 된다.	제4조(성년) 사람은 19세로 성년에 이르게 된다.

종전의 민법은 성년기를 만20세로 규정하였다. 그러나 이러한 민법의 규정은 여타의 법령과 충돌하는 경우가 많았다. 가령 「공직선거법」은 만19세 이상의 자에게 선거권을 부여하고 있으며, 「청소년보호법」이나 「소년법」 역시 만19세를 법률의 적용기준으로 삼고 있다. 또한 많은 청소년들이 만19세에 달할 즈음이면 취업을 하거나, 설령 취업을 하지 않더라도 예금통장 개설, 학자금 대출, 이동통신 서비스 가입, 기호물품의 구입 등 다양한 종류의 법률행위를 스스로 하게 되는 것이 사회의 현실이다. 개정민법 제4조는 이와 같은 청소년의 사회진출시기와 신체적·정신적 성숙도를 반영해 성년기를 만19세로 하향조정하였다.[9]

따라서 사람은 만19세가 됨과 동시에 성년자가 되며, 성년후견 또는 한정후견개시 심판을 받지 않는 이상, 완전한 행위능력을 갖는다. 그에 대한 친권은 종료하며, 그는 단독으로 유효한 법률행위를 할 수 있다. 동 조문은 2013. 7. 1.부터 일괄적으로 시행되므로, 2013. 7. 1. 당시 만19세 이상인 사람이라면, 설령 만19세가 될 당시 민법 규정에 따라 성년으로 인정받지 못한 사람이라도, 법 시행일과 동시에 성년으로서의 지위를 취득한다. 그러므로 2013. 7. 1. 이후 만20세에 달할 때까지 그가 법정대리인의 동의

9 개정민법 제4조의 입법취지와 입법경위에 대해서는 자료집, 104-111면 참조. 이에 반대하면서 성년연령을 오히려 상향조정해야 한다는 견해로 김판기, "2011년 민법개정과 향후 과제", 법학연구 제19권 제2호(2011), 47면.

없이 행한 법률행위는 더 이상 행위무능력을 이유로 취소할 수 없다.

○ 제9조

현행	개정
第9條(限定治産의 宣告) 心神이 薄弱하거나 財産의 浪費로 自己나 家族의 生活을 窮迫하게 할 念慮가 있는 者에 對하여는 法院은 本人, 配偶者, 4寸以內의 親族, 後見人 또는 檢事의 請求에 依하여 限定治産을 宣告하여야 한다.	제9조(성년후견개시의 심판) ① 가정법원은 질병, 장애, 노령, 그 밖의 사유로 인한 정신적 제약으로 사무를 처리할 능력이 지속적으로 결여된 사람에 대하여 본인, 배우자, 4촌 이내의 친족, 미성년후견인, 미성년후견감독인, 한정후견인, 한정후견감독인, 특정후견인, 특정후견감독인, 검사 또는 지방자치단체의 장의 청구에 의하여 성년후견개시의 심판을 한다. ② 가정법원은 성년후견개시의 심판을 할 때 본인의 의사를 고려하여야 한다.

1. 제1항

가. 실체적 요건

가정법원은 질병, 장애, 노령, 그 밖의 사유로 인한 정신적 제약으로 사무를 처리할 능력이 지속적으로 결여된 사람에 대하여 일정한 자의 청구에 의해 성년후견개시의 심판을 한다. 종래의 민법은 "심신미약" 또는 "심신상실"과 같은 인간의 정신상태를 기준으로 한정치산 또는 금치산 선고 여부를 결정하였으나, 개정민법은 이와 같은 정신적 제약으로 말미암아 "사무를 처리할 능력"이 결여되었는가라는 기능적 관점에서 성년후견의 개시 여부를 결정하도록 하였다.[10] 정신능력 또는 의사결정능력의 유무有無나 정

10 같은 취지로 백승흠, "성년후견제도의 도입과 과제", 법학논총 제27집 제1호(2010), 31면 참조.

또는 시기·사안 또는 환경에 따라 유동적으로 변화할 수 있음을 고려한 것이다.

신체장애로 인해 사무를 처리할 능력이 지속적으로 결여된 경우에도 성년후견개시 심판을 할 수 있는가. 개정민법이 후견의 복지적 측면과 신상보호적 요소를 강조하고 있음을 근거로 긍정하는 견해[11]가 없지 않으나, 부정하여야 할 것이다. 민법 제정 당시 입법자는 '聾者, 啞者, 盲者'를 준금치산자로 정하던 의용민법의 규정을 폐지하였을 뿐만 아니라, '신체에 중대한 결함' 있는 자를 한정치산의 원인으로 규정하지 않기로 결정하였는데, 개정 민법 역시 이와 같은 제정 민법의 태도를 존중하여 신체장애를 성년후견의 개시원인으로 열거하지 아니하였다.[12] 물론 신체적 장애로 말미암아 정신적 제약이 초래되어 사무를 처리할 능력이 결여되기에 이르렀다면 성년후견이 개시될 수 있을 것이다.

성년후견이 개시되기 위해서는 질병, 장애, 노령, 그 밖의 사유로 인한 정신적 제약으로 사무를 처리할 능력이 "지속적으로" 결여되어야 한다. 이때 지속적으로 결여되어 있다 함은 장차 상당한 기간 내에 그의 사무처리능력이 회복될 가능성이 없음을 의미한다. 가령 식물인간 상태에 있다거나, 자신이나 가족의 이름 또는 거소도 기억하지 못할 정도로 일상적인 인지능력이 떨어져 있는 경우 등이 그 예로 거론되고 있다.[13] '지속적 결여'라는 성격 외에 성년후견은 한정후견과 그 요건에 있어서 본질적인 차이가 없다. 기존의 금치산 제도와의 연속성을 유지하기 위해 한정후견과 별도의 제도로 규정한 것에 불과하다. 이러한 의미에서 성년후견은 "강화된 한정후견"[14]으로서의 성격을 갖는다.

11 박인환(주 1), 43면; 백승흠(주 10), 31면; 신은주(주 1), 34면; 윤일구, "성년후견제도 도입에 따른 문제점과 과제", 法學論叢 第32輯 第2號(2012), 183면. 입법론으로서 신체장애를 후견개시사유로 인정해야 한다는 견해로 엄덕수(주 5), 20면; 김판기(주 9), 59면 참조.

12 김형석(주 8), 125면; 구상엽(주 4), 40-41면.

13 구상엽(주 4), 62-63면 참조.

14 김형석(주 8), 123면

나. 절차적 요건

개정민법은 성년후견의 개시를 위해 반드시 일정한 자에 의한 청구를 요구한다. 외국 입법례의 경우 법원이 직권으로 후견을 개시할 수 있도록 하는 경우가 많고, 입법 당시에도 직권개시 규정을 두어야 한다는 주장[15]이 있었으나, 우리 사회의 현실상 일정 범위의 근친이 실질적으로 절차의 개시를 주도할 가능성이 높고, 그렇다면 근친을 청구권자로 규정함으로써 불복이 가능하도록 할 필요가 있다는 점, 외국의 사례를 보더라도 직권개시가 남용되거나 형해화되는 경우가 많다는 점 등을 고려하여 청구를 요하는 것으로 규정하였다.[16]

성년후견개시심판을 청구할 수 있는 사람은, 본인, 배우자, 4촌 이내의 친족, 미성년후견인, 미성년후견감독인, 한정후견인, 한정후견감독인, 특정후견인, 특정후견감독인, 검사 또는 지방자치단체의 장이다. 이 중 '본인'은 사무처리능력이 지속적으로 결여되어 있는 사람일 것이므로, 그가 스스로 성년후견개시심판을 청구하는 경우는 드물 것이다. 그러나 일시적으로 그의 의사능력이 회복되었을 때라면 본조에 의해 당연히 성년후견개시심판을 청구할 수 있다.[17] 다만, 심판절차 중 그의 의사가 충분히 반영될 수 있도록 절차보조인의 조력을 받을 수 있도록 하는 제도의 신설이 요망된다.

'배우자'는 본인의 법률혼 배우자를 의미한다. 사실상 이혼 상태에 있는 배우자라도 성년후견개시심판을 청구할 수 있다. 다만, 가정법원은 성년후견의 개시 여부 및 후견인을 결정함에 있어서 사실상 이혼 상태에 있는 배우자가 성년후견제도를 남용하여 부당한 이득을 취하는 일이 발생하지 않도록 유의하여야 할 것이다. 사실혼 배우자는 성년후견개시심판의 청구권자가 아니다. 그는 검사 또는 지방자치단체의 장 등에게 그 청구를 하여줄 것을 촉구하는 수밖에 없다. '4촌 이내의 친족'인지 여부 역시 민법 제767조 이하의 규정에 의해 형식적으로 결정된다. 종래의 금치산선고 청구권자였던 '4

15 자료집, 227면; 김형석(주 8), 127면 각주 25) 참조.

16 김형석(주 8), 126면; 백승흠(주 10), 31-32면. 그 밖에 宋鎬烈(주 6), 188면은 ① 법원의 직권절차개시의 적법성을 담보할 기구가 없고, ② 직권개시시 국가가 감정 등 제반비용을 부담하여야 하는데, 그 액수가 과도하다는 점 등도 근거로 들고 있다.

17 같은 취지로 구상엽(주 4) 65면.

촌 이내의 친족'과 그 의미가 동일하므로, 자세한 설명을 생략한다.

'미성년후견인'과 '미성년후견감독인'에게 성년후견개시심판 청구권한을 인정한 것에 대해서는 의문을 제기하는 견해가 있을 수 있다. 위 청구에 따라 실제로 성년후견이 개시될 경우 친권이 종료되는 것인지 또는 친권과 후견이 병존하는 것인지 여부, 만약 친권이 종료된다면 피성년후견인에 대한 신상감호의무를 누가 부담할 것인지, 친권이 종료되지 않는다면 친권자와 후견인간의 관계는 어떻게 되는지 여부 등의 문제가 발생할 수 있다는 것이다.

그러나 미성년후견인 또는 미성년후견감독인에게 청구권을 인정하지 않는다면, 사무처리능력이 지속적으로 결여된 미성년자가 성년이 된 직후부터 실제로 성년후견개시심판이 내려질 때까지 보호의 공백이 발생할 수 있으므로, 사전에 성년후견개시심판을 받아 놓을 수 있도록 그 청구권한을 인정함이 타당하다. 다만, 미성년후견은 포괄적 보호를 그 내용으로 하는 반면, 성년후견은 필요에 따른 탄력적 보호만을 제공한다는 점, 개정민법이 미성년후견과 성년후견을 체계적으로 구별하고 있다는 점 등에 비추어 볼 때 아직 미성년인 자에 대해서는 성년후견을 개시할 수 없고, 심판 당시 성년후견개시시점을 특정하여 시기의 도래와 동시에 성년후견의 효력이 발생하도록 할 필요가 있다.[18] 이에 대해서는 피성년후견인은 오로지 후견인의 대리에 의해서만 법률행위를 할 수 있는 반면, 미성년자는 후견인의 동의만으로 법률행위를 할 수 있으므로, 경우에 따라 사무처리능력이 지속적으로 결여된 미성년자의 보호에 미흡할 수 있다는 비판이 제기될 수 있을 것이나, 이와 같은 문제는 미성년후견인이 사실상 미성년자의 법률행위에 동의하지 않음으로써 그의 보호에 만전을 기한 방법 등을 통해 현실적으로 해결될 수 있을 것이다.

본인에 대해 이미 한정후견 또는 특정후견이 개시되어 있는 경우 '한정후견인' 또는 '특정후견인'은 필요에 따라 성년후견개시심판을 청구할 수 있다. 후견인에게 피후견인의 상태를 관찰하고, 그에 상응하여 후견의 유형과 내용을 적절하게 변경할 수 있는

18 같은 취지로 구상엽(주 4), 57-58면 참조. 이에 반해 미성년자에 대해서도 성년후견개시심판이 가능하다는 견해로 이진기, "개정민법 규정으로 본 성년후견제도의 입법적 검토와 비판", 가족법연구 제26권 2호(2012), 90-91면 참조.

권한을 부여한 것이다. 이는 다른 한편으로 피후견인의 복리 실현을 위한 의무로서의 성격도 갖는다. 따라서 피한정후견인 또는 피특정후견인에게 성년후견 개시 사유가 발생하였음에도 불구하고, 한정후견인 또는 특정후견인이 성년후견개시심판을 청구하지 않은 때에는 '한정후견감독인' 또는 '특정후견감독인'이라도 이를 대신 청구할 수 있도록 청구권자의 범위를 확대하였다.

제9조의 문면상으로는 명백하게 드러나지 않지만, '임의후견인' 또는 '임의후견감독인' 역시 성년후견개시심판을 청구할 수 있다. 개정민법 제959조의20 제1항은, 본인의 이익을 위해 필요한 경우라면, 후견계약이 등기되어 있는 경우라도 임의후견인 또는 임의후견감독인의 청구에 의하여 가정법원이 성년후견을 개시할 수 있도록 규정하고 있기 때문이다.

그 밖에 제9조는 성년후견개시심판 청구권자로 검사 또는 지방자치단체의 장도 열거하고 있다. 공익의 대표자로서의 검사에게 청구권한을 인정한 것은 종래 한정치산·금치산 제도 때에도 마찬가지였다. 그러나 활용도가 그다지 높지 않았다는 점, 사회복지 현장에서 무연고노인이나 장애인과 같은 요보호성년을 인지한 지방자치단체 장이 직접 성년후견개시심판을 청구할 수 있도록 함으로써 제도의 실효성을 담보할 필요가 있다는 점 등을 고려하여 국회 심의과정에서 지방자치단체의 장이 청구권자로 추가되었다.[19] 한편 사회복지시설의 장 등 요보호성년을 직접 보호하고 있는 사람으로서 제9조에 열거된 자격을 갖추지 못한 사람은 성년후견개시심판을 청구할 권한이 없으므로, 검사 또는 지방자치단체의 장에게 그 권한의 발동을 촉구할 수 있을 뿐이다.[20]

다. 가정법원의 심판

성년후견개시심판을 할 수 있는 법원은 피후견인이 될 자의 주소지를 관할하는 가

19 자료집, 57-58면 참조. 지방자치단체 장을 청구권자로 추가할 것을 주장한 견해로 정남휘(주 8), 25면; 박인환(주 1), 44-45면; 이영규(주 5), 212면 참조.

20 이에 찬성하는 견해로 신은주(주 1), 34-35면 참조. 이에 반해 사회복지시설의 장을 청구권자에 포함시켜야 한다는 견해로 엄덕수(주 5), 21면.

정법원이다(개정 가사소송법 제44조 제1호의2). 본래 가사소송법 개정안은 후견인이 될 자의 주소지를 관할하는 가정법원에 대해서도 관할권을 인정함으로써 피후견인의 주소지 변경과 무관하게 후견인 주소지 관할 가정법원이 후견 관련 사건을 연속성 있게 처리할 수 있도록 하였으나, 국회 심의 과정에서 삭제되었다. 피후견인의 절차적 참여권 보장을 위한 것이다.

가정법원은 질병, 장애, 노령, 그 밖의 사유로 인한 정신적 제약으로 사무를 처리할 능력이 지속적으로 결여된 사람에 대한 성년후견개시심판 청구가 있는 경우, 그 요건에 부합할 때에는 성년후견개시심판을 한다. 요건이 갖추어진 경우 가정법원은 필수적으로 개시심판을 하여야 하며, 개시여부에 대해 재량권을 갖는 것은 아니다.[21] 다만, 가정법원으로서는 본인에게 사무를 처리할 능력이 지속적으로 결여되었는지 여부를 정확하게 판단하기 어려울 뿐만 아니라, 이해관계인에 의한 증거조작으로 인한 성년후견제도의 악용을 방지하기 위해 의사의 감정을 받도록 하였다(개정 가사소송법 제45조의2 제1항).[22] 그러나 감정절차는 상당한 시간과 비용을 필요로 하므로, 피성년후견인이 될 사람의 정신상태를 판단할만한 다른 객관적인 자료가 있는 때에는 감정절차를 면제할 수 있도록 하였다(같은 항 단서). 가령 비슷한 시기에 다른 재판에서 현출된 정신감정 결과 등이 이에 해당할 수 있을 것이다.[23] 의사의 감정 비용을 감당할 만한 자력이 없는 사람을 위한 절차구조 제도도 함께 신설되었다(개정 가사소송법 제37조의2).

심리 결과 위와 같은 요건이 갖추어졌음이 밝혀졌다면, 가정법원은 성년후견개시심판을 하여야 한다. 그러나 심리 결과 사무처리능력이 지속적으로 결여된 정도에 이르지는 않지만, 일정 정도 부족하여 후견의 필요성이 있다고 인정될 경우라면 어떠한가. 이때에는 청구를 기각하기보다 한정후견개시심판을 하여야 할 것이다.[24] 역의 경

21 자료집, 176면 참조.

22 의사의 감정을 필수적 절차로 두는 것에 반대하는 견해로 제철웅(주 6), 312면.

23 구상엽(주 4), 70면.

24 같은 취지로 윤일구(주 11), 법학논총 제32집 제2호, 187면; 이진기(주 18), 102면 참조. 개정작업 당시 성년후견과 한정후견 심판절차를 통합 내지 연계하여 당사자의 신청에 구애받지 아니하고, 법원이 성년후견 또는 한정후견개시심

우도 마찬가지이다. 가사비송사건의 경우에는 법원이 청구취지에 구속되지 아니하므로, 이와 같은 견해가 특히 법리에 반하는 것은 아니다. 종래의 금치산·한정치산 선고 간의 관계에 대해서도 실무는 같은 태도를 취한 바 있다.[25] 당사자의 "청구"가 없었음에도 불구하고 성년후견개시심판 청구에 대해 가정법원이 "직권으로" 한정후견개시심판을 내릴 수 있다는 것은 제9조 제1항의 규정에 정면으로 반하는 것이 아닌지 여부에 대해 의문이 제기될 수 있을 것이나, 위에서 살펴본 바와 같이 성년후견은 "강화된 한정후견"으로서의 성격을 가지고 있으므로, 성년후견개시심판 청구(大)에 한정후견개시심판 청구(小)의 의사가 포함되어 있다고 볼 수 있다. 물론 위와 같은 심판을 내릴 때에는 정당한 이유 없이 본인의 의사에 반하는 일이 없도록 신중을 기하여야 할 것이다.[26]

가정법원은 성년후견개시심판 당시 미리 후견기간을 정할 수 있는가. 일부 입법례는 성년후견의 효력기간을 법정하고 있으나[27], 개정 민법은 이러한 규정을 두고 있지 않으며, 오로지 특정후견에 대해서만 가정법원이 그 기간 또는 사무의 범위를 정하도록 하고 있다(제14조의2). 그렇다면 가정법원이 임의로 성년후견 기간을 정할 수 없다고 할 것이다. 특정후견에 대해서는 "특정후견의 심판"이라는 표현을, 성년후견에 대해서는 "성년후견개시의 심판"이라는 표현을 사용하면서 성년후견종료 심판에 관한 규정을 별도로 두고 있는 개정민법의 태도에 비추어 보더라도 성년후견이 '지속적 성격'을 갖는다는 점은 명백하다.

물론 성년후견 개시사유가 소멸하였거나 임의후견이 개시될 수 있는 상태에 도달하였음에도 불구하고 성년후견의 효력이 계속되도록 하는 것은 필요성의 원칙 또는 보충성의 원칙에 반한다. 이와 같은 경우에 대비하여 미리 성년후견의 기간을 정해 놓을

판을 할 수 있도록 하는 방안이 논의되었으나, 명문으로 규정되지는 아니하였다. 자료집, 234-237면 참조.

25 법원실무제요 가사[II], 2010, 234면.

26 성년후견의 청구에 대해 한정후견이나 특정후견을 선고를 하는 것에 대해 부정적인 입장으로 구상엽(주 4), 36면 참조.

27 입법론으로서 성년후견의 효력기간을 미리 정해둘 필요가 있다는 견해로 엄덕수(주 5), 22면; 이영규(주 5), 236면 참조.

실무상의 필요도 있을 것이다.[28] 그러나 가정법원의 예측과는 달리 그 기간의 도과에도 불구하고 여전히 후견의 필요성이 존속하는 경우, 후견개시절차를 재차 거칠 것을 요구하는 것은 당사자 등에게 지나친 부담이 될 뿐만 아니라, 후견의 갱신이 제 때 이루어지지 않을 경우 피성년후견인의 보호에 공백이 발생할 우려도 있다. 결국 피후견인의 상태에 따라 적절한 시기에 성년후견을 종료시키거나 임의후견을 개시시키는 등 성년후견의 이념을 실현하는 것은, 가정법원보다는 성년후견인 또는 후견감독인 등의 역할로 귀결되어야 할 것이다.

2. 제2항

가정법원은 성년후견개시 심판을 할 때 본인의 의사를 고려하여야 한다. 피후견인 될 사람의 자기결정권을 최대한 보장하기 위한 조문이다. 본인의 자기결정권은 후견제도의 유형 선택, 후견 범위의 선택 및 후견인의 선택 등의 영역에서 두루 관철되어야 한다.[29] 이 중 후견인의 선택에 대해서는 제936조 제4항에 특칙이 마련되어 있다. 결국 본 조문은 후견제도의 유형선택 및 후견범위의 선택과 관련하여 본인의 의사를 고려할 것을 요청하는 의미를 갖는다.

이와 같은 민법의 이념을 실현하고, 본인의 의사가 이해관계인에 의해 조작됨으로써 성년후견제도가 악용되는 사태를 방지하기 위해 개정 가사소송법은 성년후견개시 심판 당시 피성년후견인이 될 사람의 진술을 듣도록 하였다(개정 가사소송법 제45조의3 제1항 제1호). 물론 그가 의식불명 그 밖의 사유로 자신의 의사를 표명할 수 없는 경우에는 그의 진술 없이 심판이 가능하다(같은 항 단서). 가정법원이 위 조항에 따라 피성년후견인이 될 사람의 진술을 들을 때에는 반드시 그를 직접 심문하여야 하며, 서면 등으로 이를 갈음할 수 없다(같은 조 제2항). 즉, 법관은 피성년후견인이 될 사람 본인을 대면하

28 가정법원의 후견적 기능 내지 비송적 성격에 비추어 볼 때 피후견인의 의사, 정신능력의 호전가능성, 경제적 여건 등을 고려해 가정법원이 심판에 의해 후견의 기간을 정할 수 있도록 해야 한다는 견해로 구상엽(주 4), 46면 참조.

29 박인환(주 1), 38면 참조.

여 직접 그의 의사를 확인하여야 한다. 역시 피성년후견인의 의사가 제3자에 의해 왜곡될 가능성을 사전에 봉쇄함으로써 본인의 의사를 최대한 존중하기 위함이다.[30] 다만, 심문으로 인해 그의 건강을 해칠 우려가 있거나, 본인이 자신의 의사를 밝힐 수 없는 사정이 있는 때에는 그러하지 아니하다(같은 항 단서).

○ **제10조**

현행	개정
第10條(限定治産者의 能力) 第5條 乃至 第8條의 規定은 限定治産者에 準用한다.	제10조(피성년후견인의 행위와 취소) ① 피성년후견인의 법률행위는 취소할 수 있다. ② 제1항에도 불구하고 가정법원은 취소할 수 없는 피성년후견인의 법률행위의 범위를 정할 수 있다. ③ 가정법원은 본인, 배우자, 4촌 이내의 친족, 성년후견인, 성년후견감독인, 검사 또는 지방자치단체의 장의 청구에 의하여 제2항의 범위를 변경할 수 있다. ④ 제1항에도 불구하고 일용품의 구입 등 일상생활에 필요하고 그 대가가 과도하지 아니한 법률행위는 성년후견인이 취소할 수 없다.

1. 제1항

피성년후견인이 한 법률행위는 취소할 수 있다. 피성년후견인은 제9조에 따른 성년후견개시심판의 확정과 동시에 그 행위능력을 제한받기 때문이다. 성년후견인은 피성

30 구상엽(주 4), 68-69면.

년후견인을 위한 대리권을 가질 뿐이며, 동의권이 없으므로, 성년후견인의 동의를 받은 피성년후견인의 법률행위도 이를 취소할 수 있다.[31] 성년후견인에게 동의권을 인정할 수 있는지 여부에 대해서는 제938조의 해설을 참조하라. 성년후견개시심판의 확정과 동시에 제한되는 행위능력은 재산법적 법률행위에 관한 부분으로 한정된다. 가족법상 법률행위에 대해서는 피성년후견인의 행위능력에 관한 특칙이 별도로 마련되어 있기 때문이다(II. 이하 참조).

피성년후견인에 의한 법률행위의 효력에 대해서는 두 개의 예외가 마련되어 있다. 하나는 가정법원이 달리 정한 때(제2항 및 제3항)이고, 다른 하나는 일상적 법률행위에 해당하는 경우이다(제4항).

2. 제2항

제1항에도 불구하고 가정법원은 취소할 수 없는 피성년후견인의 법률행위의 범위를 정할 수 있다. 즉 가정법원이 피성년후견인에게 완전한 행위능력을 인정하는 범위 내에서 피성년후견인은 단독으로 유효하게 법률행위를 할 수 있으며, 그 범위 내에서 성년후견인의 대리권과 취소권은 소멸한다. 이와 같은 규정을 통해 개정민법은 피성년후견인의 자기결정권을 존중하고, 그의 잔존능력을 활용할 수 있도록 함으로써 성년후견제도의 탄력적 운영을 꾀하였다.[32] 다만, 성년후견은 "질병, 장애, 노령 그 밖의 사유로 인한 정신적 제약으로 사무를 처리할 능력이 지속적으로 결여된 사람"에 대해서만 개시될 수 있으므로, 현실적으로 가정법원이 그가 단독으로 유효하게 법률행위를 할 수 있는 경우를 예상하여 위와 같은 예외적 심판을 할 가능성은 크지 않을 것이다.[33]

가정법원이 취소할 수 없는 피성년후견인의 법률행위의 범위를 정한 경우, 그 한도 내에서 피성년후견인은 완전한 행위능력자로 취급되므로, 그 법률행위와 관련된 소송

31 윤일구(주 11), 189면.
32 자료집, 118면 참조.
33 김형석(주 8), 117면 각주 9) 참조.

행위도 단독으로 할 수 있을 것인가. 행위능력 제도와 소송능력 제도를 연계시키고 있는 현행 민사소송법 제55조의 해석상으로는 긍정하지 않을 수 없을 것이다.[34] 그러나 소송행위가 가지고 있는 절차적 연쇄성과 소송단계별 행해지거나 행해지지 않은 소송행위의 당부가 향후의 법률관계에서 미칠 중대한 영향 등을 고려해 볼 때 그와 같은 해석이 타당할지 의문이다. 민사소송법의 개정을 기다려야 할 일이겠으나, 그때까지 가정법원은 취소할 수 없는 피성년후견인의 법률행위의 범위를 정함에 있어 그것이 소송행위에 미칠 영향을 신중히 고려할 필요가 있다.

취소할 수 없는 법률행위의 범위를 정하는 결정은 반드시 성년후견개시심판과 동시에 해야 하는 것은 아니며, 성년후견개시심판 후 별도로 하는 것도 가능하다(개정가사소송법 제2조 제1항 제2호 1)의2 참조). 다만, 제3항과의 균형상 성년후견개시심판 후 별도로 그 범위를 정하는 결정을 할 때에는 제3항에서 정한 자의 청구가 있어야 할 것이다.

3. 제3항

가정법원이 취소할 수 없는 피성년후견인의 법률행위의 범위를 정한 경우, 일정한 자의 청구가 있는 때에는 언제든지 그 범위를 변경할 수 있다. 피성년후견인의 정신능력 상태가 시기에 따라 유동적일 수 있음을 고려하여 행위능력이 제한되는 정도를 유연하게 조정함으로써 필요성의 원칙을 구현함과 동시에 피성년후견인에게 절실한 보호를 제공하기 위한 조문이다.

이때 그 범위의 변경을 청구할 수 있는 사람은 본인, 배우자, 4촌 이내의 친족, 성년후견인, 성년후견감독인, 검사 또는 지방자치단체의 장이다. 각 청구권자의 의미는 제9조 제1항에서 살펴본 바와 같다. 특히 성년후견인은 언제나 후견인에 의한 피후견인의

34 김형석, "피성년후견인과 피한정후견인의 소송능력", 家族法硏究 第27卷 1號(2013), 62-67면도 같은 취지이다. 소송능력이 없는 미성년자라도 근로기준법에 따라 독자적으로 임금청구를 할 수 있는 경우라면 그와 관련된 소송행위도 단독으로 할 수 있다고 보고 있는 대법원 1981. 8. 25. 선고 80다3149 판결 역시 이와 같은 해석을 뒷받침한다.

삶에 대한 간섭이 필요최소한으로 유지될 수 있도록 면밀히 주의할 의무가 있다. 취소할 수 없는 법률행위의 범위를 확대 또는 축소하여 줄 것을 가정법원에 청구하여야 할 사정변경이 있었음에도 불구하고 성년후견인이 그와 같은 청구를 하지 않을 경우에 대비하여 성년후견감독인이나 검사 또는 지방자치단체의 장에게도 청구권한을 부여하였다.

그 범위를 변경하는 심판은 피성년후견인의 주소지 가정법원 전속관할에 속한다(개정 가사소송법 제44조 제1호의2).

4. 제4항

피성년후견인의 법률행위라도 그것이 일용품의 구입 등 일상생활에 필요하고 그 대가가 과도하지 않은 경우(이하 '일상적 법률행위'라고 한다.)에는 성년후견인이 이를 취소할 수 없다. 가령 일상생활의 영위에 필요한 식품이나 의류의 구입, 공과금 납부 등이 이에 해당한다. 일상적 법률행위의 범위는 피성년후견인의 직업, 자산, 당해 행위의 목적과 규모 등 제반사정을 종합하여 판단하여야 할 것이나, 그 범위가 반드시 민법 제827조 소정의 '일상가사'와 일치하는 것은 아니다.[35]

이와 같은 일상적 법률행위는 그 성격상 성급하고 비합리적인 결정으로부터 피성년후견인을 보호할 필요성이 크지 않을 뿐만 아니라, 대가가 과도하지 않은 이상 피성년후견인에게 특별한 불이익이 발생하였다고 볼 수도 없다. 그럼에도 불구하고 이를 취소할 수 있도록 하는 것은 피성년후견인이 사회의 구성원으로서 정상적인 일상생활을 영위하는 것을 방해함으로써 자기결정권과 보편화의 이념에 반할 뿐만 아니라, 거래의 안전까지 해칠 우려가 있기 때문에 마련된 조문이다.[36] 제2항의 경우와 마찬가지로 피성년후견인은 사무처리능력이 지속적으로 결여된 상태이기 때문에, 그가 스스로 일상적 법률행위를 하는 경우는 현실적으로 많지 않을 것이다.

35 박인환(주 1), 46-47면; 구상엽(주 4), 72면.

36 박인환(주 1), 46-47면; 구상엽(주 4), 71-72면.

○ 제11조

현행	개정
第11條(限定治產宣告의 取消) 限定治產의 原因이 消滅한 때에는 法院은 第9條에 規定한 者의 請求에 依하여 그 宣告를 取消하여야 한다.	제11조(성년후견종료의 심판) 성년후견개시의 원인이 소멸된 경우에는 가정법원은 본인, 배우자, 4촌 이내의 친족, 성년후견인, 성년후견감독인, 검사 또는 지방자치단체의 장의 청구에 의하여 성년후견종료의 심판을 한다.

성년후견개시의 원인이 소멸된 경우 가정법원은 일정한 자의 청구에 의하여 성년후견종료의 심판을 한다.[37] 피성년후견인의 사무처리능력이 완전히 회복된 경우뿐만 아니라, 사무처리능력의 "지속적 결여"라는 속성이 소멸한 경우에도 성년후견을 종료하여야 한다. 다만, 후자의 경우에는 필요에 따라 한정후견개시심판을 내릴 수도 있을 것이다. 한정후견개시심판을 내리기 위해 일정한 자에 의한 별도의 청구가 있어야 함은 물론이다.

성년후견종료심판을 하기 위해서는 본인, 배우자, 4촌 이내의 친족, 성년후견인, 성년후견감독인, 검사 또는 지방자치단체의 장의 청구가 필요하다. 각 청구권자의 의미와 규정 취지는 제9조 제1항 및 제10조 제3항에서 설명한 바와 같다. 그러나 위 청구권자 중 한 명이 제12조에 의해 한정후견개시심판을 청구하고, 가정법원이 이에 따라 피성년후견인에 대해 한정후견개시심판을 할 때에는 제14조의3 제2항에 의해 반드시 종전의 성년후견종료심판을 하여야 한다. 따라서 이때에는 별도의 성년후견종료심판 청구가 없는 경우라도 가정법원이 직권으로 종료심판을 하여야 할 것이다.

성년후견종료심판을 하는 법원 역시 피성년후견인의 주소지를 관할하는 가정법원이다. 가정법원은 성년후견종료심판을 하는 경우, 피성년후견인이 의식불명 그 밖의

37 기존의 한정치산 · 금치산 선고의 경우에는 그 원인이 소멸한 때 "취소"하도록 규정하고 있었으나(개정 전 민법 제11조 및 제14조), 이때 취소에는 소급효가 인정되지 않을 뿐만 아니라, 원시적 하자가 존재하는 사안도 아니므로, 개정 민법은 그 용어를 "종료"로 변경하였다. 자료집, 229면 참조.

사유로 자신의 의사를 표명할 수 없는 경우를 제외하고는, 피성년후견인 본인과 성년후견인의 진술을 들어야 한다(개정 가사소송법 제45조의3 제1항 제2호). 이때 피성년후견인은 반드시 가정법원이 직접 심문하여야 한다(같은 조 제2항). 성년후견종료심판이 본인에게 미치는 영향이 중차대함을 고려한 조문이다. 그러나 반드시 의사의 감정절차를 거쳐야 하는 것은 아니다.

성년후견종료심판은 소급효를 갖지 않는다.

○ 제12조

현행	개정
第12條(禁治産의 宣告) 心神喪失의 常態에 있는 者에 對하여는 法院은 第9條에 規定한 者의 請求에 依하여 禁治産을 宣告하여야 한다.	제12조(한정후견개시의 심판) ① 가정법원은 질병, 장애, 노령, 그 밖의 사유로 인한 정신적 제약으로 사무를 처리할 능력이 부족한 사람에 대하여 본인, 배우자, 4촌 이내의 친족, 미성년후견인, 미성년후견감독인, 성년후견인, 성년후견감독인, 특정후견인, 특정후견감독인, 검사 또는 지방자치단체의 장의 청구에 의하여 한정후견개시의 심판을 한다. ② 한정후견개시의 경우에 제9조제2항을 준용한다.

1. 제1항

가. 실체적 요건

가정법원은 질병, 장애, 노령, 그 밖의 사유로 인한 정신적 제약으로 사무를 처리할 능력이 부족한 사람에 대해 일정한 자의 청구에 의해 한정후견개시의 심판을 한다. 정신적 제약으로 사무를 처리할 능력이 부족한 사람이라면 그 부족의 정도를 불문하고 누구나 이용할 수 있는 포괄적이고도 탄력적인 보호유형이므로, 인지능력의 감퇴가 매우 경미한 정도에 불과한 사람부터 상당한 정도의 정신장애를 가지고 있는 사람까지 다양한 유형의 사람이 이용할 수 있다. 법문상으로는 명백하게 드러나지 않지만, 그 사무처리능력이 부족한 상태가 당분간 지속되어야 함은 물론이다.[38] 사무처리능력에 일시적인 문제가 발생하였을 뿐이라면, 특정후견만으로 충분한 보호를 제공할 수 있으므로, 이러한 경우에까지 한정후견을 개시하는 것은 필요성의 원칙에 반하기 때문이다.

그렇다면 성년후견의 대상이 되는 사람, 즉 정신적 제약으로 사무를 처리할 능력이 지속적으로 결여된 사람도 한정후견 개시심판을 청구할 수 있는가. 일부 견해[39]는 부정적인 태도를 취하는 듯하다. 그러나 사무처리능력이 지속적으로 결여된 경우라도 제13조 제1항에 따른 동의유보결정의 범위를 포괄적으로 규정함으로써 충분한 보호를 제공할 수 있다면, 굳이 한정후견제도의 이용을 금지할 필요는 없다고 본다. 물론 성년후견의 요건에 해당하는 사람이라면 독자적으로 법률행위를 할 수 없는 상태(가령 식물인간)일 가능성이 높으므로, 한정후견만으로 충분한 보호를 제공할 수 없는 경우가 많을 것이다.

그 밖에 이른바 '낭비자'에 대해서도 한정후견개시심판이 가능한지 여부에 대해서는 긍정하는 견해[40]가 있다. 종래 한정치산 제도 하에서는 "재산의 낭비로 자기나 가족의 생활을 궁박하게 할 염려가 있는 자"의 행위능력을 박탈하는 것이 가능하였다. 그러나 개정민법은 이를 별도의 요건으로 규정하고 있지 않으므로, 위와 같은 사정만으로 당연히 한정후견개시심판이 가능할지 의문이다.

나. 절차적 요건

가정법원이 한정후견개시심판을 하기 위해서는 본인, 배우자, 4촌 이내의 친족, 미성년후견인, 미성년후견감독인, 성년후견인, 성년후견감독인, 특정후견인, 특정후견감

38 구상엽(주 4), 112면.

39 김형석(주 8), 118면 참조.

40 윤일구(주 11), 185면. 그 밖에 민법 개정 전 "낭비자" 부분을 보호대상에서 제외해야 한다는 견해로 이영규(주 5), 232면.

독인, 검사 또는 지방자치단체의 장의 청구가 있어야 한다. 청구권자에 "한정후견인", "한정후견감독인" 대신 "성년후견인", "성년후견감독인"이 추가된 외에는 성년후견개시심판 청구권자에 대한 제9조 제1항의 설명이 본조에서도 그대로 적용될 수 있다. 특히 종래 한정치산 제도 하에서는 한정치산자와 미성년자 간에 행위능력 박탈의 범위와 법정대리인의 권한이 거의 완벽하게 일치하였으므로, 과연 미성년자에 대한 한정치산선고가 가능한지 여부가 문제되었으나, 이제 한정후견과 미성년자는 전혀 다른 규율체계를 가지게 되었으므로, 미성년후견인 또는 미성년후견감독인은 한정후견개시심판을 청구할 수 있음이 명백하다. 다만, 미성년자에 대해서는 여전히 포괄적 보호가 적용된다는 것이 개정민법의 태도이므로, 미성년자에 대한 한정후견개시심판은 본인이 성년이 된 때부터 심판의 효력이 발생하는 것을 전제로 하여서만 가능할 것이다. 그 밖에 임의후견인 또는 임의후견감독인 역시 한정후견개시심판을 청구할 수 있다(제959조의20제1항).

다. 가정법원의 심판

위의 각 요건이 갖추어진 때 가정법원은 한정후견개시심판을 한다. 한정후견개시사건의 관할법원과 심리방법, 절차구조제도 등은 성년후견의 그것과 동일하다. 요건이 갖추어진 경우 반드시 한정후견개시심판을 하여야 한다는 점, 가정법원이 한정후견의 기간을 미리 정할 수 없다는 것도 성년후견의 경우와 같다. 제9조 제1항의 해설을 참조하라. 한정후견개시심판의 청구가 있었으나, 심리 결과 성년후견개시 요건이 갖추어진 것으로 밝혀진 경우, 특히 한정후견개시심판만으로는 본인을 위해 충분한 보호를 제공할 수 없을 것으로 판단되는 때 가정법원은 그 청구에도 불구하고 성년후견개시심판을 내릴 수 있는가.[41] 한정후견개시심판 청구에 과연 성년후견개시심판 청구의 의사가 포함되어 있다고 볼 수 있을 것인지 여부에 대해 의문이 제기될 수 있으나, 성년후견이 "강화된 한정후견"으로서의 성격을 갖고 있다면 양자는 사실상 '소송물'(비송사건에서 이와 같은 표현이 가능한다면!)이 동일한 것으로 볼 수 있다는 점, 비송사건

41 이에 대해 부정적인 입장으로 구상엽(주 4), 36, 117-118면 참조.

에서 법원은 당사자의 청구취지에 구속되지 않는다는 점 등에 비추어 볼 때 긍정할 수 있을 것이다.

2. 제2항

한정후견을 개시할 경우 제9조 제2항이 준용된다. 즉 가정법원은 한정후견개시심판을 할 때 본인의 의사를 고려하여야 한다. 이와 같은 민법의 이념을 구현하기 위해 개정 가사소송법은 한정후견개시심판 당시 피한정후견인이 될 사람의 진술을 듣도록 하였다(개정 가사소송법 제45조의3 제1항 제1호). 그 진술청취방법 및 동 조문의 적용범위에 대해서는 제9조 제2항에서 해설한 내용이 동일하게 적용된다.

○ 제13조

현행	개정
第13條(禁治産者의 能力) 禁治産者의 法律行爲는 取消할 수 있다.	제13조(피한정후견인의 행위와 동의) ① 가정법원은 피한정후견인이 한정후견인의 동의를 받아야 하는 행위의 범위를 정할 수 있다. ② 가정법원은 본인, 배우자, 4촌 이내의 친족, 한정후견인, 한정후견감독인, 검사 또는 지방자치단체의 장의 청구에 의하여 제1항에 따른 한정후견인의 동의를 받아야만 할 수 있는 행위의 범위를 변경할 수 있다. ③ 한정후견인의 동의를 필요로 하는 행위에 대하여 한정후견인이 피한정후견인의 이익이 침해될 염려가 있음에도 그 동의를 하지 않는 때에는 가정법원은 피한정후견인의 청구에 의하여 한정후견인의 동의를 갈음하는 허가를 할 수 있다.

④ 한정후견인의 동의가 필요한 법률행위를 피한정후견인이 한정후견인의 동의 없이 하였을 때에는 그 법률행위를 취소할 수 있다. 다만, 일용품의 구입 등 일상생활에 필요하고 그 대가가 과도하지 아니한 법률행위에 대해서는 그러하지 아니하다.

1. 제1항

피한정후견인은 행위능력을 갖는다. 즉 그는 단독으로 유효한 법률행위를 할 수 있다. 다만, 가정법원은 피한정후견인이 한정후견인의 동의를 받아야 하는 행위의 범위를 정할 수 있다. 이러한 범위 내에서 피한정후견인의 행위능력은 일부 제한된다. 이와 같이 가정법원이 일정한 범위 내에서 피한정후견인으로 하여금 한정후견인의 동의를 얻어야만 유효한 법률행위를 할 수 있도록 결정하는 것을 '동의유보결정'이라고 한다. 이를 통해 피한정후견인의 행위능력을 필요한 한도 내에서 최소한으로만 제한하고, 그의 잔존능력을 활용할 수 있도록 한다는 점에서 한정후견 제도와 동의유보결정은 새로운 후견 제도의 중핵을 이루는 부분이라고 할 수 있다.

다만, 가정법원이 과연 피한정후견인이 스스로 법률행위를 할 수 있는 범위와 그렇지 않은 범위를 정확하게 판단할 수 있는지 여부, 즉 필요한 범위 내에서만 피한정후견인의 행위능력을 제한하는 것이 실무상 가능한지 여부에 대해서는 의문이 없지 않다.[42] 이에 대비하여 개정 가사소송법은 한정후견개시심판을 하는 경우 피한정후견인이 될 사람의 정신상태에 관하여 의사에게 감정을 받을 것을 필수절차로 규정하였다(개정 가사소송법 제45조의2 제1항).[43] 피한정후견인이 될 사람의 정신상태를 판단할만한 다른 객관적

42 가령 김상용, "성년후견법안의 문제점", 법률신문 제3787호(2009. 10. 22), 15면; 김은효(주 5), 15면 등.

43 한정후견의 특성상 감정을 필수절차로 규정하고, 그 절차의 면제를 엄격한 요건 하에서만 인정하는 것은 후견의 접근성을 감소시킬 부작용이 있음을 이유로 이에 반대하는 견해로 구상엽(주 4), 114-115면 참조.

인 자료가 있는 때에는 그 절차가 면제될 수 있다는 점, 당사자의 비용부담을 경감하기 위해 절차구조제도가 신설되었다는 점은 제9조에서 해설한 바와 같다.

가정법원은 피한정후견인이 한정후견인의 동의를 받아야 하는 행위의 범위를 정함에 있어 폭넓은 재량권을 갖는다. 가령 가정법원은 특정의 법률행위(가령 특정 부동산에 관한 매매계약의 체결, 근저당권설정계약의 체결 등)를 한정적으로 열거하여 동의유보결정을 내리거나, 일정한 범위를 정하여(가령 1,000만원 이상의 금융거래 등) 포괄적으로 동의유보결정을 내릴 수도 있다. 어떠한 경우이든 가정법원으로서는 당해 동의유보결정에 의해 피한정후견인의 자기결정권이 과도하게 제약되는 일이 발생하지 않도록 유념하여야 할 것이다. 다시 말해서, 동의유보결정에 있어서도 필요성의 원칙은 준수되어야 한다.

가정법원이 동의유보결정을 내릴 수 있는 피한정후견인의 "행위"는 법률행위 또는 준법률행위에 한정된다. 따라서 피한정후견인의 공법상의 행위 또는 일정한 법률효과의 발생을 목적으로 하지 않는 사실행위 등에 대해서는 동의유보결정을 내릴 수 없다. 피한정후견인이 "사인"으로서 하는 법률행위가 아니라, 일정한 자격에 기초하여 하는 법률행위에 대해서도 동의유보결정을 내릴 수 있는가. 가령 피한정후견인이 모 주식회사의 대표이사로써 회사를 대신하여 계약을 체결하는 경우, 가정법원은 이에 대해 그의 행위능력을 제한할 수 없다고 본다. 특정한 직무의 수행을 위해 하는 활동을 금지하는 것은 직업선택의 자유 또는 직업수행의 자유에 대한 침해로서의 성격을 가지며, 따라서 법률의 규정에 의하지 아니하고는 이를 제한할 수 없다(헌법 제37조 제2항). 마찬가지로 일정한 직업을 선택하기 전에 반드시 후견인의 동의를 받을 것을 요구하는 것 역시 허용될 수 없을 것이다. 가족법상 법률행위에 대해 동의유보결정을 내릴 수 없음은 물론이다.[44] II. 이하의 해설을 참조하라.

동의유보결정이 내려진 한에서는 피한정후견인의 소송능력도 제한되는가. 행위능력과 소송능력을 연계시키고 있는 현행 민사소송법 제55조의 해석에 따르면 소송능력도 제한된다고 함이 타당할 것이다.[45] 그러나 동의유보결정에도 불구하고 피한정후견

44 구상엽(주 4), 115-116면.

45 같은 취지로 김형석(주 34), 67-71면. 동 견해는 가정법원이 오로지 특정의 소송행위 자체를 동의유보의 대상으

인의 대리권의 범위는 제959조의4에 따라 별도로 정해진다는 점, 따라서 동의유보결정이 내려지더라도 그 한도 내에서 한정후견인에게 법정대리권이 반드시 부여되어 그가 소송행위를 대리하리라고 담보할 수 없다는 점, 가정법원의 결정에 의해 사인의 소송능력을 제한하는 것은 법률유보의 원칙에 반한다는 점 등을 고려해 보면, 동의유보결정과 무관하게 피한정후견인은 언제나 소송능력을 갖는다고 보아야 한다. 다만, 소송행위의 특수성을 고려할 때 이와 같은 결론은 오히려 피한정후견인의 복리에 반하는 결과를 가져올 수도 있을 것이다. 현재로서는 가정법원이 그 동의유보결정이 소송행위에 미칠 영향을 신중하게 고려하여 한정후견인의 대리권(특히 소송대리권)의 범위와 동의권의 범위를 일치시키는 수밖에 없다.

2. 제2항

가정법원은 본인, 배우자, 4촌 이내의 친족, 한정후견인, 한정후견감독인, 검사 또는 지방자치단체의 장의 청구에 의하여 제1항에 따른 한정후견인의 동의를 받아야만 할 수 있는 행위의 범위를 변경할 수 있다(제2항). 피한정후견인의 정신능력 상태가 시기에 따라 유동적일 수 있음을 고려하여 행위능력이 제한되는 정도를 유연하게 조정함으로써 필요성의 원칙을 구현하기 위함이다. 청구권자의 의미와 관할 등은 제10조 제3항에서 해설한 바와 같다.

3. 제3항

가정법원이 동의유보결정을 내리는 한도에서 피한정후견인은 행위능력이 제한된다. 즉 동의유보결정의 범위 내에서 피한정후견인은 단독으로 유효하게 법률행위를 할 수 없다. 그의 법률행위가 효력을 갖기 위해서는 한정후견인의 동의를 받아야 한다. 다시 말해서 동의유보결정의 범위 내에서 한정후견인은 동의권을 갖는다. 이와 같은

로 삼는 것도 가능하다고 주장한다.

동의권은 피한정후견인의 복리에 부합하게 행사되어야 한다(제959조의6에 의한 제947조의 준용). 그런데 한정후견인이 피한정후견인의 이익이 침해될 염려가 있음에도 불구하고 그 동의를 하지 않을 경우가 있다. 이와 같이 한정후견인이 임무를 해태할 때에는 가정법원은 피한정후견인의 청구에 의하여 한정후견인의 동의를 갈음하는 허가를 할 수 있다(제3항). 한정후견인의 행위에 의해 피한정후견인의 삶이 좌우되는 위험을 최소화함과 동시에 피한정후견인 본인의 복리를 도모하기 위함이다.[46]

4. 제4항

한정후견인의 동의가 필요한 법률행위를 피한정후견인이 한정후견인의 동의 없이 한 때에는 그 법률행위를 취소할 수 있다(제4항). 따라서 한정후견인은 동의권과 취소권을 갖는다. 동의유보결정을 받은 범위 내에서 피한정후견인은 한정후견인의 대리에 의해서도 행위할 수 있는가. 즉 한정후견인은 대리권도 갖는가. 이에 대해서는 제959조의4 해설을 참조하라.

동의유보결정의 범위 내에 속하는 법률행위를 한정후견인의 동의없이 한 경우라도, 그 법률행위가 일용품의 구입 등 일상생활에 필요하고 그 대가가 과도하지 아니한 법률행위인 경우에는 이를 취소할 수 없다. 일상적 법률행위의 의미와 입법취지에 대해서는 제10조 제4항의 해설을 참조하라. 다만, 포괄적 후견이 개시되는 성년후견의 경우에도 일상적 법률행위는 이를 취소할 수 없음에 비추어 볼 때, 일상적 법률행위에 대해 동의유보결정이 내려지는 경우는 상정하기 어려울 것이다.

46 적극적으로 피한정후견인의 이익이 침해될 염려가 있을 때뿐만 아니라, "피한정후견인의 이익이 침해될 염려가 없음에도 불구하고" 한정후견인이 동의하지 않고 있는 때까지 포함될 수 있도록 위 규정을 개정해야 한다는 견해로 구상엽(주 4), 116-117면 참조.

○ 제14조

현행	개정
第14條(禁治產宣告의 取消) 第11條의 規定은 禁治產者에 準用한다.	제14조(한정후견종료의 심판) 한정후견개시의 원인이 소멸된 경우에는 가정법원은 본인, 배우자, 4촌 이내의 친족, 한정후견인, 한정후견감독인, 검사 또는 지방자치단체의 장의 청구에 의하여 한정후견종료의 심판을 한다.

한정후견개시 원인이 소멸된 경우 가정법원은 일정한 자의 청구에 의하여 한정후견종료의 심판을 한다. 피한정후견인의 사무처리능력이 완전히 회복된 경우 뿐만 아니라, 사무처리능력이 "지속적으로 결여"되기에 이른 경우, 즉 성년후견을 개시하는 것이 피후견인의 복리에 더욱 부합하는 경우에도 한정후견을 종료하여야 한다. 후자의 경우 한정후견의 종료와 별도로 성년후견개시심판을 하기 위해서는 제9조에 따른 청구가 있어야 한다.

한정후견종료심판을 청구할 수 있는 사람은 본인, 배우자, 4촌 이내의 친족, 한정후견인, 한정후견감독인, 검사 또는 지방자치단체의 장이다. 각 청구권자의 의미와 규정 취지는 제9조 제1항 등 관련규정을 참조하라. 피한정후견인에 대하여 제9조에 따른 성년후견개시심판이 있는 때에는 위 각 청구권자에 의한 청구가 없더라도 직권에 의해 종전의 한정후견에 대해 종료심판을 하여야 한다(제14조 제3항).

한정후견종료심판의 관할법원 및 심리, 효력 등에 대해서는 성년후견종료심판에 관한 제11조의 해설이 그대로 적용된다.

○ 제14조의2

현행	개정
〈신설〉	제14조의2(특정후견의 심판) ① 가정법원은 질병, 장애, 노령, 그 밖의 사유로 인한 정신적 제약으로 일시적 후원 또는 특정한 사무에 관한 후원이 필요한 사람에 대하여 본인, 배우자, 4촌 이내의 친족, 미성년후견인, 미성년후견감독인, 검사 또는 지방자치단체의 장의 청구에 의하여 특정후견의 심판을 한다. ② 특정후견은 본인의 의사에 반하여 할 수 없다. ③ 특정후견의 심판을 하는 경우에는 특정후견의 기간 또는 사무의 범위를 정하여야 한다.

1. 제1항

가. 실체적 요건

가정법원은 질병, 장애, 노령, 그 밖의 사유로 인한 정신적 제약으로 일시적 후원 또는 특정한 사무에 관한 후원이 필요한 사람에 대해 특정후견의 심판을 한다. 어떠한 정신적 제약으로 말미암아 반드시 그의 사무처리능력이 부족해 질 것을 요하는 것은 아니다. 미약한 정도의 정신적 제약이 있는 것만으로도 특정후견은 개시될 수 있다. 일상적인 거래는 가족의 도움을 받아 충분히 감당할 수 있으나, 중요한 부동산의 매매나 유언과 같이 본인과 이해관계인의 삶에 중차대한 영향을 미칠 수 있는 사안이 발생한 경우 그와 같은 개별적 법률행위에 한정해 일회적으로 가정법원의 도움을 받을 수 있도록 함으로써 정신장애인의 보호에 만전을 기하고자 하는 제도이다. 프랑스 민법상 사법적 보호(sauvegarde de justice) 제도 또는 영국 정신능력법상 특정명령제도를 모델로 삼고 있다.

다른 한편으로, 질병, 장애, 노령, 그 밖의 사유로 인한 정신적 제약으로 인해 사무를 처리할 능력이 지속적으로 결여되어 있는 사람 또는 그 능력이 부족한 사람의 경우라도, 후원이 필요한 경우라면 특정후견의 대상이 된다. 즉 성년후견 또는 한정후견개시원인에 해당하는 사유가 존재함에도 불구하고 그와 같은 제도의 도움을 받지 못하고 있는 사람이라면 누구나 특정후견 제도를 이용할 수 있다.[47] 이와 같이 특정후견과 한정후견·성년후견은, 개시원인에 있어서 반드시 단계적 차이가 존재하는 것은 아니며, 수범자가 서로 중복될 수 있다.

각 제도간의 명확한 경계획정이라는 이점을 포기하면서까지 특정후견 제도를 도입한 것은, 피특정후견인 본인과 가족의 의사를 존중하는 한편, 성년후견 제도의 이념인 필요성의 원칙과 보충성의 원칙을 충실하게 실현하기 위함이다.[48] 성년후견 또는 한정후견 제도를 이용할 수 있는 상황임에도 불구하고 본인과 가족이 지속적이고 포괄적인 후견 제도의 이용을 원하지 않는 경우 이러한 의사를 존중하고, 요보호자에 대한 보호 기능이 여전히 사적 영역에서 담당될 수 있도록 하는 것이다. 이와 같이 특정후견은 일시적 기간에 한하여 또는 특정한 사무에 한정하여 피후견인에 대한 후원이 가능하도록 함으로써 피후견인에 대해 필요한 보호를 제공하면서도 성년후견 또는 한정후견과 같은 지속적·포괄적 후견의 개시를 최대한 억지하는 일회적·특정적 구제수단으로서의 성격을 갖는다.[49]

성년후견 또는 한정후견이 개시되어 있는 사람에 대해 특정후견심판을 할 수 있는가. 이미 지속적·포괄적 보호를 제공받고 있는 사람은 특정후견제도에 따른 별도의 후원이 필요하지 않다. 부정함이 타당하다.[50] 제10조 제2항 또는 제13조 제1항에 따라 피성년후견인 또는 피한정후견인이 단독으로 유효하게 법률행위를 할 수 있는 범위 내

47 김형석(주 8), 147면; 백승흠(주 10), 41면; 제철웅(주 6), 298-299면 참조.

48 자료집, 207면 참조. 이와 같은 일시적·특정적 보호제도의 도입을 주장하였던 견해로 제철웅(주 8), 113면 참조. 이에 반하여 성년후견·한정후견 제도와의 경계가 불분명하다는 이유로 특정후견 제도의 도입에 반대하는 견해로 자료집, 200-201면, 205면 참조. 동 견해는 특정후견의 대상이 되는 사람들은 본래 성년후견 또는 한정후견이 개시되어야 하는 경우에 해당하므로, 원칙적으로 성년후견·한정후견을 활용하도록 하되 긴급하게 특정한 사안에 대한 보호를 필요로 하는 경우에는 가사소송법 제62조에 따른 사전처분 제도를 활용하여 특정후견과 유사한 효과를 누릴 수 있도록 하는 것이 사건본인을 위해서도 더 바람직하다고 주장한다.

49 자료집, 120면 참조.

50 자료집, 190면, 193-194면 참조. 같은 견해로 이진기(주 18), 102-103면 참조. 이에 반해 성년후견 또는 한정후견과 특정후견 간의 병존이 필요하다는 견해로 제철웅(주 6), 318-319면; 구상엽(주 4), 109-110면 참조. 특히 구상엽은 성년후견인이라고 하여 모든 유형의 후견 업무에 대해 고도의 전문성을 가지는 것은 아니므로, 고도의 전문성이 필요한 사무를 보다 효율적으로 처리하기 위해 특정후견인의 도움을 받도록 할 필요가 있다고 주장한다.

에서 제3자에 의한 후원이 필요할 경우, 가정법원은, 특정후견심판을 하기보다는, 피성년후견인의 취소할 수 없는 법률행위의 범위 또는 피한정후견인의 한정후견인으로부터 동의를 받아야 하는 법률행위의 범위를 변경함으로써 필요한 보호를 제공하여야 한다(제10조 제3항, 제13조 제2항).[51] 피성년후견인 또는 피한정후견인에 대한 보호가 특정후견으로 족할 경우에는 일정한 자의 청구에 의해 이미 개시된 성년후견 또는 한정후견을 종료한 후 새롭게 특정후견 심판을 하여야 할 것이다.

반면 임의후견이 개시되어 있는 사람에 대해서는 특정후견 심판을 하는 것이 가능하다. 임의후견인의 권한은 후견계약에 의해 확정되어 있으므로, 더 이상 변경이 불가능하다. 따라서 임의후견계약에 의해 적절한 보호가 제공되어 있지 않은 경우 특정후견을 개시함으로써 일시적 사무 또는 특정 사무에 대한 후원이 가능하도록 할 필요가 있다. 물론 이때 특정후견 대신 성년후견 또는 한정후견을 개시함으로써 보다 포괄적인 보호가 제공되도록 할 수도 있을 것이다. 그러나 후견계약의 본인에 대해 성년후견 또는 한정후견개시심판이 있는 경우에는 후견계약이 종료된다(제959조의20 제1항 후문). 반면 특정후견 심판이 있는 경우에는 후견계약이 종료되지 아니하므로, 법정후견과 임의후견의 공존이라는 예외적인 현상이 발생한다.

나. 절차적 요건

가정법원이 특정후견의 심판을 하기 위해서는 본인, 배우자, 4촌 이내의 친족, 미성년후견인, 미성년후견감독인, 검사 또는 지방자치단체의 장의 청구가 있어야 한다. 성년후견개시심판 청구권자에 대한 제9조 제1항의 설명이 본조에서도 그대로 적용될 수 있다. 미성년후견의 포괄적 성격에 비추어 볼 때 미성년후견인 또는 미성년후견감독인의 청구에 의한 특정후견 심판의 효력은 본인이 성년이 되는 것을 조건으로 발생하게 될 것이다.[52] 성년후견인, 성년후견감독인, 한정후견인 또는 한정후견감독인은 특정후

51 자료집, 121면, 232면. 이에 대해 제철웅(주 6), 318면은 일회적 또는 일시적 사무를 위해 기존 후견인의 권한범위를 변경할 필요가 없다는 입장이다.

52 같은 취지로 구상엽(주 4), 125면 각주 268) 참조.

견심판의 청구권자가 아니다. 피성년후견인 또는 피한정후견인에 대해서는 특정후견심판을 할 수 없기 때문이다(가. 참조).[53] 반면 임의후견인 또는 임의후견감독인은 특정후견심판을 청구할 수 있다(제959조의20 제1항).

다. 가정법원의 심판

위의 각 요건이 갖추어지고, 특정후견의 개시가 본인의 의사에 반하지 않는 경우(제2항) 가정법원은 특정후견의 심판을 한다. 관할법원과 절차구조에 대해서는 성년후견개시심판에 관한 제9조 제1항에서 해설한 바가 그대로 적용된다. 특정후견의 요건을 갖춘 때에는 필요적으로 특정후견의 심판을 하여야 한다는 점도 동일하다. 다만, 성년후견 또는 한정후견과는 달리 특정후견의 심판을 할 경우에는 의사의 감정이 필수적으로 요구되지 않는다. 물론 가정법원으로서는 사건본인이 특정후견 개시를 위한 요건을 갖추었는지 여부 또는 보호의 필요 정도 등을 판단하기가 쉽지 않다. 따라서 개정 가사소송법은 특정후견의 심판을 할 경우에 의사나 그 밖에 전문지식이 있는 사람의 의견을 듣도록 하였다(개정 가사소송법 제45조의2 제2항). 이때 의견은 말로 진술하게 하거나 진단서 또는 이에 준하는 서면으로 제출하게 할 수 있다. 이를 통해 특정후견 제도의 비용이 경감되고, 그 이용이 활성화될 것으로 기대된다.[54]

특정후견만으로는 피후견인을 위한 적절한 보호를 제공할 수 없는 경우, 가정법원은 특정후견 심판의 청구에도 불구하고 성년후견 또는 한정후견개시심판을 할 수 있는가. 성년후견과 한정후견이 "정도"의 차이에 불과하다면, 특정후견은 양자와 전혀 다른 유형의 후견이다. 개정민법이 후견개시에 관하여 직권주의를 포기하고 신청주의를 채택한 이상, 당사자가 특정후견을 원하고 있음에도 불구하고 가정법원이 임의로 성년후견 또는 한정후견 개시심판을 하는 것은 허용될 수 없다.[55] 역의 경우도 마찬가지이다.

53 이에 대해서는 성년후견종료와 더불어 특정후견의 개시가 이루어지도록 함으로써 요보호성년의 보호에 만전을 기할 필요가 있다는 점을 지적하면서 성년후견인과 성년후견감독인에 대해서도 특정후견 청구권자로서의 지위를 인정할 필요가 있다는 비판이 있다. 구상엽(주 4), 108면, 125-126면 참조.

54 특정후견에 대해서도 절차의 남용을 방지하기 위해 감정절차가 요구된다고 하면서, 다만 긴박한 경우에는 가사소송법상 사전처분 제도 등을 활용하여 대처할 필요가 있다는 견해로 김형석(주 8), 147면; 백승흠(주 10), 41면 참조. 이에 반해 특정후견의 경우에는 감정의 필요성을 유연하게 판단할 필요가 있다는 견해로 구상엽(주 4), 128면 참조.

특정후견 심판의 청구가 있었으나, 성년후견 또는 한정후견 제도에 의한 보호가 더 긴요한 것으로 판단될 경우, 가정법원은 일단 특정후견심판을 하여 일시적으로 필요한 보호를 제공한 후, 특정후견인, 특정후견감독인, 검사 또는 지방자치단체의 장 등에 의한 청구를 기다려 새롭게 성년후견 또는 한정후견개시심판을 하면서 특정후견을 종료하여야 할 것이다(개정민법 제14조의3).[56]

특정후견의 심판의 구체적인 내용에 대해서는 제959조의8 해설을 참조하라.

라. 효과

특정후견이 개시되더라도 피특정후견인의 행위능력에는 아무런 변화가 생기지 않는다. 피특정후견인은 일시적으로 또는 특정사무에 관하여 후원을 받을 뿐이다. 즉 그는 완전한 행위능력자이며, 특정후견인의 동의 또는 대리에 의하지 않고도 자유롭게 법률행위를 할 수 있다.[57] 이러한 의미에서 피특정후견인은 민법이 예정하고 있는 "제한적 행위능력자" 개념에 포함되지 않는다. 그 결과 피특정후견인과 가정법원으로부터 대리권을 수여받은 특정후견인이 서로 양립할 수 없는 내용의 법률행위를 각자 성립시키는 것도 가능하다. 이때 두 개의 법률행위는 모두 유효하다. 피특정후견인과 특정후견인, 그리고 상대방 간의 법률관계는 결국 일반적인 임의대리에서 본인과 대리인의 법률행위가 중첩되는 경우와 동일한 법리, 가령 제186조에 따른 성립요건주의, 채권의 상대적 효력 등에 따라 해결될 것이다.[58] 피특정후견인에게 의사능력이 없는 경우라면 그의 법률행위는 무효로 돌아가므로, 당연히 특정후견인에 의한 대리행위에 따른 효력만 발생할 것이다.

55 같은 취지로 구상엽(주 4), 130-131면 참조.

56 같은 취지로 김형석(주 8), 147면; 백승흠(주 10), 41면 참조. 이와 달리 특정후견의 심판청구에 대해 성년후견 또는 한정후견개시심판을 하는 것은 허용될 여지가 있으나, 성년후견 또는 한정후견개시심판 청구에 대해 특정후견심판을 하는 것은 허용되지 않는다는 견해로 이진기(주 18), 102면 참조.

57 자료집, 121면. 다만, 이때 피특정후견인의 행위를 무효로 돌릴 수 없다면 사실상 성년후견 또는 한정후견의 이용을 강제할 우려가 있다는 이유로 피특정후견인의 법률행위를 취소할 수 있도록 하는 조문을 마련해야 한다는 견해로 제철웅(주 8), 139면 참조.

58 같은 취지로 김형석(주 8), 122면. 이에 반해 특정후견인에 의한 법률행위에 본인에 의한 법률행위보다 우선적 효력을 부여해야 하며, 피특정후견인을 제한적 행위무능력자로 보아야 한다는 견해로 이진기(주 18), 96-99면 참조.

2. 제2항

특정후견은 본인의 의사에 반하여서는 개시할 수 없다(제2항). 성년후견 또는 한정후견의 경우 본인의 의사를 최대한 존중하도록 한 것에서 한 발 더 나아간 것이다. 따라서 특정후견의 심판을 할 때에는 반드시 피특정후견인이 될 사람의 진술을 들어야 하며(개정 가사소송법 제45조의3 제1항 제1호), 그 진술은 반드시 피특정후견인을 심문하는 방식으로 행해져야 한다(같은 조 제2항). 다만, 그 사람이 자신의 의사를 밝힐 수 없거나 출석을 거부하는 등 심문할 수 없는 특별한 사정이 있는 때에는 그러하지 아니하다.

의식불명 등으로 인해 본인의 의사를 전혀 확인할 수 없는 경우에는 어떠한가. 일부 견해는 이때에도 특정후견을 개시할 수 있다고 한다. 개정민법 제14조의2 제2항은 본인의 의사에 반하지 않을 것을 요구하고 있을 뿐, 특정후견에 동의할 필요까지는 없다는 것이다.[59] 그러나 개정 가사소송법 제45조의3 제1항 단서는 피성년후견인이 의식불명, 그 밖의 사유로 자신의 의사를 표명할 수 없는 경우에 관한 예외 규정을 피특정후견인까지 확대하지 않고 있다. 결국 개정 가사소송법에 따르면 위와 같은 사안에서는 피특정후견인의 진술을 확보할 수 없으므로, 사실상 특정후견의 심판이 불가능해질 것이다.

3. 제3항

특정후견의 심판을 하는 경우 가정법원은 특정후견의 기간 또는 사무의 범위를 정하여야 한다(제3항). 지속적·포괄적 보호를 특성으로 하는 성년후견 또는 한정후견과 달리 특정후견은 일회적·특정적 보호를 목적으로 한다는 점을 선명하게 보여준다. 특정후견의 존속기간에 어떠한 상한선이 있는 것은 아니다. 이와 같이 특정후견은 일정한 기간 또는 특정 사무에 관해서만 가능하므로, 그 기간이 도과하거나 정해진 사무가 종료됨과 동시에 특정후견심판도 당연히 효력을 잃는다. 따라서 본인, 특정후견인, 특

59 김형석(주 8), 147면.

정후견감독인 등은 별도로 특정후견종료심판을 청구할 수 없다. 다만, 특정후견이 아직 효력을 갖고 있는 상태에서 성년후견 또는 한정후견개시심판이 내려지거나, 후견계약이 효력을 발생한 때에는 가정법원은 직권으로 특정후견종료심판을 하여야 한다(제14조의3, 제959조의20 제2항).

○ 제14조의3

현행	개정
〈신설〉	제14조의3(심판 사이의 관계) ① 가정법원이 피한정후견인 또는 피특정후견인에 대하여 성년후견개시의 심판을 할 때에는 종전의 한정후견 또는 특정후견의 종료 심판을 한다. ② 가정법원이 피성년후견인 또는 피특정후견인에 대하여 한정후견개시의 심판을 할 때에는 종전의 성년후견 또는 특정후견의 종료 심판을 한다.

기존의 한정치산·금치산 제도가 성년후견·한정후견 및 특정후견 제도로 다원화됨에 따라 각 심판간의 관계를 명확히 하기 위한 조문이다.

첫째, 가정법원은 피한정후견인 또는 피특정후견인에 대해 성년후견개시심판을 할 때 종전의 한정후견 또는 특정후견 종료심판을 하여야 한다(제1항). 이때에는 제14조에 따른 한정후견종료심판의 청구가 필요하지 않다. 동일인에 대해 성년후견과 한정후견 또는 특정후견이 중복하여 개시되는 일이 발생하지 않도록 직권으로 기존의 후견을 종료시키는 것이다.

둘째, 가정법원은 피성년후견인 또는 피특정후견인에 대하여 한정후견개시심판을 할 때 종전의 성년후견 또는 특정후견 종료심판을 하여야 한다(제2항). 이때 제11조에 따른 성년후견종료심판의 청구가 필요하지 않음은 제1항의 경우와 같다. 역시 후견의 중복 이용을 방지함으로써 절차를 명확하기 하기 위함이다.

셋째, 가정법원은 피성년후견인 또는 피한정후견인에 대해 특정후견의 심판을 할 때 종전의 성년후견 또는 한정후견 종료심판을 하여야 하는가. 특정후견의 잠정적 성격에 비추어 볼 때 기존 후견의 종료심판은 필요하지 않다는 견해가 있다.[60] 하지만 피성년후견인 또는 피한정후견인에 대해서는 특정후견의 심판을 하는 것 자체가 허용되지 않으므로, 불필요한 논의이다.[61] 피성년후견인 또는 피한정후견인에 대해 특정후견이 필요한 경우라면, 먼저 제11조 또는 제14조에 따른 일정한 자의 청구에 의해 성년후견 또는 한정후견종료심판을 한 후 비로소 특정후견의 심판을 하거나, 제10조 제3항 또는 제13조 제2항에 따라 피성년후견인 또는 피한정후견인의 행위능력 제한과 관련된 가정법원의 결정을 변경하는 심판을 하여야 한다(제14조의2 가. 참조).

그 밖에 성년후견 또는 한정후견의 청구 후 개시심판이 있기 전까지 요보호자의 즉각적인 보호를 위해 특정후견 제도를 활용할 수 있도록 해야 한다는 견해[62]가 있으나, 의사, 피특정후견인 등의 진술을 들을 것을 강제하고 있는 개정 가사소송법상 특정후견의 심리절차에 비추어 볼 때 과연 성년후견 등의 심리종결 전에 특정후견의 심리가 종결될 수 있을지 의문이며, 오히려 당사자들에게 중복진술의 불편을 끼칠 수 있다는 점, 가사소송법상 사전처분 제도는 적극적인 처분도 예정하고 있다는 점 등에 비추어 볼 때 특정후견제도보다는 사전처분제도로 대응하는 것이 본인 보호에 더 적합할 것이다.[63]

60 자료집, 122면. 그러나 이 견해는 같은 책, 120-121면의 서술과 모순된다.

61 다만, 이에 대해서는 성년후견의 종료에 대비하여 미리 특정후견 심판을 청구할 필요가 있으므로, 특정후견의 심판이 있을 때에는 성년후견 종료심판을 해야 한다는 취지의 규정을 신설하여 그 취지를 명확히 할 필요가 있다는 비판이 있다. 구상엽(주 4), 108-109면.

62 구상엽(주 4), 131면.

63 같은 취지로 이진기(주 18), 106면 참조.

○ 제15조-제17조

현행	개정
第15條(無能力者의 相對方의 催告權) ①無能力者의 相對方은 無能力者가 能力者가 된 後에 이에 對하여 1月以上의 期間을 定하여 그 取消할 수 있는 行爲의 追認與否의 確答을 催告할 수 있다. 能力者로 된 者가 그 期間內에 確答을 發하지 아니한 때에는 그 行爲를 追認한 것으로 본다. ②無能力者가 아직 能力者가 되지 못한 때에는 그 法定代理人에 對하여 前項의 催告를 할 수 있고 法定代理人이 그 期間內에 確答을 發하지 아니한 때에는 그 行爲를 追認한 것으로 본다. ③特別한 節次를 要하는 行爲에 關하여는 그 期間內에 그 節次를 밟은 確答을 發하지 아니하면 取消한 것으로 본다.	제15조(제한능력자의 상대방의 확답을 촉구할 권리) ① 제한능력자의 상대방은 제한능력자가 능력자가 된 후에 그에게 1개월 이상의 기간을 정하여 그 취소할 수 있는 행위를 추인할 것인지 여부의 확답을 촉구할 수 있다. 능력자로 된 사람이 그 기간 내에 확답을 발송하지 아니하면 그 행위를 추인한 것으로 본다. ② 제한능력자가 아직 능력자가 되지 못한 경우에는 그의 법정대리인에게 제1항의 촉구를 할 수 있고, 법정대리인이 그 정해진 기간 내에 확답을 발송하지 아니한 경우에는 그 행위를 추인한 것으로 본다. ③ 특별한 절차가 필요한 행위는 그 정해진 기간 내에 그 절차를 밟은 확답을 발송하지 아니하면 취소한 것으로 본다.
第16條(無能力者의 相對方의 撤回權과 拒絶權) ①無能力者의 契約은 追認있을 때까지 相對方이 그 意思表示를 撤回할 수 있다. 그러나 相對方이 契約當時에 無能力者임을 알았을 때에는 그러하지 아니하다. ②無能力者의 單獨行爲는 追認있을 때까지 相對方이 拒絶할 수 있다. ③前2項의 撤回나 拒絶의 意思表示는 無能力者에 對하여도 할 수 있다.	제16조(제한능력자의 상대방의 철회권과 거절권) ① 제한능력자가 맺은 계약은 추인이 있을 때까지 상대방이 그 의사표시를 철회할 수 있다. 다만, 상대방이 계약 당시에 제한능력자임을 알았을 경우에는 그러하지 아니하다. ② 제한능력자의 단독행위는 추인이 있을 때까지 상대방이 거절할 수 있다. ③ 제1항의 철회나 제2항의 거절의 의사표시는 제한능력자에게도 할 수 있다.
第17條(無能力者의 詐術) ①無能力者가 詐術로써 能力者로 믿게한 때에는 그 行爲를 取消하지 못한다.	제17조(제한능력자의 속임수) ① 제한능력자가 속임수로써 자기를 능력자로 믿게 한 경우에는 그 행위를 취소할 수 없다.

②未成年者나 限定治産者가 詐術로써 法定代理人의 同意있는 것으로 믿게한 때에도 前項과 같다.	② 미성년자나 피한정후견인이 속임수로써 법정대리인의 동의가 있는 것으로 믿게 한 경우에도 제1항과 같다.

1. 제한능력자 개념의 도입

종래의 민법은 미성년자 · 한정치산자 · 금치산자를 "무능력자"로 통칭하였다. 그러나 이와 같은 용어는 낙인적 효과를 수반하여 제도의 이용을 기피하도록 만들었다. 이에 개정민법은 기존의 '행위무능력' 개념을 포기하였다. 개정민법상 미성년자, 피성년후견인, 피한정후견인, 피특정후견인은 모두 원칙적으로 행위능력을 갖는다. 다만, 미성년자의 경우에는 민법 제6조 내지 제8조 등에 해당하지 않는 범위 내에서, 피성년후견인의 경우에는 제10조 제2항 및 제4항에 해당하지 않는 범위 내에서, 피한정후견인은 제13조 제1항의 범위 내에서 행위능력이 일부 제한된다. 법정대리인의 동의 또는 대리에 의하지 않을 경우 그 법률행위가 취소될 수 있기 때문이다. 이에 개정민법은 이들을 "제한능력자"라고 통칭하고, 그 용어를 개정민법 제15조 이하에서 일관되게 사용하고 있다.[64] 이때 "제한능력자"란 미성년자, 피성년후견인 및 피한정후견인을 의미할 뿐이며, 피특정후견인 또는 후견계약의 본인은 이에 해당하지 않는다. 그들은 특정후견의 심판 또는 임의후견의 개시에도 불구하고, 행위능력이 제한되지 않기 때문이다.

2. 제한능력자와 거래의 안전

제한능력자의 법률행위는 일정한 경우 취소될 수 있다. 미성년자가 법정대리인의 대리 또는 동의에 의하지 아니하고 한 법률행위, 피성년후견인이 한 법률행위로서 가정법원이 제10조 제2항에 따라 취소할 수 없는 법률행위로 정하지 않은 경우, 피한정후

64 자료집, 122-123면 참조.

견인이 한 법률행위로서 가정법원이 제13조 제1항에 따라 한정후견인의 동의를 받도록 정하였음에도 불구하고 그 동의를 받지 않은 법률행위 등이 그러하다. 이러한 규정은 모두 제한능력자를 보호하기 위한 것이다.

그 결과 제한능력자와 거래한 상대방은 법률행위가 취소될 위험을 부담한다. 즉 제한능력자 제도는 거래의 안전을 해한다. 거래의 안전을 보호하기 위해 가정법원의 동의유보결정을 등기하지 않는 한 거래 상대방에게 대항할 수 없도록 해야 한다는 견해[65]가 없지 않았으나, 개정민법은 임의후견에 대해서만 그 종료를 등기하지 않으면 선의의 제3자에게 대항할 수 없도록 하였을 뿐(제950조의19), 법정후견과 관련하여서는 이러한 취지의 조문을 전혀 마련하고 있지 않다.[66] 즉, 개정민법은 법정후견에 있어서 거래의 안전보다 제한능력자의 보호를 더욱 중시한다.

결국 제한능력자와 거래하는 상대방은 그와 계약을 체결하려는 사람이 제한능력자인지 여부, 만약 제한능력자라면 어느 범위에서 행위능력이 제한되고 있는지 여부, 본인을 대신하여 계약을 체결하려는 사람이 제한능력자의 적법한 법정대리인인지 여부 및 그의 대리권의 범위 등을 스스로 조사함으로써 그 위험을 회피하는 수밖에 없다. 그런데 기존의 한정치산·금치산 선고 사실이 가족관계등록부에 기재되었던 것과 달리, 이제 성년후견 또는 한정후견 등은 후견등기부에 의해 공시되며, 후견과 관련된 등기사항증명서의 발급을 청구할 수 있는 사람은 피후견인, 후견인, 후견감독인, 피후견인의 배우자 또는 4촌 이내의 친족 등 일정한 범위 내에 있는 사람으로 한정된다(후견등기에 관한 법률 제15조).[67] 따라서 거래의 상대방은 제한능력자 또는 그의 후견인 등에게 관련 등기사항증명서를 발급받아 올 것을 요청함으로써 거래의 안전을 도모하는 수밖에 없다.

65 대표적으로 「장애성년후견법안」(대표발의 : 나경원의원) 제12조가 이러한 입장을 택하였다.

66 개정민법의 태도에 찬성하는 견해로 엄덕수(주 5), 24면 참조.

67 이와 같은 후견등기 제도의 도입에 찬성하는 견해로 엄덕수(주 5), 24면; 황영두, “민법상 성년후견제도에 관한 고찰”, 慶星法學 第20輯 第2號(2011), 18-19면 등. 반면 가족관계등록부에 공시하는 방안을 찬성하는 견해로 김형석(주 8), “민법개정안에 따른 성년후견법제”, 163면. 새로운 성년후견등록제도의 창설을 주장하는 견해로 신은주(주 1), 28-31면; 정남휘(주 8), 24면 참조.

상황이 이와 같이 되었으므로, 거래의 상대방 보호와 관련된 기존 민법상의 제도가 더욱 중요한 의미를 갖게 되었다. 거래 상대방이 거래 후 뒤늦게 제한능력자인 사실 또는 그 제한의 범위 등을 알게 된 경우 그를 보호할 수 있는 장치이기 때문이다. 이에 개정민법은 거래 상대방 보호를 위한 기존 민법 제15조 내지 제17조의 내용을, 용어만 무능력자에서 제한능력자로 변경한 채, 그대로 유지하였다. 그러나 행위능력 제도 자체의 개혁으로 인해 그 조문이 갖는 의미도 어느 정도 변화할 수밖에 없다. 조문별로 간략하게 살펴본다(미성년자 행위능력의 범위는 기존과 동일하므로, 미성년자와 관련된 설명은 생략하기로 한다).

가. 제15조

제한능력자의 상대방은 제한능력자가 능력자가 된 후에 그에게 1개월 이상의 기간을 정하여 그 취소할 수 있는 행위를 추인할 것인지 여부의 확답을 촉구할 수 있으며, 능력자로 된 사람이 그 기간 내에 확답을 발송하지 아니하면 그 행위를 추인한 것으로 본다(제1항). "무능력자"를 "제한능력자"로, "최고"를 "촉구"로 그 용어를 변경한 것 외에 세세한 내용은 기존 민법과 동일하다.[68] 다만, "제한능력자가 능력자가 된 후"의 의미에 대해서는, 성년후견 또는 한정후견 종료심판이 있는 때뿐만 아니라, 제10조 제3항 또는 제13조 제2항에 따른 변경심판에 의해 당해 법률행위에 대해 제한되었던 행위능력이 회복된 경우도 포함된다는 점 정도가 다를 뿐이다. 법원에 의한 심판이 있기 전에는 제한능력자의 정신능력이 회복되었다는 이유만으로 능력자가 되었다고 할 수 없다.[69]

한편 제한능력자가 아직 능력자가 되지 못한 경우에는 그의 법정대리인에게 제1항의 촉구를 할 수 있고, 법정대리인이 그 정하여진 기간 내에 확답을 발송하지 아니한 경우에는 그 행위를 추인한 것으로 본다(제2항). 이때 법정대리인은 당해 법률행위에 관한 대리권을 가지고 있으면 족하고, 가정법원으로부터 별도로 그 촉구를 수령할 권한

68 이와 같은 용어의 변경에 대해 비판적인 견해로 이진기(주 18), 89면 참조.

69 구상엽(주 4), 76면.

또는 추인할 권한을 수여받는 결정을 받아야만 하는 것은 아니다. 즉 가정법원이 한정후견인에게 수여한 대리권에는 추인에 관한 대리권이 함께 포함되어 있다고 해석하여야 할 것이다.

다만, 특별한 절차가 필요한 행위는 그 정하여진 기간 내에 그 절차를 밟은 확답을 발송하지 아니하면 취소한 것으로 본다(제3항). 가령 성년후견인 또는 한정후견인이 개정민법 제950조에 따라 후견감독인의 동의를 받아야만 하는 경우 등이 그러하다.

나. 제16조

제한능력자가 맺은 계약은 추인이 있을 때까지 상대방이 그 의사표시를 철회할 수 있다. 다만, 상대방이 계약 당시에 제한능력자임을 알았을 경우에는 그러하지 아니하다(제1항). 본조는 제한능력자가 체결한 모든 계약에 적용되는 것은 아니다. 본조의 적용범위는 피성년후견인 또는 피한정후견인의 행위능력이 제한되는 범위 내에서 체결된 계약에 한정된다. 단서 중 "상대방이 계약 당시에 제한능력자임을 알았을 때" 역시 단순히 성년후견 또는 한정후견 개시심판이 있음을 알았을 뿐만 아니라, 당해 법률행위에 관하여 행위능력이 제한되어 있다는 사실도 알고 있어야 함을 의미한다.

제한능력자의 단독행위는 추인이 있을 때까지 상대방이 거절할 수 있다(제2항). 이때 상대방이 거절할 수 있는 단독행위 역시 피성년후견인 또는 피한정후견인의 행위능력이 제한되는 범위 내의 행위인 경우만을 의미한다.

제1항의 철회나 제2항의 거절의 의사표시는 제한능력자에게도 할 수 있다(제3항). 즉 제한능력자라도 상대방의 철회 또는 거절의 의사표시를 수령할 능력을 갖는다. 철회 또는 거절은 제한능력자를 그 법률관계의 구속력으로부터 벗어나게 하는 것일 뿐, 제한능력자에게 어떠한 권리의무를 부담시키는 것은 아니기 때문이다.

다. 제17조

제한능력자가 속임수로써 자기를 능력자로 믿게 한 경우에는 그 행위를 취소할 수 없다(제1항). 기존의 "사술"이라는 용어를 알기 쉽게 "속임수"로 개정하였다. 피성년후견인 또는 피한정후견인이 성년후견개시심판 또는 한정후견개시심판이 있었음을 속이고, 능력자로 믿게 한 경우 등이 이에 해당한다. 단순히 피성년후견인 또는 피한정후견인이 후견개시와 관련된 등기사항증명서를 거래 상대방에게 자발적으로 제공하지 않은 정도로는 아직 '속임수'가 있었다고 할 수 없을 것이다. 그와 같은 해석은 피후견인의 사생활을 보호하고, 낙인효과를 제거한다는 성년후견제도의 이념에 반하기 때문이다.

피한정후견인이 속임수로써 법정대리인의 동의가 있는 것으로 믿게 한 경우 그 행위는 취소할 수 없다(제2항). 동의유보결정의 범위 내에 속하는 법률행위를 한정후견인의 동의 없이 하면서 동의가 있는 것으로 속인 경우가 이에 해당한다. 반면 등기사항증명서 등의 위조를 통해 동의유보결정의 범위 내에 들어가지 않는 것으로 속인 경우는 제1항의 적용범위에 포섭될 것이다.

○ 제111조-제112조

현행	개정
第111條(意思表示의 效力發生時期) ①相對方있는 意思表示는 그 通知가 相對方에 到達한 때로부터 그 效力이 생긴다. ②表意者가 그 通知를 發한 後 死亡하거나 行爲能力을 喪失하여도 意思表示의 效力에 影響을 미치지 아니한다.	제111조(의사표시의 효력발생시기) ① 상대방이 있는 의사표시는 상대방에게 도달한 때에 그 효력이 생긴다. ② 의사표시자가 그 통지를 발송한 후 사망하거나 제한능력자가 되어도 의사표시의 효력에 영향을 미치지 아니한다.
第112條(意思表示의 受領能力) 意思表示의 相對方이 이를 받은 때에 無能力者인 境遇에는 그 意思表示로써 對抗하지 못한다. 그러나 法定代理人이 그 到達을 안 後에는 그러하지 아니하다.	제112조(제한능력자에 대한 의사표시의 효력) 의사표시의 상대방이 의사표시를 받은 때에 제한능력자인 경우에는 의사표시자는 그 의사표시로써 대항할 수 없다. 다만, 그 상대방의 법정대리인이 의사표시가 도달한 사실을 안 후에는 그러하지 아니하다.

기존의 "무능력자" 개념을 폐지하고 "제한능력자" 개념을 도입함에 따라 제111조 제2항 중 "행위능력을 상실"하였다는 부분 및 제112조 중 "무능력자" 부분의 용어를 "제한능력자"로 개정하는 한편, 문장을 일반인이 이해하기 쉽게 수정하였다. 이때 "제한능력자"란 미성년자, 피성년후견인 또는 피한정후견인만을 의미함은 제15조 내지 제17조에서 설명한 바와 같다. 제111조 제2항 및 제112조의 각 "의사표시"가 피성년후견인 또는 피한정후견인이 그 행위능력을 제한받는 범위 내에서의 의사표시임은 물론이다.

○ 제127조

현행	개정
第127條(代理權의 消滅事由) 代理權은 다음 各號의 事由로 消滅한다. 1. 本人의 死亡 2. 代理人의 死亡, 禁治産 또는 破産	제127조(대리권의 소멸사유) 대리권은 다음 각 호의 어느 하나에 해당하는 사유가 있으면 소멸된다. 1. 본인의 사망 2. 대리인의 사망, 성년후견의 개시 또는 파산

기존의 금치산 제도가 폐지되고, 성년후견 제도가 신설됨에 따라, 제127조 제2호 중 "금치산" 부분을 "성년후견의 개시"로 개정하였다. 대리인에 대해 성년후견 개시심판이 있는 경우 대리권이 소멸하도록 하는 것은, 대리인의 행위능력이 제한되었기 때문이 아니라, 본인과 대리인 사이의 신뢰관계에 중대한 변화가 발생하였기 때문이다. 따라서 이미 수여되었던 대리권한의 범위가, 제10조 제2항에 따라 가정법원에 의해 정해진 "취소할 수 없는 피성년후견인의 법률행위의 범위" 내에 속하는 경우라도, 대리권은 제127조 제2호에 의해 당연히 소멸한다.

○ 제135조

현행	개정
第135條(無權代理人의 相對方에 對한 責任) ①他人의 代理人으로 契約을 한 者가 그 代理權을 證明하지 못하고 또 本人의 追認을 얻지 못한 때에는 相對方의 選擇에 좇아 契約의 履行 또는 損害賠償의 責任이 있다. ②相對方이 代理權 없음을 알았거나 알 수 있었을 때 또는 代理人으로 契約한 者가 行爲能力이 없는 때에는 前項의 規定을 適用하지 아니한다.	제135조(상대방에 대한 무권대리인의 책임) ① 다른 자의 대리인으로서 계약을 맺은 자가 그 대리권을 증명하지 못하고 또 본인의 추인을 받지 못한 경우에는 그는 상대방의 선택에 따라 계약을 이행할 책임 또는 손해를 배상할 책임이 있다. ② 대리인으로서 계약을 맺은 자에게 대리권이 없다는 사실을 상대방이 알았거나 알 수 있었을 때 또는 대리인으로서 계약을 맺은 사람이 제한능력자일 때에는 제1항을 적용하지 아니한다.

기존 민법 제135조의 문장을 일반인이 이해하기 쉽게 수정하는 한편, 제135조 제2항 중 "행위능력이 없는 때"를 새로운 성년후견제도에 맞추어 "대리인으로서 계약을 맺은 사람이 제한능력자일 때"로 개정하였다. 제한능력자를 무권대리인으로서의 무거운 법정무과실책임으로부터 보호하기 위한 조문이다. 동 항의 규정에 의해 무권대리인이 피성년후견인 또는 피한정후견인인 때에는 계약이행책임 또는 손해배상책임을 면한다. 이때 피후견인의 무권대리행위는 그의 행위능력이 제한되는 범위 내에 있는 법률행위여야 하는가. 긍정한다면 제한능력자의 보호에 미흡한 측면이 없지 않을 것이나, 행위능력이 제한되지 않는 부분에 대해서는 행위능력자와 완전하게 동일하게 취급하겠다는 것이 개정민법의 태도이므로, 그 행위에 따른 책임(즉, 무권대리인으로서의 책임)도 지는 것이 공평할 것이다. 피특정후견인은 제한능력자가 아니므로, 제135조 제2항이 적용되지 않음은 물론이다.

○ 제140조

현행	개정
第140條(法律行爲의 取消權者) 取消할 수 있는 法律行爲는 無能力者, 瑕疵있는 意思表示를 한 者, 그 代理人 또는 承繼人에 限하여 取消할 수 있다.	제140조(법률행위의 취소권자) 취소할 수 있는 법률행위는 제한능력자, 착오로 인하거나 사기·강박에 의하여 의사표시를 한 자, 그의 대리인 또는 승계인만이 취소할 수 있다.

법률행위의 취소권자에 관한 제140조 중 "무능력자" 부분을 "제한능력자"로 개정하였다. 피성년후견인, 피한정후견인은 성년후견인의 대리 또는 한정후견인의 동의 없이 단독으로 취소권을 행사할 수 있다. 제한능력자의 법정대리인도 취소권을 행사할 수 있음이 명백하다. 당해 법률행위와 관련하여 대리권을 수여받지 못한 후견인은 취소권을 행사할 수 있는가. 가령 가정법원으로부터 동의유보결정에 따른 동의권만 수여받은 한정후견인이, 그의 동의를 받지 않은 피한정후견인의 법률행위를 [법정대리인이 아니라는 이유로] 취소할 수 없다는 것은 현저히 부당할 뿐만 아니라, 피한정후견인의 보호에도 도움이 되지 않는다. 대리권 없는 후견인이라도 취소권은 행사할 수 있다고 보아야 할 것이다. 입법론으로서는 제140조상의 취소권자에 "후견인" 부분을 추가하는 것이 바람직하다. 개정이 이루어질 때까지는 가정법원이 제13조에 따른 동의유보의 범위와 제959조의4에 따른 대리권의 범위를 일치시키거나, 적어도 동의유보결정의 범위에 해당하는 법률행위에 대해서는 한정후견인에게 법률행위 취소에 관한 대리권을 수여하는 심판을 하는 방법으로 피한정후견인을 보호하는 수밖에 없을 것이다.

또한 개정민법은 종래 "하자있는 의사표시를 한 자"를 "착오로 인하거나 사기·강박에 의하여 의사표시를 한 자"로 개정하였다. 통상 하자있는 의사표시란 사기·강박에 의한 의사표시만을 의미하므로, 착오로 인한 의사표시도 이에 포함되는지 여부에 대해 논란의 여지가 있었으므로,[70] 입법에 의해 이를 명백히 밝힌 것이다.

70 編輯代表 郭潤直/金龍潭 집필부분, 民法注解[III] 總則(3), 博英社, 1992, 292면.

○ 제141조

현행	개정안
第141條(取消의 效果) 取消한 法律行爲는 처음부터 無效인 것으로 본다. 그러나 無能力者는 그 行爲로 因하여 받은 利益이 現存하는 限度에서 償還할 責任이 있다.	제141조(취소의 효과) 취소된 법률행위는 처음부터 무효인 것으로 본다. 다만, 제한능력자는 그 행위로 인하여 받은 이익이 현존하는 한도에서 상환(償還)할 책임이 있다.

법률행위 취소시 무능력자의 반환의무를 제한하는 제141조의 조문 중 "무능력자" 부분을 "제한능력자"로 개정하였다. 이때 반환의무가 제한되는 "취소된 법률행위"의 범위에 대해서는 논란이 있다. 행위무능력(개정민법의 표현에 따르면 행위능력의 제한)을 이유로 취소된 경우에 한한다는 견해[71]를 택한다면 행위능력이 제한되는 범위 내의 법률행위인 때에만 제141조 단서가 적용될 것이다.

○ 제144조

현행	개정
第144條(追認의 要件) ①追認은 取消의 原因이 終了한 後에 하지 아니하면 效力이 없다. ②前項의 規定은 法定代理人이 追認하는 境遇에는 適用하지 아니한다.	제144조(추인의 요건) ① 추인은 취소의 원인이 소멸된 후에 하여야만 효력이 있다. ② 제1항은 법정대리인 또는 후견인이 추인하는 경우에는 적용하지 아니한다.

1. 제1항

제144조는 취소할 수 있는 법률행위의 추인에 관한 규정이다. 개정민법은 제1항의 문구를 알기 쉽게 수정하였다. 제1항 중 "취소의 원인이 소멸"한 경우의 의미는 기존

71 대표적으로 송덕수, 민법총칙, 박영사, 2011, 446면.

민법 제144조 제1항상의 "취소의 원인이 종료"한 경우와 크게 다르지 않다. 다만, 취소의 원인이 제한능력인 경우, 성년후견 또는 한정후견 종료심판 뿐만 아니라, 피성년후견인의 취소할 수 없는 법률행위의 범위 또는 피한정후견인의 동의를 받아야 하는 법률행위의 범위를 각 변경하는 심판도 취소의 원인이 소멸한 경우에 해당할 수 있다는 정도가 달라졌을 뿐이다.

2. 제2항

개정민법은 제144조 제2항에 "후견인" 부분을 추가하였다. 법정대리인뿐만 아니라, 당해 법률행위에 관해 대리권이 없는 후견인도 취소의 원인이 소멸하기 전에 추인할 수 있음을 예정한 것이다. 대리권이 없는 후견인에게 취소권을 부여하고 있지 않은 제140조의 규정과 대비된다. 이때 제2항에서 법정대리인 또는 후견인이 추인하는 경우는 다음의 세 가지로 나누어 볼 필요가 있다.

첫째, 피성년후견인이 성년후견인의 대리에 의하지 아니하고 법률행위를 한 경우. 이때 법정대리인인 성년후견인이 추인할 수 있음은 물론이다. 반면 당해 법률행위에 대해 법정대리권을 가지고 있지 않은 성년후견인은 추인도 할 수 없다. 성년후견인의 법정대리권은 피성년후견인의 법률행위를 취소할 수 없는 범위 내에서 제한(제938조 해설 참조)되는데, 그 범위 내에서 피성년후견인은 완전한 행위능력자로 간주되므로, 그의 법률행위는 취소할 수 없고, 따라서 추인의 대상이 되지 않는다.

둘째, 피한정후견인이 한정후견인의 동의 없이 동의유보결정 범위 내의 법률행위를 한 경우. 이때 당해 법률행위에 대해 동의권을 가지고 있는 후견인이 추인함으로써 이를 확정적으로 유효하게 만들 수 있음은 당연하다. 따라서 이때는 당해 법률행위에 대해 대리권을 가지고 있지 않은 한정후견인이라도 이를 추인할 수 있다. 제144조 제2항이 예정하는 바가 바로 그것이다.

셋째, 제한능력자의 행위를 제한능력 외의 사유로 취소할 수 있는 경우. 이때 당해 법률행위를 추인할 수 있는 사람은 오로지 그에 관해 법정대리권을 가지고 있는 성년후견인 또는 한정후견인 뿐이다. 대리권을 갖고 있지 않은 후견인은 제한능력 외의 의사표시의 하자와 관련하여 당해 법률행위에 간섭할 권한을 갖고 있지 않기 때문이다. 따라서 이때는 제144조 제2항이 적용되지 않는다.

○ 제179조-제180조

현행	개정
第179條(無能力者와 時效停止) 消滅時效의 期間滿了前 6月內에 無能力者의 法定代理人이 없는 때에는 그가 能力者가 되거나 法定代理人이 就任한 때로부터 6月內에는 時效가 完成하지 아니한다.	제179조(제한능력자의 시효정지) 소멸시효의 기간만료 전 6개월 내에 제한능력자에게 법정대리인이 없는 경우에는 그가 능력자가 되거나 법정대리인이 취임한 때부터 6개월 내에는 시효가 완성되지 아니한다.
第180條(財産管理者에 對한 無能力者의 權利, 夫婦間의 權利와 時效停止) ①財産을 管理하는 父, 母 또는 後見人에 對한 無能力者의 權利는 그가 能力者가 되거나 後任의 法定代理人이 就任한 때로부터 6月內에는 消滅時效가 完成하지 아니한다. ②夫婦의 一方의 他方에 對한 權利는 婚姻關係의 終了한 때로부터 6月內에는 消滅時效가 完成하지 아니한다.	제180조(재산관리자에 대한 제한능력자의 권리, 부부 사이의 권리와 시효정지) ① 재산을 관리하는 아버지, 어머니 또는 후견인에 대한 제한능력자의 권리는 그가 능력자가 되거나 후임 법정대리인이 취임한 때부터 6개월 내에는 소멸시효가 완성되지 아니한다. ② 부부 중 한쪽이 다른 쪽에 대하여 가지는 권리는 혼인관계가 종료된 때부터 6개월 내에는 소멸시효가 완성되지 아니한다.

제179조 및 제180조는 시효정지에 관한 규정이다. 문구를 이해하기 쉽게 수정하는 것 외에 기존의 "무능력자"라는 표현을 "제한능력자"로 개정하였다. 제한능력자가 단독으로 유효하게 법률행위를 할 수 있는 경우에는, 그에 대한 성년후견 또는 한정후견 종료심판이 아직 되지 않았고, 그를 위한 법정대리인이 없는 경우라도, 제한능력자가 스스로 소멸시효를 중단시킬 수 있으므로, 제179조 및 제180조 제1항에 따른 소멸시효 정지에 관한 규정이 적용되지 않는다.

○ 제609조

현행	개정
第690條(死亡, 破産等과 委任의 終了) 委任은 當事者一方의 死亡 또는 破産으로 因하여 終了한다. 受任人이 禁治産宣告를 받은 때에도 같다.	제690조(사망·파산 등과 위임의 종료) 위임은 당사자 한쪽의 사망이나 파산으로 종료된다. 수임인이 성년후견개시의 심판을 받은 경우에도 이와 같다.

기존의 금치산제도가 폐지되고 성년후견제도가 신설됨에 따라 제690조 중 "금치산선고" 부분을 삭제하고 "성년후견개시의 심판을 받은 경우" 부분을 신설하였다. 수임인이 성년후견개시심판을 받은 경우 그 위임관계를 종료시키는 이유는 위임인과 수임인 간의 신뢰관계에 중대한 사정변경이 발생하였기 때문이다. 따라서 위임사무가 피성년후견인의 취소할 수 없는 법률행위에 해당하는지 여부를 불문하고 위임관계는 당연히 종료된다.

○ 제717조

현행	개정
第717條(非任意脫退) 前條의 境遇外에 組合員은 다음 各號의 事由로 因하여 脫退된다. 1. 死亡 2. 破産 3. 禁治産 4. 除名	제717조(비임의 탈퇴) 제716조의 경우 외에 조합원은 다음 각 호의 어느 하나에 해당하는 사유가 있으면 탈퇴된다. 1. 사망 2. 파산 3. 성년후견의 개시 4. 제명(除名)

제717조 제3호는, 제609조와 같은 이유로, "금치산" 부분을 삭제하고, "성년후견의 개시" 부분을 신설하였다. 따라서 성년후견개시심판과 동시에 피성년후견인인 조합원

은 조합으로부터 탈퇴한다.

○ 제755조

현행	개정
第755條(責任無能力者의 監督者의 責任) ①前2條의 規定에 依하여 無能力者에게 責任없는 境遇에는 이를 監督할 法定義務있는 者가 그 無能力者의 第三者에게 加한 損害를 賠償할 責任이 있다. 그러나 監督義務를 懈怠하지 아니한 때에는 그러하지 아니하다. ②監督義務者에 가름하여 無能力者를 監督하는 者도 前項의 責任이 있다.	제755조(감독자의 책임) ① 다른 자에게 손해를 가한 사람이 제753조 또는 제754조에 따라 책임이 없는 경우에는 그를 감독할 법정의무가 있는 자가 그의 손해를 배상할 책임이 있다. 다만, 감독의무를 게을리하지 아니한 경우에는 그러하지 아니하다. ② 감독의무자를 갈음하여 제753조 또는 제754조에 따라 책임이 없는 사람을 감독하는 자도 제1항의 책임이 있다.

제755조는 책임능력 없는 미성년자 또는 심신상실자가 타인에게 손해를 가한 경우, 가해자의 감독자로 하여금 그 손해배상책임을 대위하도록 하는 규정이다. 기존의 제755조 제1항 및 제2항에서 말하는 "무능력자"란 책임무능력자를 의미하므로, 사실상 행위능력 제도와 직접적으로 관련이 있는 조문은 아니다. 하지만 개정민법이 폐지한 "무능력"이라는 용어가 사용되고 있으므로, 동 조문으로부터 "무능력"이라는 용어를 삭제하고 대신 "제753조 또는 제754조에 따라 책임이 없는 경우" 또는 "책임이 없는 사람"으로 개정하는 한편, 문구를 일반인이 이해하기 쉽게 수정하였다.

물론 이 중 제754조에 따른 책임무능력자, 즉 심신상실자는 성년후견 제도와 적용영역이 일부 중복된다. 즉 피성년후견인 등은 경우에 따라 "심신상실자"가 되어 불법행위책임을 면할 수도 있을 것이다. 이때 제755조에 의해 피성년후견인 등을 대위하여 손해를 대신 배상할 "감독의무자"는 누구인가. 기존의 행위무능력 제도 하에서는 금치산자의 후견인에게 감독의무자로서의 지위가 부여되었다. 금치산자의 후견인은 금치산자의 요양, 감호에 일상의 주의를 해태하지 아니할 의무가 있었기 때문이다(개정 전 민법 제947조). 그러나 개정민법상 성년후견인은 피성년후견인의 재산관리와 신상보호를 할 때 그의 복리와 의사에 최대한 부합하는 방법으로 사무를 처리할 의무를 지고 있을 뿐(개정민법 제947조), 피성년후견인의 일상생활에 대한 전반적인 감독의무 내지 감독권한을 가지고 있는 것은 아니다. 성년후견인의 전문화·직업화 과정이 진행됨에 따라 더욱 이러한 감독의무를 인정하기 힘들어질 것이다. 만약 후견인의 감독의무를 쉽게 인정한다면, 그것은 피후견인에 대한 감금 내지 포괄적인 자유제한으로 이어질 가능성이 매우 높다. 그것이 성년후견제도가 추구하는 '보편화'의 원리에 반하는 것임은 명백하다. 따라서 특별한 사정이 없는 한, 성년후견인 등을 본 조에서 말하는 "법정감독의무자"에 해당한다고 볼 수는 없을 것이다.[72]

72 이와 유사한 취지에서 민법 제755조는 헌법에 반할 뿐만 아니라, UN 장애인권리협약에도 반한다는 점을 지적하고, 미성년자에 대해서만 법정감독의무자의 대위책임규정을 유지하여야 한다는 견해로 제철웅, "성년후견인의 민법 제755조의 책임 - 그 정당성에 대한 비판적 검토 -", 法曹 제670호(2012.7.), 36-48면 참조. 법정감독의무자로서의 책임을 인정하면서도, 후견인의 전문성과 보수체계에 따라 책임에 차등을 두어야 한다는 견해로 구상엽(주 4), 183면 참조.

Ⅱ. 가족법상 법률행위

○ 제801조, 제802조, 제804조, 제808조, 제819조, 제835조, 제848조, 제856조, 제869조, 제871조, 제873조, 제887조, 제893조, 제899조, 제902조

현행	개정
第801條(約婚年齡) 만18세가 된 사람은 父母 또는 後見人의 同意를 얻어 約婚할 수 있다. 이 境遇에는 第808條의 規定을 準用한다.	제801조(약혼연령) 18세가 된 사람은 부모나 미성년후견인의 동의를 받아 약혼할 수 있다. 이 경우 제808조를 준용한다.
第802條(禁治産者의 約婚) 禁治産者는 父母 또는 後見人의 同意를 얻어 約婚할 수 있다. 이 境遇에는 第808條의 規定을 準用한다.	제802조(성년후견과 약혼) 피성년후견인은 부모나 성년후견인의 동의를 받아 약혼할 수 있다. 이 경우 제808조를 준용한다.
第804條(約婚解除의 事由) 當事者의 一方에 다음 各號의 事由가 있는 때에는 相對方은 約婚을 解除할 수 있다. 1. 約婚後 資格停止以上의 刑의 宣告를 받은 때 2. 約婚後 禁治産 또는 限定治産의 宣告를 받은 때 3. 性病, 不治의 精神病 기타 不治의 惡疾이 있는 때 4. 約婚後 他人과 約婚 또는 婚姻을 한 때 5. 約婚後 他人과 姦淫한 때 6. 約婚後 1年이상 그 生死가 不明한 때 7. 正當한 理由없이 婚姻을 拒絶하거나 그 時期를 遲延하는 때 8. 其他 重大한 事由가 있는 때	제804조(약혼해제의 사유) 당사자 한쪽에 다음 각 호의 어느 하나에 해당하는 사유가 있는 경우에는 상대방은 약혼을 해제할 수 있다. 1. 약혼 후 자격정지 이상의 형을 선고받은 경우 2. 약혼 후 성년후견개시나 한정후견개시의 심판을 받은 경우 3. 성병, 불치의 정신병, 그 밖의 불치의 병질(病疾)이 있는 경우 4. 약혼 후 다른 사람과 약혼이나 혼인을 한 경우 5. 약혼 후 다른 사람과 간음(姦淫)한 경우 6. 약혼 후 1년 이상 생사(生死)가 불명한 경우 7. 정당한 이유 없이 혼인을 거절하거나 그 시기를 늦추는 경우 8. 그 밖에 중대한 사유가 있는 경우

第808條(同意를 요하는 婚姻) ①未成年者가 婚姻을 할 때에는 父母의 同意를 얻어야 하며, 父母중 一方이 同意權을 行使할 수 없는 때에는 다른 一方의 同意를 얻어야 하고, 父母가 모두 同意權을 행사할 수 없는 때에는 後見人의 同意를 얻어야 한다. ②禁治産者는 父母 또는 後見人의 同意를 얻어 婚姻할 수 있다. ③第1項 및 第2項의 경우에 父母 또는 後見人이 없거나 또는 同意할 수 없는 때에는 親族會의 同意를 얻어 婚姻할 수 있다.	제808조(동의가 필요한 혼인) ① 미성년자가 혼인을 하는 경우에는 부모의 동의를 받아야 하며, 부모 중 한쪽이 동의권을 행사할 수 없을 때에는 다른 한쪽의 동의를 받아야 하고, 부모가 모두 동의권을 행사할 수 없을 때에는 미성년후견인의 동의를 받아야 한다. ② 피성년후견인은 부모나 성년후견인의 동의를 받아 혼인할 수 있다.
第819條(同意없는 婚姻의 取消請求權의 消滅) 第808條의 規定에 違反한 婚姻은 그 當事者가 20세에 달한 후 또는 禁治産宣告의 取消있은 後 3月을 經過하거나 婚姻中 胞胎한 때에는 그 取消를 請求하지 못한다.	제819조(동의 없는 혼인의 취소청구권의 소멸) 제808조를 위반한 혼인은 그 당사자가 19세가 된 후 또는 성년후견종료의 심판이 있은 후 3개월이 지나거나 혼인 중에 임신한 경우에는 그 취소를 청구하지 못한다.
第835條(禁治産者의 協議上 離婚) 第808條第2項 및 第3項의 規定은 禁治産者의 協議上 離婚에 이를 準用한다.	제835조(성년후견과 협의이혼) 피성년후견인의 협의이혼에 관하여는 제808조제2항을 준용한다.
第848條(禁治産者의 親生否認의 訴) ①부(夫) 또는 처(妻)가 禁治産者인 때에는 그 後見人은 親族會의 同意를 얻어 친생부인의 소를 提起할 수 있다. ②제1항의 境遇에 後見人이 친생부인의 소를 提起하지 아니한 때에는 禁治産者는 禁治産宣告의 取消있은 날로부터 2년내에 친생부인의 소를 提起할 수 있다.	제848조(성년후견과 친생부인의 소) ① 남편이나 아내가 피성년후견인인 경우에는 그의 성년후견인이 성년후견감독인의 동의를 받아 친생부인의 소를 제기할 수 있다. 성년후견감독인이 없거나 동의할 수 없을 때에는 가정법원에 그 동의를 갈음하는 허가를 청구할 수 있다. ② 제1항의 경우 성년후견인이 친생부인의 소를 제기하지 아니하는 경우에는 피성년후견인은 성년후견종료의 심판이 있은 날부터 2년 내에 친생부인의 소를 제기할 수 있다.

第856條(禁治産者의 認知) 父가 禁治産者인 때에는 後見人의 同意를 얻어 認知할 수 있다.	제856조(피성년후견인의 인지) 아버지가 피성년후견인인 경우에는 성년후견인의 동의를 받아 인지할 수 있다.

현행	법률 제10429호
第869條(15歲未滿者의 入養承諾) 養子가 될 者가 15歲미만인 때에는 法定代理人이 그에 갈음하여 入養의 승낙을 한다. 다만, 후견인이 입양을 승낙하는 경우에는 가정법원의 허가를 받아야 한다.	제869조(15세 미만자의 입양승낙) 양자(養子)가 될 사람이 15세 미만인 경우에는 법정대리인이 그를 갈음하여 입양의 승낙을 한다. 다만, 미성년후견인이 입양을 승낙하는 경우에는 가정법원의 허가를 받아야 한다.
第871條(未成年者入養의 同意) 養子가 될 者가 成年에 達하지 못한 境遇에 父母 또는 다른 直系尊屬이 없으면 後見人의 同意를 얻어야 한다. 그러나 後見人이 同意를 함에 있어서는 家庭法院의 許可를 얻어야 한다.	제871조(미성년자입양의 동의) 양자가 될 사람이 미성년인 경우 부모나 다른 직계존속이 없으면 미성년후견인의 동의를 받아야 한다. 다만, 미성년후견인이 동의를 하는 경우에는 가정법원의 허가를 받아야 한다.
第873條(禁治産者의 入養) 禁治産者는 後見人의 同意를 얻어 養子를 할 수 있고 養子가 될 수 있다.	제873조(피성년후견인의 입양) 피성년후견인은 성년후견인의 동의를 받아 입양을 할 수 있고 양자가 될 수 있다.
第887條(同前) 入養이 第872條의 規定에 違反한 때에는 被後見人 또는 親族會員이 그 取消를 請求할 수 있고 第873條의 規定에 違反한 때에는 禁治産者 또는 後見人이 그 取消를 請求할 수 있다.	제887조(입양취소청구권자) 입양이 제872조를 위반한 경우에는 피후견인, 친족 또는 후견감독인이 그 취소를 청구할 수 있고, 제873조를 위반한 경우에는 피성년후견인이나 성년후견인이 그 취소를 청구할 수 있다.
第893條(同前) 第873條의 規定에 違反한 入養은 禁治産宣告의 取消있은 後 3月을 經過한 때에는 그 取消를 請求하지 못한다.	제893조(입양취소청구권의 소멸) 제873조를 위반한 입양은 성년후견개시의 심판이 취소된 후 3개월이 지난 때에는 그 취소를 청구하지 못한다.

第899條(15歲未滿者의 協議上 罷養) ①養子가 15歲未滿인 때에는 第869條의 規定에 依하여 入養을 承諾한 者가 이에 갈음하여 罷養의 協議를 하여야 한다. 그러나 入養을 承諾한 者가 死亡 其他 事由로 協議를 할 수 없는 때에는 生家의 다른 直系尊屬이 이를 하여야 한다. ②제1항의 규정에 의한 협의를 후견인 또는 생가(生家)의 다른 직계존속이 하는 때에는 가정법원의 허가를 받아야 한다.	제899조(15세 미만자의 협의파양) ① 양자가 15세 미만인 경우에는 제869조에 따라 입양을 승낙한 사람이 양자를 갈음하여 파양의 협의를 하여야 한다. 다만, 입양을 승낙한 사람이 사망하거나 그 밖의 사유로 협의를 할 수 없을 때에는 생가(生家)의 다른 직계존속이 이를 하여야 한다. ② 제1항에 따른 협의를 미성년후견인이나 생가의 다른 직계존속이 하는 경우에는 가정법원의 허가를 받아야 한다.
第902條(禁治產者의 協議上 罷養) 養親이나 養子가 禁治產者인 때에는 後見人의 同意를 얻어 罷養의 協議를 할 수 있다.	제902조(피성년후견인의 협의파양) 양친이나 양자가 피성년후견인인 경우에는 성년후견인의 동의를 받아 파양의 협의를 할 수 있다.

* 법률 제10429호(2011. 3. 7. 민법 일부개정법률)는 2012. 2. 10. 공포된 법률 제11300호에 의해 재차 일부개정되었다.

개정민법은 기존의 후견인을 "미성년후견인"과 "성년후견인"으로 구별하였고(제928조 해설 참조), 금치산·한정치산 제도 및 친족회 제도를 폐지함과 동시에 성년후견·한정후견제도 및 후견감독인 제도를 신설하였으므로(제940조의2 이하 해설 참조), 이에 따라 각 해당 조문 중 "후견인", "금치산자" 및 "한정치산자", "친족회" 부분을 모두 삭제하고 각 사안에 맞게 "미성년후견인", "성년후견인", "피성년후견인", "피한정후견인", "후견감독인" 등으로 수정하였다. 세세한 설명은 생략한다.

다만, 개정민법이 섬세하게 관련 용어를 개정하면서도, 각 법조문의 내용을 기존 민법과 동일하게 유지하고 있는 것은 비판의 여지가 있다. 특히 피성년후견인은 약혼, 혼인, 협의이혼, 인지, 입양, 파양 등을 할 때 성년후견인의 동의를 받아야 한다. 또한 피성년후견인이 친생부인의 소를 제기할 때에는 반드시 성년후견인이 성년후견감독인의 동의를 받아 대신하도록 규정하고 있다. 그러나 새로운 성년후견 제도 하에서 피성년후견인은 자신의 신상에 관하여 그의 상태가 허락하는 범위에서 단독으로 결정할 수 있음이 원칙이다(개정민법 제947조의2 제1항). 혼인 · 이혼 등이 피성년후견인의 법적 지위에 미치는 영향이 매우 크다고 할지라도, 가족관계의 성립과 소멸에 대한 피성년후견인의 의사가 존중받지 못하고, 성년후견인의 동의 여부에 그의 삶이 좌우되어야 한다는 것은 성년후견 제도의 근본이념, 즉 자기결정권 존중의 원칙에 배치된다. 한정후견의 경우와는 달리, 성년후견인이 부당하게 그 동의를 거부하는 경우 그에 갈음하는 허가를 가정법원에 청구할 수 있는 제도가 마련되어 있지 않다는 점에 비추어 보더라도 그러하다.

따라서 피성년후견인일지라도 그의 의사능력이 회복되어 있을 때에는 단독으로 각종의 가족법상의 법률행위를 할 수 있도록 하되, 의사능력이 결여되어 있을 때에는 설령 성년후견인의 동의 또는 대리가 있더라도 이를 할 수 없도록, 관련규정을 모두 정비할 필요가 있다.[73] 물론 이혼 · 파양 등 피성년후견인의 보호를 위해 소송에 의해 가족법상 법률행위를 할 필요가 있는 경우라면 가정법원으로부터 제938조 제2항 및 제3항에 따라 그 권한을 부여받은 성년후견인이 이를 대리할 수 있도록 하여야 할 것이다.[74]

반면 피성년후견인에 한정하여 성년후견인의 동의를 얻도록 한 개정민법의 취지, 종래 한정치산자에 대해서는 가족법상 법률행위에 관한 완전한 행위능력을 인정하여 왔던 학계의 태도[75], 한정후견 제도의 도입취지 등에 비추어 볼 때, 피한정후견인은 한정후견인의 동의 없이 단독으로 각종의 가족법상 법률행위를 유효하게 할 수 있다고 본다.

73 같은 취지로 윤일구(주 11), 192면; 제철웅(주 6), 308-309면, 323면 참조.

74 이때 제947조의2를 준용하여 가정법원의 허가를 받은 경우에만 성년후견인이 이를 대리할 수 있도록 해야 한다는 견해로 제철웅(주 6), 323면 참조.

75 대표적으로 김주수 · 김상용, 친족 · 상속법(제10판), 법문사, 2011, 19면.

Ⅲ. 미성년후견과 성년후견

1. 후견인

○ 제928조

현행	개정
第928條(未成年者에 對한 後見의 開始) 未成年者에 對하여 親權者가 없거나 親權者가 法律行爲의 代理權 및 財産管理權을 行使할 수 없는 때에는 그 後見人을 두어야 한다.	제928조(미성년자에 대한 후견의 개시) 미성년자에게 친권자가 없거나 친권자가 법률행위의 대리권과 재산관리권을 행사할 수 없는 경우에는 미성년후견인을 두어야 한다.

개정민법은 후견제도를 미성년후견과 성년후견으로 대별하는 구조를 채택하였다. 미성년후견은 여전히, 친권과 같이, 포괄적이고 전면적인 보호를 원칙으로 하고 있으므로, 후견인의 권한과 의무 등이 성년후견인과는 상당한 차이를 보인다. 후견인의 자격이나 선임방법 등이 달라짐은 물론이다. 따라서 제928조는 미성년자에 대해 후견이 개시된 경우 그를 위해 선임된 후견인을, 성년후견인과 구별하여, "미성년후견인"이라고 부르고 있다.[76] 용어를 "후견인"으로부터 "미성년후견인"으로 변경한 것 외에 조문의 구체적인 내용, 즉 미성년자에 대한 후견개시원인에 대해서는 개정 전 민법과 달라진 것이 없으므로, 상세한 해설을 생략한다.

76 자료집, 247-248면 참조.

○ 제929조

현행	개정
第929條(禁治産者等에 對한 後見의 開始) 禁治産 또는 限定治産의 宣告가 있는 때에는 그 宣告를 받은 者의 後見人을 두어야 한다.	제929조(성년후견심판에 의한 후견의 개시) 가정법원의 성년후견개시심판이 있는 경우에는 그 심판을 받은 사람의 성년후견인을 두어야 한다.

가정법원은 성년후견개시심판을 할 때 그 심판을 받은 사람, 즉 피성년후견인을 위해 성년후견인을 선임하여야 한다. 행위능력이 제한된 피성년후견인을 위해 그의 행위능력이 회복될 때까지 지속적으로 그 능력을 보충해 줄 기관이 필요하기 때문이다. 성년후견제도의 도입에 따라 용어를 정비하고, 한정후견개시심판의 경우 후견인 선임에 관한 조문을 별도로 마련(제959조의2)한 것 외에 개정 전 민법의 태도와 달라진 것은 없다.

○ 제930조

현행	개정
第930條(後見人의 數) 後見人은 1人으로 한다.	제930조(후견인의 수와 자격) ① 미성년후견인의 수(數)는 한 명으로 한다. ② 성년후견인은 피성년후견인의 신상과 재산에 관한 모든 사정을 고려하여 여러 명을 둘 수 있다. ③ 법인도 성년후견인이 될 수 있다.

가. 제1항

미성년후견인은 1명으로 제한한다. 종전의 민법의 태도와 같다. 성년후견인을 복수로 선임할 수 있도록 한 같은 조 제2항의 태도와 대비된다. 미성년후견이란, 미성년후견인이 친권자에 갈음하여 미성년자를 위해 충분한 보호와 교양이 제공될 수 있도록 도움으로써 미성년자의 원만한 성장을 도모하기 위한 제도이다. 그 제도의 취지에 비추어 볼 때 미성년후견의 경우에는 성년후견에 비해 미성년후견인과 미성년자 본인 간의 개인적인 접촉 및 인적 유대관계 형성이 더욱 중요한 의미를 갖는다. 따라서 미성년후견인의 수를 1인으로 제한하였다.[77]

나. 제2항

종전의 민법에 따르면 한정치산자·금치산자를 위한 후견인 역시 1인으로 한정되었다. 그러나 성년후견인은 그 임무의 범위가 매우 폭넓다. 피성년후견인의 재산뿐만 아니라, 신상에 관하여서도 두루 대리권을 행사하여야 하기 때문이다. 또한 개정민법은 피성년후견인의 정신상태에 따라 시의적절하게 성년후견을 한정후견으로 전환하거나, 취소할 수 없는 법률행위의 범위를 변경하도록 하는 등 후견인의 역할을 확대하였다. 그 결과 1인의 후견인만으로는 그 임무를 모두 담당하는 것이 과중한 업무부담이 될 수 있다. 경우에 따라서는 재산에 관한 대리권과 신상에 관한 대행권을 행사할 자 또는 각 영역 내에서 법률행위의 유형에 따라 그 권한을 행사할 자를 달리 정함으로써 상호간의 견제가 가능하도록 하는 것이 피성년후견인의 의사와 복리에 더욱 부합하는 사안도 있을 것이다.[78] 이에 개정민법은 피성년후견인의 신상과 재산에 관한 모든 사정을 고려하여 복수의 후견인을 둘 수 있도록 하였다. 이는 임의규정에 불과하며, 반드시 복수의 후견인을 두어야만 하는 것은 아니다.[79] 복수의 후견인을 둔 경우, 후견인 간의 권한행사방법에 대해서는 제949조의2 해설을 참조하라.

다. 제3항

종전의 민법에 따르면 오로지 자연인만이 후견인이 될 수 있었다. 특히 법정후견인

77 백승흠(주 10), 33면 참조.

78 자세한 입법취지에 대해서는 자료집, 270면. 그 밖에 후견인을 복수로 두어야 할 필요가 있는 각종의 유형에 대해서는 박인환(주 1), 48면 참조.

79 자료집, 270면은 사회적 비용의 무분별한 증가 방지와 제도의 탄력적 운용을 그 근거로 들고 있다.

은 피후견인의 친족 중에서 정해지기 때문에 법인이 후견인이 될 여지는 애초부터 존재하지 않았다. 그러나 개정민법은 법인도 성년후견인이 될 수 있도록 하였다. 후견업무의 전문성 · 포괄성 등에 비추어 보면, 사회복지법인 등 피후견인의 심리적 · 정신적 상태에 대한 전문적인 지식과 지속적인 관찰을 바탕으로 보다 세분화된 후견서비스를 저렴한 비용으로 제공할 수 있는 후견법인이 그 업무를 담당하는 것이 바람직하다는 견해를 수용한 것이다.

법인이 후견인이 될 수 있는 경우는 오로지 성년자에 대한 후견뿐이다. 즉 미성년 후견의 경우에는 법인이 후견인으로 될 수 없다. 미성년자의 원만한 인격형성을 위해서는 인적인 접촉이 불가결하므로, 법인이 그 업무를 담당하는 것은 부적절하다는 것이다.[80] 이와 유사한 취지에서 성년자에 대해서도 신상감호 후견인은 반드시 또는 가급적 자연인이어야 한다는 견해[81]가 있다. 성년후견인이 될 수 있는 법인의 자격에 대해서는 민법상 아무런 제한이 없으나, 후견업무의 공정성 확보 등을 위해서는 불가피하게 다소간의 규제가 필요할 것이다.[82] 특별법의 제정이 요망된다.

○ 제932조

현행	개정
第932條(未成年者의 後見人의 順位) 第931條의 規定에 의한 後見人의 지정이 없는 때에는 未成年者의 直系血族, 3寸이내의 傍系血族	제932조(미성년후견인의 선임) ① 가정법원은 제931조에 따라 지정된 미성년후견인이 없는 경우에는 직권으로 또는 미성년자, 친족, 이

80 김형석(주 8), 130-131면; 백승흠(주 10), 33면

81 송호열(주 6), 210면. 피후견인과의 소통 등을 고려할 때 성년후견인에는 가족이 가장 적합하고, 가족이 없는 경우라도 자연인이 더 적합하며, 법인후견인은 최후의 수단으로 동원되어야 한다는 견해로 제철웅(주 6), 314면 참조.

82 같은 취지로 김판기(주 9), 59면; 김명엽(주 5), 32면 참조. 가령 나경원 의원이 대표발의하였던 「장애성년후견법안」 제23조는 후견사업 활동에 필요한 전문 인력 등의 확보와 관리, 후견사업 활동에 관련된 재정상황, 그 밖에 법인의 사업활동 실적 등을 고려하여 후견관청으로부터 후견 관련 사업승인을 받은 법인만이 장애인의 후견관련 업무를 수행할 수 있도록 하는 한편, 그 법인이 운영하는 시설에 입소한 피후견인의 성년후견인 또는 후견감독인이 될 수 없다고 규정한 바 있다. 자료집, 314-316면에 수록된 백승흠 개정위원의 개정제안도 참조하라.

의 順位로 後見人이 된다.	해관계인, 검사, 지방자치단체의 장의 청구에 의하여 미성년후견인을 선임한다. 미성년후견인이 없게 된 경우에도 또한 같다. ② 가정법원은 친권상실의 선고나 대리권 및 재산관리권 상실의 선고에 따라 미성년후견인을 선임할 필요가 있는 경우에는 직권으로 미성년후견인을 선임한다. ③ 친권자가 대리권 및 재산관리권을 사퇴한 경우에는 지체 없이 가정법원에 미성년후견인의 선임을 청구하여야 한다.

가. 입법취지

개정 전 민법은 첫째, 미성년자의 친권자가 유언으로 지정한 자(개정 전 민법 제931조), 둘째, 미성년자의 직계혈족, 3촌 이내의 방계혈족(개정 전 민법 제932조), 셋째, 피후견인의 친족 기타 이해관계인의 청구에 의하여 법원이 선임한 자(개정 전 민법 제936조)의 순으로 미성년자를 위한 후견인을 정하되, 만약 미성년자의 직계혈족 또는 3촌 이내 방계혈족이 수인인 때에는 최근친을 선순위로 하고, 동순위자가 수인인 때에는 연장자를 선순위로 하였다(개정 전 민법 제935조 제1항).

이 중 친권자에게 우선적으로 후견인 지정권한을 부여한 것은 개정민법도 동일하다. 그러나 개정민법은 유언에 의한 지정후견인이 없을 경우 일정한 범위 내의 친족에게 획일적으로 후견인으로서의 지위를 부여하는 법정후견인 제도를 폐지하였다. 법률의 규정에 따라 후견인의 지위를 당연히 취득하는 최근친자 또는 최연장자(개정 전 민법 제935조 제1항)가 미성년자를 위해 필요한 보호를 제공하기에 가장 적절한 사람이라는 점을 담보할 수 없을 뿐만 아니라, 실제로 미성년자를 위해 양육환경을 제공하는 사람과 후견인이 일치하지 않는다거나, 후견인이 자신의 법적 지위를 남용하여 오히려 미성년자의 복리를 해하는 등의 사태가 발생하였기 때문이다. 따라서 개정민법은, 친권자가 유언에 의해 지정한 미성년후견인이 없을 경우, 바로 가정법원이 미성년후견인을 선임할 수 있도록 하는 선임후견인 제도를 원칙으로 채택하였다.[83]

나. 제1항

제932조 제1항에 따르면, 가정법원이 미성년후견인을 선임하는 경우는 두 가지이다. 친권자가 유언으로 지정한 미성년후견인이 없는 경우 또는 미성년후견인이 없는 경우가 그것이다. 이때 미성년후견인이 없는 경우에는 친권자가 유언으로 지정한 미성년후견인에게 사망, 결격, 사임 그 밖의 사정으로 인해 더 이상 후견인으로서의 직무를 수행할 수 없는 경우와 법원에 의해 선임된 미성년후견인에게 동일한 사유가 발생한 경우가 모두 포함된다.

이때 가정법원은 직권으로 또는 미성년자, 친족, 이해관계인, 검사, 지방자치단체의 장의 청구에 의해 미성년후견인을 선임한다. 개정 전 민법 제936조 제1항은 "제777조의 규정에 의한 피후견인의 친족 기타 이해관계인의 청구"에 의해서만 후견인 선임이 가능하다고 규정하고 있었으나, 개정민법은 미성년자의 복리를 위해 후견인선임청구를 해 줄 사람이 없는 경우에 대비하여 공익의 대표자로써 검사 또는 지방자치단체의 장에게 청구권한을 부여하였을 뿐만 아니라, 가정법원이 "직권"으로도 미성년후견인을 선임할 수 있도록 하였다. 미성년후견감독인은 선임청구권자로 열거되어 있지 않으나, 제940조의6 제1항에 의해 청구할 수 있음이 분명하다.

다. 제2항

가정법원은 친권상실의 선고나 대리권 및 재산관리권 상실의 선고에 따라 미성년후견인을 선임할 필요가 있는 경우에는 직권으로 미성년후견인을 선임한다(제932조 제2항). 친권상실선고 또는 대리권·재산관리권상실 선고가 있는 경우 미성년자에 대한 후견이 개시됨은 제928조에 의해 분명하다. 따라서 개정민법은 친권상실선고 또는 대리권 및 재산관리권 상실선고와 동시에 가정법원이 미성년후견인을 선임할 수 있도록 함으로써 미성년자의 보호에 공백이 발생하지 않도록 하였다. 제909조 제5항과 입법

83 일찍부터 선임후견인 제도의 도입을 주장하였던 견해로 윤진수, "친족회의 동의를 얻지 않은 후견인의 법률행위에 대한 표현대리의 성립 여부", 民事法學 第19號(2001), 167면 참조. 선임후견인 제도에 대해서는 실제로 후견인으로서 적당한 사람을 찾는 일이 쉽지 않으며, 직업적 후견인 또는 후견법인의 경우 영리를 목적으로 하고 있으므로 무자력의 피후견인을 위한 후견인을 구할 수 없게 될 것이라는 우려도 있다. 김상용(주 42), 15면 참조.

취지를 같이 한다.[84] 이때는 아직 친권자가 사망하지 아니하였을 뿐만 아니라, 미성년자의 복리 또는 재산을 위태롭게 한 친권자에게 후견인지정권한을 인정하는 것이 미성년자 본인을 위해 바람직하지 아니하므로, 유언에 의한 미성년후견인 지정이 인정되지 않는다.

물론 공동친권을 행사하는 자 중 1인에게만 친권상실선고 등이 내려진 경우에는 다른 친권자가 존재하므로 굳이 미성년후견이 개시될 이유가 없다. 이에 개정민법 제932조 제2항은 "미성년후견인을 선임할 필요가 있는 경우", 즉 미성년자를 위한 친권자가 존재하지 않는 경우에만 미성년후견인을 선임하도록 하였다. 가정법원은 친권상실선고 등과 동시에 "직권"으로 미성년후견인을 선임하며, 그 선임을 위해 친족, 이해관계인 등의 청구가 있어야 하는 것은 아니다.

라. 제3항

친권자는 가정법원의 허가를 얻어 미성년자 법률행위의 대리권과 재산관리권을 사퇴할 수 있다(민법 제927조). 이는 제928조에서 정한 "친권자가 법률행위의 대리권과 재산관리권을 행사할 수 없는 경우"에 해당하므로, 미성년후견이 개시되어야 한다. 이 경우에도 역시 친권자의 유언에 의한 미성년후견인 지정은 허용될 여지가 없다. 결국 미성년후견의 개시에도 불구하고 미성년후견인이 없게 된 경우에 해당하므로, 미성년자의 보호를 위해 후견인을 선임하여야 할 것이다.

이때 후견인 선임절차를 어떻게 진행할 것인지가 문제될 수 있다. 개정 당시 제2항의 경우와 마찬가지로 친권자의 대리권 및 재산관리권 사퇴와 동시에 가정법원이 직권으로 당연히 미성년후견인을 선임하도록 하는 방안이 논의되었으나, 후견인선임심판의 성격, 직권절차개시를 원칙으로 하는 경우 국고부담 및 절차의 지연, 관계자들의 존재 및 소재파악의 어려움 등을 이유로 채택되지 아니하였다.[85] 대신 개정민법 제932조 제3항은 친권자가 대리권 및 재산관리권을 사퇴한 경우에는 지체없이 가정

84 자료집, 280, 287, 306면.

85 자료집, 287-289면, 291-292면 참조.

법원에 미성년후견인의 선임을 청구하도록 하였다(제932조 제3항). 친권자가 미성년후견인의 선임을 청구하지 않은 경우에는 어떻게 해야 하는가. 결국 가정법원은 제1항에 따라 직권으로 또는 일정한 자의 청구에 의해 미성년후견인을 선임하는 수밖에 없을 것이다.

○ 제933조-제935조

현행	개정
第933條(禁治產등의 後見人의 順位) 禁治產 또는 限定治產의 宣告가 있는 때에는 그 宣告를 받은 者의 直系血族, 3寸이내의 傍系血族의 順位로 後見人이 된다.	〈삭제〉
第934條(旣婚者의 後見人의 順位) 旣婚者가 禁治產 또는 限定治產의 宣告를 받은 때에는 配偶者가 後見人이 된다. 그러나 配偶者도 禁治產 또는 限定治產의 宣告를 받은 때에는 第933條의 順位에 따른다.	〈삭제〉
第935條(後見人의 順位) ①第932條 내지 第934條의 規定에 의한 直系血族 또는 傍系血族이 數人인 때에는 最近親을 先順位로 하고, 同順位者가 數人인 때에는 年長者를 先順位로 한다. ②第1項의 規定에 不拘하고 養子의 親生父母와 養父母가 俱存한 때에는 養父母를 先順位로, 其他 生家血族과 養家血族의 寸數가 同順位인 때에는 養家血族을 先順位로 한다.	〈삭제〉

법정후견인 제도의 폐지에 따라 후견인 순위에 관한 개정 전 민법 제933조 내지 제935조를 삭제하였다.

○ 제936조

현행	개정
第936條(法院에 依한 後見人의 選任) ①前4條의 規定에 依하여 後見人이 될 者가 없는 境遇에는 法院은 第777條의 規定에 依한 被後見人의 親族 其他 利害關係人의 請求에 依하여 後見人을 選任하여야 한다. ②後見人이 死亡, 缺格 其他 事由로 因하여 缺格된 때에 前4條의 規定에 依하여 後見人이 될 者가 없는 境遇에도 前項과 같다.	제936조(성년후견인의 선임) ① 제929조에 따른 성년후견인은 가정법원이 직권으로 선임한다. ② 가정법원은 성년후견인이 사망, 결격, 그 밖의 사유로 없게 된 경우에도 직권으로 또는 피성년후견인, 친족, 이해관계인, 검사, 지방자치단체의 장의 청구에 의하여 성년후견인을 선임한다. ③ 가정법원은 성년후견인이 선임된 경우에도 필요하다고 인정하면 직권으로 또는 제2항의 청구권자나 성년후견인의 청구에 의하여 추가로 성년후견인을 선임할 수 있다. ④ 가정법원이 성년후견인을 선임할 때에는 피성년후견인의 의사를 존중하여야 하며, 그 밖에 피성년후견인의 건강, 생활관계, 재산상황, 성년후견인이 될 사람의 직업과 경험, 피성년후견인과의 이해관계의 유무(법인이 성년후견인이 될 때에는 사업의 종류와 내용, 법인이나 그 대표자와 피성년후견인 사이의 이해관계의 유무를 말한다) 등의 사정도 고려하여야 한다.

가. 제1항

기존의 한정치산·금치산 제도 하에서 후견인은 법률의 규정에 의해 일률적으로 결정되었다. 한정치산자 또는 금치산자에게 배우자가 있는 때에는 배우자가, 배우자가 없거나 배우자도 금치산 또는 한정치산 선고를 받은 때에는 직계혈족, 3촌 이내의 방계혈족의 순위로 후견인이 되고, 직계혈족 또는 방계혈족이 수인인 때에는 최근친을 선순위로, 동순위자가 수인인 때에는 연장자를 선순위로 하였던 것이다(개정 전 민법 제933

조 내지 제935조). 법원은 이와 같은 법률의 규정에 따라 후견인이 될 사람이 없는 때에만 후견인을 선임할 수 있었다(개정 전 민법 제936조).

그러나 이와 같은 개정 전 민법의 태도는 피후견인의 의사와 복리에 부합하지 않는 결과를 가져오는 경우가 많았다. 법률의 규정에 따라 획일적으로 후견인이 결정됨에 따라 피후견인과 정서적으로 적대적 관계에 있는 친족이 후견인으로 되거나, 장차 후견인이 될 것으로 예견한 친족이 한정치산·금치산 제도를 악용함으로써 고의로 피후견인으로부터 재산관리권을 박탈하고 그의 이익에 반하는 법률행위를 하는 등의 사태가 발생한 것이다. 때로는 후견인으로 될 자 자신이 노령, 질병, 장애 등으로 인해 후견사무를 제대로 처리할 수 없는 경우도 있었다.[86]

이에 개정민법은 종래의 법정후견인 제도를 폐지하고, 대신 가정법원이 직권으로 후견인을 선임할 수 있도록 하는 선임후견인 제도로 태도를 전환하였다. 제1항은 바로 이러한 선임후견인 제도의 채택을 천명한 조문이다. 이 때문에 종래 법정후견인의 순위에 관한 개정 전 민법 제933조 내지 제935조는 모두 삭제되었다.

나. 제2항

가정법원은 성년후견개시심판 당시 성년후견인을 선임할 의무가 있다. 그 이유에 대해서는 제929조의 해설을 참조하라. 성년후견 개시 후 성년후견인이 없게 된 경우에도 피성년후견인의 제한된 행위능력을 보충할 기관은 여전히 필요하다. 따라서 제2항은 성년후견 개시 후 성년후견인이 없게 된 경우에 대비하여 성년후견인을 새롭게 선임할 수 있도록 하였다. 보호의 공백을 피하기 위함이다. 즉 성년후견개시심판 후 사망, 결격, 사임 그 밖의 사유로 성년후견인이 없게 된 경우 가정법원은 직권으로 새로운 성년후견인을 선임하여야 한다.

다만, 가정법원으로서는 그러한 사정을 알 수 없는 경우도 있으므로, 피성년후견인, 친족, 이해관계인, 검사, 지방자치단체의 장이 새로운 성년후견인의 선임을 청구할 수도 있도록 하였다. 동 조항 상으로는 드러나지 않으나, 성년후견감독인 역시 성년후견

86 자세한 입법취지에 대해서는 자료집, 271면, 307면, 329면 참조.

인 선임청구를 할 수 있다. 제940조의6 제1항 후문이 이를 정하고 있기 때문이다.

새로운 성년후견인의 선임을 청구할 수 있는 것은, 성년후견인에게 사망, 결격 또는 이에 준하는 사유가 발생한 때이다. 가령 성년후견인에 대한 실종선고는 동항의 적용범위에 포함될 수 있을 것이나, 단순한 소재불명 또는 연락두절은 포함되지 않는다. 이와 같은 사유가 있을 때에는 제940조에 따라 후견인의 변경을 청구할 수 있을 뿐이다.

다. 제3항

가정법원은 성년후견인이 선임된 경우에도, 업무량의 증가 등 사정변경이 발생하여 필요한 때에는 성년후견인을 추가로 선임할 수 있다.

이때 가정법원은 직권으로 추가선임을 할 수도 있으나, 일정한 자의 청구에 의해 추가선임을 할 수도 있다. 추가선임을 청구할 수 있는 자에는 피성년후견인, 친족, 이해관계인, 검사, 지방자치단체의 장외에 성년후견인도 포함된다. 성년후견감독인이 포함되어 있지 않은 것은 의문이나, "이해관계인"에 포함된 것으로 해석할 수 있을 것이다.

성년후견인이 추가로 선임된 경우 성년후견인간의 권한행사 방법이나 권한의 범위 등에 대해서는 제949조의2 해설을 참조하라.

라. 제4항

가정법원이 성년후견인을 선임할 때에는 피성년후견인의 의사를 존중하여야 한다. 법정후견의 경우라도 그의 자기결정권을 최대한 보장하기 위함이다. 가정법원은 반드시 피성년후견인의 의사에 구속되는 것은 아니지만, 가급적 피성년후견인이 원하는 사람을 후견인으로 선임하여야 할 것이다. 제936조 제4항은, 제9조 제2항 등과 달리, 단순히 피성년후견인의 의사를 고려하는 것을 넘어 이를 "존중"할 것을 요구하고 있기 때문이다.[87] 가정법원은 피성년후견인의 특정인에 대한 선호뿐만 아니라, 특정인을 후견인의 지위로부터 배제하고자 하는 의사 역시 존중하여야 한다.

87 구상엽(주 4), 81면 참조. 이재경, "성년후견제도에 있어서 정신질환자에 대한 의료행위와 후견인의 동의권에 관한 연구", 家族法硏究 第26卷 3號(2012), 425면도 같은 취지이다.

그 밖에 가정법원은 그의 건강, 생활관계, 재산상황, 성년후견인이 될 사람의 직업과 경험, 피성년후견인의 이해관계의 유무 등의 사정도 종합적으로 고려하여 성년후견인을 선임하여야 한다(제4항). 가령 성년후견인이 될 사람과 피성년후견인 간의 개인적인 친밀도, 평상시의 연락빈도, 그와의 채권채무관계, 그의 전문성과 공정성, 후견업무를 수행할만한 시간적 여유와 자발적 의사 유무 등을 두루 살펴 피성년후견인의 복리를 위해 가장 적절한 보호를 제공할 수 있는 자를 선택하여야 할 것이다.

성년후견인은 반드시 자연인이어야 하는 것은 아니며(제930조 제3항), 피성년후견인의 친족이어야 하는 것도 아니다. 제937조에서 정한 후견인결격사유에 해당하지 않는 한 누구라도 성년후견인이 될 수 있다. 후견업무를 직업으로써 수행하는 직업적 후견인[88] 또는 자원봉사자로 구성된 시민후견인도 성년후견인이 될 수 있다. 일부 견해는 피후견인의 삶을 가장 잘 알고 있고, 그로 하여금 정상적인 생활을 영위할 수 있게 해줄 배우자·직계존비속 등 친족에게 우선적으로 성년후견인으로서의 지위를 부여해야 한다고 주장한다.[89] 그러나 친족이라고 하여 반드시 피성년후견인의 의사와 복리에 가장 부합하게 후견업무를 수행할 것이라고 기대하기 힘들다는 점은 과거 우리나라의 현실이 이미 증명하고 있으며, 전문적 후견인을 활성화함으로써 피성년후견인을 위해 적절한 보호를 제공하고자 하는 것이 개정민법의 입법취지 중 하나인 점 등에 비추어 볼 때 찬성하기 어렵다.[90]

성년후견인을 선임함에 있어 법인보다 자연인을 우선적으로 선임하여야 한다는 견해[91]도 있다. 자연인이 피성년후견인과의 개인적인 접촉 및 신뢰관계 형성에 더 유리하다는 것이다. 그러나 경우에 따라서는 법인이 더 전문적이고 효율적인 보호를 제공할 수도 있으며, 법인이 후견인이 되는 경우라도 실질적으로 그 후견사무를 처리하는 자

88 가령 변호사, 법무사, 사회복지사, 후견법인 등이 이에 해당할 수 있을 것이다. 정남휘(주 8), 27-28면; 김명엽(주 5), 42-43면 참조.

89 가령 南潤鳳(주 1), 23면. 적어도 신상에 관한 후견에 있어서는 직업적·전문적 후견인 이용을 억지해야 한다는 견해로 송호열(주 6), 210면 참조.

90 윤일구(주 11), 194면도 같은 입장인 듯하다.

91 가령 구상엽(주 4), 77-78면.

는 법인에 소속된 개인이므로, 인적 관계 형성에 큰 문제가 발생할 것으로도 보이지 않는다. 양자간에 반드시 우선순위를 둘 필요는 없을 것이다. 다만, 제936조 제4항은, 법인이 성년후견인이 될 때에는 사업의 종류와 내용, 법인이나 그 대표자와 피성년후견인 사이의 이해관계의 유무 등도 고려하도록 규정하고 있으므로, 피성년후견인이 이용하고 있는 사회복지법인 또는 그 시설장 등을 후견인으로 선임함에 있어서는 특히 신중을 기할 필요가 있다.[92]

○ 제937조

현행	개정
第937條(後見人의 缺格事由) 다음 各號에 該當한 者는 後見人이 되지 못한다. 1. 未成年者 2. 禁治産者, 限定治産者 3. 파산선고를 받은 자 4. 資格停止以上의 刑의 宣告를 받고 그 刑期中에 있는 者 5. 法院에서 解任된 法定代理人 또는 親族會員 6. 行方이 不明한 者 7. 被後見人에 對하여 訴訟을 하였거나 하고 있는 者 또는 그 配偶者와 直系血族	제937조(후견인의 결격사유) 다음 각 호의 어느 하나에 해당하는 자는 후견인이 되지 못한다. 1. 미성년자 2. 피성년후견인, 피한정후견인, 피특정후견인, 피임의후견인 3. 회생절차개시결정 또는 파산선고를 받은 자 4. 자격정지 이상의 형의 선고를 받고 그 형기(刑期) 중에 있는 사람 5. 법원에서 해임된 법정대리인 6. 법원에서 해임된 성년후견인, 한정후견인, 특정후견인, 임의후견인과 그 감독인 7. 행방이 불분명한 사람 8. 피후견인을 상대로 소송을 하였거나 하고 있는 자 또는 그 배우자와 직계혈족

92 송호열(주 6), 210면. 사회복지시설의 장과 그 직원은 후견인이 될 수 없도록 해야 한다는 견해로 신은주(주 1), 35-36면 참조.

후견인 결격사유에 관한 조문이다. 이때 후견인에는 성년후견인과 미성년후견인이 모두 포함된다. 대체적인 내용은 개정 전 민법과 동일하다. 다만, 금치산・한정치산 제도가 성년후견제도로 전환되고, 친족회 제도에 갈음하여 후견감독인 제도가 도입됨에 따라 관련 용어를 변경하는 한편, 파산선고를 받은 자 외에 회생절차개시결정을 받은 사람도 후견인 결격사유로 추가하였다(제3호). 「채무자 회생 및 파산에 관한 법률」에 따른 개인회생절차개시결정에 의한 변제계획에 따른 변제를 수행하기에 급급한 사람이 후견업무를 보도록 하는 것은 후견제도의 취지에 어긋나기 때문이라고 한다.[93]

관련 용어 변경과 관련하여 먼저 제937조 제2호는, "금치산자, 한정치산자"를 "피성년후견인, 피한정후견인, 피특정후견인, 피임의후견인"(제2호)으로 개정하였다. 피특정후견인이나 피임의후견인의 경우에는 행위능력을 전혀 제한받지 않음에도 불구하고 다른 사람을 위한 후견인이 되지 못한다. 이에 대해서는 성년후견제도의 근본취지에 반한다는 비판이 있다.[94] 피후견인이라고 하여 당연히 후견인이 될 수 없도록 하기 보다는 가정법원이 후견인을 선임하는 과정에서 피후견인의 정신적 제약 정도를 심사하여 사실상 배제하도록 하는 것이 타당하다는 것이다. 그러나 개정민법은 피특정후견인 등의 경우에도 정신적 제약으로 인해 타인을 위한 후견업무를 보기 어려울 것임을 전제로 이를 후견인 결격사유로 열거하였다.[95]

다음으로 개정 전 민법 제937조 제5호는 "법원에서 해임된 법정대리인 또는 친족회원"을 열거하고 있었으나, 개정민법은 이를 "법원에서 해임된 법정대리인"(제5호) 및 "법원에서 해임된 성년후견인, 한정후견인, 특정후견인, 임의후견인"(제6호)으로 개정하였다. 또한 친족회원 부분을 삭제하는 대신 성년후견감독인, 한정후견감독인, 특정후견감

93 자료집, 309면.

94 구상엽(주 4), 79면.

95 2009. 6. 2. 개최된 제9차 분과회의에서는 김형석 위원의 개정제안에 따라 피특정후견인에 해당하는 사람(회의 당시 용어에 따르면 "피후원인" 내지 "일시후견인")을 후견인 결격사유로부터 제외하였으나, 같은 해 8. 21. 개최된 제1차 전체회의에서 위와 같은 이유로 피특정후견인 부분을, 같은 해 9. 1. 개최된 제15차 분과회의에서, 피특정후견인 부분이 추가되었음을 이유로, 피임의후견인 부분을 추가하였다. 자료집, 283면, 285면, 309면, 317면 참조.

독인 및 임의후견감독인 부분을 추가하였다. 제6호에서 정한 법원에서 해임된 성년후견인은 제5호에도 포섭될 수 있다. 성년후견인은 피성년후견인의 법정대리인이기 때문이다. 중복입법이다. 한편 법원에서 해임된 한정후견인 또는 특정후견인이 제959조의4 및 제959조의11에 의해 가정법원으로부터 대리권을 수여받은 때에는 법정대리인으로써 제5호에 포섭될 것이나, 대리권을 수여받지 않은 한정후견인 또는 특정후견인은 제6호에 해당한다.[96] 임의후견인은 법정대리인으로서의 지위를 갖지 않으므로, 제6호에 의해서만 후견인 결격사유에 해당할 수 있다.

임의후견인의 경우와 달리 "현저한 비행을 하거나 그 임무에 적합하지 아니한 사유"(제959조의17 제1항 참조)가 있는 경우는 후견인 결격사유에 해당하지 않는다.[97] 제937조 각 호에 열거되지 않는 이상 당연 결격사유에는 해당하지 않으므로, 피후견인이 이용하고 있는 사회복지법인과 같이 피후견인과 이해관계가 대립하고 있다는 이유만으로 당연히 후견인의 자격을 박탈당하는 것도 아니다. 물론 그를 후견인으로 선임함에 있어서 신중할 필요가 있다는 점에 대해서는 제936조 제4항의 해설을 참조하라.

○ 제938조

현행	개정
第938條(後見人의 代理權) 後見人은 被後見人의 法定代理人이 된다.	제938조(후견인의 대리권 등) ① 후견인은 피후견인의 법정대리인이 된다. ② 가정법원은 성년후견인이 제1항에 따라 가지는 법정대리권의 범위를 정할 수 있다. ③ 가정법원은 성년후견인이 피성년후견인의 신상에 관하여 결정할 수 있는 권한의 범위를 정할 수 있다.

96 자료집, 309면, 317면.

97 자료집, 317면 참조.

④ 제2항 및 제3항에 따른 법정대리인의 권한의 범위가 적절하지 아니하게 된 경우에 가정법원은 본인, 배우자, 4촌 이내의 친족, 성년후견인, 성년후견감독인, 검사 또는 지방자치단체의 장의 청구에 의하여 그 범위를 변경할 수 있다.

가. 제1항

후견인은 피후견인의 법정대리인이 된다(제938조 제1항). 동 조에서 말하는 후견인이란 미성년후견인과 성년후견인을 말한다. 한정후견인의 법정대리인으로서의 지위에 대해서는 제959조의4가, 특정후견인의 법정대리인으로서의 지위에 대해서는 제959조의11이 별도로 규정하고 있다. 임의후견인은 본인의 의사에 의해 선임된 임의대리인이므로, 동 조의 적용범위에 포섭되지 않음은 물론이다.

동 조에 의해 미성년후견인 및 성년후견인은 피후견인의 법률행위 전반에 대해 포괄적인 법정대리권을 갖는다.[98] 미성년후견인은 친권자에 갈음하여 미성년자를 보호하는 사람이라는 점, 성년후견인은 사무처리능력이 지속적으로 결여되어 있는 피성년후견인을 위해 선임되는 자라는 점을 고려하여 미성년자 또는 피성년후견인을 위한 사무처리 전반이 원활하게 이루어질 수 있도록 포괄적인 법정대리권을 인정한 것이다. 따라서 후견인은 피후견인의 재산법적 법률행위를 대리할 수 있다. 설령 그것이 일상적 법률행위인 경우라도 그러하다.[99] 성년후견인이 소송행위를 대리할 수 있음은 물론이다(민사소송법 제55조 및 민법 제950조 참조).

98 김형석(주 8), 144면.

99 개정민법 제10조 제4항은 피성년후견인의 일상적 법률행위를 성년후견인이 취소할 수 없다고 규정하고 있으나, 이는 피성년후견인이 성년후견인의 동의 없이 일상적 법률행위를 할 수 있음을 의미할 뿐, 성년후견인이 일상적 법률행위를 대리할 수 없다는 의미는 아니다.

나. 제2항

다만, 피성년후견인의 경우에는 아직 잔존능력이 남아 있을 수 있으며, 이 경우 피성년후견인의 자기결정권을 존중한다는 것이 개정민법의 이념이다. 따라서 '필요성의 원칙'에 의거하여 성년후견인의 법정대리권이 일부 제한할 필요가 있다. 즉 가정법원은 재량에 의해 성년후견인이 가지는 법정대리권의 범위를 정할 수 있다(제938조 제2항). 가령 개정민법 제10조 제2항에 따라 가정법원이 취소할 수 없는 피성년후견인의 법률행위의 범위를 정하는 경우, 그와 연동하여 성년후견인의 법정대리권이 미치는 범위도 함께 축소되어야 할 것이다. 피성년후견인이 단독으로 유효하게 법률행위를 할 수 있도록 하는데 그 입법취지가 있기 때문이다.[100]

그 밖에 미성년후견인 및 성년후견인의 법정대리권이 제한되는 경우에 대해서는 제949조의3 및 제950조의 해설을 참조하라. 그 밖에 성년후견인은 피성년후견인 본인의 행위를 목적으로 하는 채무를 부담하는 내용의 대리행위를 하는 경우 본인의 동의를 얻어야 한다(제949조 제2항에 의한 제920조 단서의 준용).

가정법원은 피성년후견인에게 대리권 외에 동의권을 부여하는 것을 내용으로 하는 심판을 할 수 있는가. 개정 민법은 성년후견에 대해 동의유보제도를 도입하지 아니하였다. 피한정후견인과 달리 피성년후견인의 경우에는 동의유보만으로 충분한 보호를 제공할 수 없는 경우가 많을 뿐만 아니라, 한정후견과의 경계가 불분명해지고, 법률관계가 복잡해질 우려가 있다는 것이다.[101] 따라서 성년후견인은, 가정법원의 심판에 의하더라도, 피성년후견인의 재산법적 법률행위에 대해 동의권을 가질 수 없다.

다. 제3항

제938조 제1항에 따라 후견인은 피후견인의 모든 법률행위를 대리할 수 있음이 원칙이다. 그러나 포괄적 대리권을 갖는 성년후견인이라도 '대리에 친하지 않은 행위'를 대리할 수 없음은 당연하다. 특히 일신전속적 성격을 갖는 피성년후견인의 신상에 관

100 같은 취지로 구상엽(주 4), 73면 참조.

101 구상엽(주 4), 박사학위논문, 74면.

한 사항에 대해서는 피성년후견인 본인이 스스로 결정하여야 한다(제947조의2 제1항 참조). 그러나 피성년후견인이 의식불명 등의 사유로 인해 신상에 관해 스스로 결정할 수 없는 때에는 제3자가 그 결정을 대행함으로써 피성년후견인의 복리를 도모하는 수밖에 없다.[102] 이는 '대리'가 허용되지 않는 영역이므로, 개정민법은 가정법원으로 하여금 "성년후견인이 피성년후견인의 신상에 관하여 결정할 수 있는 권한의 범위"를 정할 수 있도록 규정하였다(제938조 제3항). 이는 법정대리권과는 구별되는, 즉 대리의 영역에 속하지 않는 종류의 특수한 의사결정대행권한이다.

라. 제4항

가정법원이 제2항에 따라 성년후견인의 법정대리권을 일부 제한한 경우 또는 성년후견인이 피성년후견인의 신상에 관하여 결정할 수 있는 권한의 범위를 정한 경우라도, 그 후의 사정변경(가령 정신적 제약의 원인이 되는 병세의 악화 또는 호전 등)에 의해 법정대리인의 권한 범위가 적절하지 않게 되었다면, 가정법원은 본인, 배우자, 4촌 이내의 친족, 성년후견인, 성년후견감독인, 검사 또는 지방자치단체의 장의 청구에 의하여 그 범위를 변경할 수 있다(제938조 제4항). 성년후견제도의 탄력적이고 유연한 운영을 도모하기 위한 규정이다.

○ 제939조

현행	개정
第939條(後見人의 辭退) 後見人은 正當한 事由있는 때에는 法院의 許可를 얻어 이를 辭退할 수 있다.	제939조(후견인의 사임) 후견인은 정당한 사유가 있는 경우에는 가정법원의 허가를 받아 사임할 수 있다. 이 경우 그 후견인은 사임청구와 동시에 가정법원에 새로운 후견인의 선임을 청구하여야 한다.

102 동 조항의 입법취지에 대해서는 자료집, 273면, 310면 참조.

후견인은 정당한 사유가 있는 경우에는 가정법원의 허가를 받아 사임할 수 있다. 이 점은 개정 전 민법과 동일하다. 다만, 후견인이 사임한다면 후견인이 없는 경우에 해당하므로, 피후견인의 보호에 공백이 발생할 우려가 있다. 개정 전 민법과 달리 더 이상 후순위 후견인이 법정되어 있지 않기 때문이다. 따라서 이에 대비하여 가정법원이 직권으로 새로운 후견인을 선임하도록 하는 방안에 검토되었으나, 개정민법은 제932조 제3항의 경우와 마찬가지로, 청구주의를 채택하였다. 즉, 후견인은 사임청구와 동시에 가정법원에 새로운 후견인의 선임을 청구하여야 한다. 후견인이 새로운 후견인의 선임을 청구하지 않는 경우라도, 제932조 제1항 후문 또는 제936조 제2항에 따라 가정법원이 직권 또는 일정한 자의 청구에 의해 새로운 후견인을 선임할 수 있음은 물론이다.

○ 제940조

현행	개정
제940조(후견인의 변경) ①가정법원은 피후견인의 복리를 위하여 후견인을 변경할 필요가 있다고 인정되는 경우에는 피후견인의 친족이나 검사의 청구 또는 직권에 의하여 후견인을 변경할 수 있다. ②제1항의 경우에는 제932조 내지 제935조에 규정된 후견인의 순위에 불구하고 4촌 이내의 친족 그 밖에 적합한 자를 후견인으로 정할 수 있다.	제940조(후견인의 변경) 가정법원은 피후견인의 복리를 위하여 후견인을 변경할 필요가 있다고 인정하면 직권으로 또는 피후견인, 친족, 후견감독인, 검사, 지방자치단체의 장의 청구에 의하여 후견인을 변경할 수 있다.

가정법원은 피후견인의 복리를 위하여 후견인을 변경할 필요가 있다고 인정하면 후견인을 변경할 수 있다. 구체적인 변경사유는 개정 전과 동일하므로 해설을 생략한다. 다만 개정민법은 개정 전 민법에 비해 청구권자를 확대하였다. 즉 개정 전 민법은 피후견인의 친족이나 검사의 청구 또는 직권에 의해 후견인을 변경할 수 있도록 한

것에 비해, 개정민법 제940조는 피후견인 본인, 후견감독인 및 지방자치단체의 장에게까지 그 변경청구권을 부여함으로써 피후견인의 보호에 만전을 기하였다. 한편 개정민법은 법정후견인 순위에 관한 규정을 모두 삭제하였으므로, 언제나 가장 적절한 자를 새로운 후견인으로 변경할 수 있다. 따라서 기존의 법정후견인 순위 규정을 전제로 마련되었던 개정 전 민법 제940조 제2항은 삭제되었다.[103]

2. 후견감독인

종래의 민법은 친족회로 하여금 후견인에 대한 감독기능을 담당하도록 하였다. 그러나 친족회는, 법정후견인과 마찬가지로, 피후견인의 친족들로 구성되므로, 후견인과 친밀한 관계에 있는 경우가 많았다. 설령 그렇지 않은 경우라도 사회생활상의 친족단체와는 구별되는 관념적 존재였으므로, 그 기관 자체가 유명무실한 때가 대부분이었다. 이와 같이 친족회가 후견인에 대한 실질적인 감독기능을 수행하지 못하였으므로, 개정민법은 친족회 제도를 폐지하였다.[104] 입법자는 이에 갈음하여 가정법원 또는 사회복지행정당국 등이 감독업무를 수행하는 제도를 검토하였으나, 감독기관으로서의 인적·물적 설비가 충분하지 않은 상황이므로, 부득이 감독업무를 개인에게 위탁하는 후견감독인 제도를 새롭게 도입하였다.[105] 이와 같은 개인감독 체계에 대한 불신[106]도 없지 않으나, 가정법원이 최종적으로 후견업무에 대한 감독기능을 수행하고 있으므로 다소간의 안전장치는 마련되어 있는 셈이다(제947조의2 및 제954조 참조).

103 자료집, 284면.

104 친족회 제도의 문제점에 대해서는 백승흠, "成年後見의 監督에 관한 고찰 – 독일과 일본의 제도를 비교하여 –", 家族法硏究 第20卷 2號(2006), 66면; 송호열, "성년후견감독법제에 관한 고찰", 재산법연구 제25권 제1호(2008), 255-260면 등 참조.

105 자료집, 333면. 친족회 폐지 및 후견감독인 제도 도입에 찬성하는 견해로 엄덕수(주 5), 21면; 宋鎬烈(주 104), 291-294면 등 참조.

106 '개인감독' 체계에 대한 불신을 이유로 친족회 폐지 및 후견감독인 제도 도입에 대해 반대하였던 견해로 제철웅(주 8), 141면.

○ 제940조의2

현행	개정
〈신설〉	제940조의2(미성년후견감독인의 지정) 미성년후견인을 지정할 수 있는 사람은 유언으로 미성년후견감독인을 지정할 수 있다.

미성년후견인을 지정할 수 있는 사람은 유언으로 미성년후견감독인을 지정할 수 있다(제940조의2). 미성년자를 위해 친권을 행사하는 사람은 자신의 사망 후에 미성년자를 보호할 후견인을 지정할 수 있을 뿐만 아니라(제931조), 그를 감독할 기관도 미리 지정할 수 있도록 한 것이다. 친권자에게 미성년자를 위한 친족회원 지정권한을 부여했던 개정 전 민법 제962조와 입법취지를 같이 한다. 미성년후견감독인이 될 수 있는 자격(결격사유) 등에 대해서는 제940조의5 및 제940조의7 해설을 참조하라(이하 같다.).

○ 제940조의3

현행	개정
〈신설〉	제940조의3(미성년후견감독인의 선임) ① 가정법원은 제940조의2에 따라 지정된 미성년후견감독인이 없는 경우에 필요하다고 인정하면 직권으로 또는 미성년자, 친족, 미성년후견인, 검사, 지방자치단체의 장의 청구에 의하여 미성년후견감독인을 선임할 수 있다. ② 가정법원은 미성년후견감독인이 사망, 결격, 그 밖의 사유로 없게 된 경우에는 직권으로 또는 미성년자, 친족, 미성년후견인, 검사, 지방자치단체의 장의 청구에 의하여 미성년후견감독인을 선임한다.

가. 제1항

친권자가 유언에 의해 미성년후견감독인을 지정하지 않은 경우, 가정법원은 필요하다고 인정하면 미성년후견감독인을 선임할 수 있다. 이는 재량규정이다. 즉 감독기관이 필요하지 않다고 인정될 경우 미성년후견감독인을 반드시 두어야 하는 것은 아니다. 따라서 후견감독인은 임의기관에 불과하다. 후견감독인을 임의기관으로 하는 것에 대해서는 상당한 비판이 존재하였다.[107] 그러나 개정민법은 후견업무에 대한 전문성 · 객관성을 갖춘 직업적 후견인을 선임하는 방향으로 제도가 정착될 것을 예정하고 있으므로 감독의 필요성이 감소할 뿐만 아니라, 후견감독인을 필수기관으로 할 경우 그에 대한 보수를 지급해야 하는 피후견인의 부담이 과도해질 것을 염려하여 이를 임의기관으로 설계하였다.[108]

감독의 필요성이 크지 않은 것으로 판단하여 미성년후견인을 두지 않은 경우라도, 추후 필요한 때라면 가정법원은 언제든지 직권으로 또는 미성년자, 친족, 미성년후견인, 검사, 지방자치단체의 장의 청구에 의하여 미성년후견감독인을 선임할 수 있다.

나. 제2항

미성년후견감독인이 사망, 결격, 그 밖의 사유로 없게 된 경우 가정법원은 미성년후견감독인을 새롭게 선임하여야 한다. 이때 미성년후견감독인에는 친권자가 유언에 의해 지정한 후견감독인과 가정법원이 선임한 미성년후견감독인이 모두 포함된다. 새로운 미성년후견감독인은 가정법원이 직권 또는 미성년자, 친족, 미성년후견인, 검사, 지방자치단체의 자의 청구에 의해 선임한다. 다만, 이때 가정법원이 반드시 미성년후견감독인을 선임해야만 하는 것은 아니다. 미성년후견감독인은 임의기관이므로, 더 이상 미성년후견감독인이 필요하지 않다고 인정될 때에는 그 청구를 기각할 수도 있다. "이해관계인"은 청구권자에 포함되지 않는다.

107 가령 김상용(주 42), 15면; 김은효(주 5), 15면; 박인환(주 1), 50-51면; 김명엽(주 5), 35-36면 등.

108 김형석(주 8), 132면; 백승흠(주 10), 34면 참조. 개정 후에도 후견감독인을 임의기관으로 설계한 것에 대해 비판하는 견해로 이진기(주 18), 108-110면 참조.

○ 제940조의4

현행	개정
〈신설〉	제940조의4(성년후견감독인의 선임) ① 가정법원은 필요하다고 인정하면 직권으로 또는 피성년후견인, 친족, 성년후견인, 검사, 지방자치단체의 장의 청구에 의하여 성년후견감독인을 선임할 수 있다. ② 가정법원은 성년후견감독인이 사망, 결격, 그 밖의 사유로 없게 된 경우에는 직권으로 또는 피성년후견인, 친족, 성년후견인, 검사, 지방자치단체의 장의 청구에 의하여 성년후견감독인을 선임한다.

가. 제1항

개정민법은 미성년후견 뿐만 아니라, 성년후견 제도 전반에 대해 후견감독인 제도를 도입하였다. 특히 제940조의4는 성년후견감독인 제도를 규율하고 있다. 한정후견감독인 및 특정후견감독인에 대해서는 제959조의5 및 제959조의10 해설을 참조하라. 입법 당시 임의후견인과 달리 법정후견인(성년후견인, 한정후견인 및 특정후견인)은 법원에 의해 적절하게 선임된 자이므로, 후견감독인 제도를 도입할 필요가 없다는 견해[109]도 있었으나, 개정민법은 법정후견에 대해서도 후견감독인 제도를 도입하되, 이를 임의기관으로 설계하였다.

따라서 가정법원은 필요하다고 인정하면 직권으로 또는 피성년후견인, 친족, 성년후견인, 검사, 지방자치단체의 장의 청구에 의하여 성년후견감독인을 선임할 수 있다. 성년후견의 개시, 취소할 수 있는 행위의 범위변경 또는 성년후견 종료의 청구권자가 4촌 이내의 친족으로 제한되어 있는 것에 비해, 성년후견감독인의 선임청구권자는 친족인 것으로 족하므로, 민법 제777조에서 정한 범위 내의 친족이라면 누구나 선임청구권자가 될 수 있다.

성년후견감독인의 선임은 반드시 성년후견인 선임과 동시에 이루어져야 하는 것은 아니다. 즉 가정법원은 성년후견인 선임 후 발생한 사정변경으로 말미암아 성년후견감

109 엄덕수(주 5), 22면.

독인을 선임할 필요가 생긴 때에는 별도로 성년후견감독인선임심판을 할 수 있다.

나. 제2항

이미 가정법원에 의해 선임된 성년후견감독인이 사망, 결격, 그 밖의 사유로 없게 된 경우에도 가정법원은 직권으로 또는 피성년후견인, 친족, 성년후견인, 검사, 지방자치단체의 장의 청구에 의하여 성년후견감독인을 선임한다. 다만, 이때 성년후견감독인 선임의 필요성 유무에 따라 성년후견감독인 선임청구를 기각할 수도 있음은 물론이다. 한편 이해관계인은 성년후견감독인의 선임을 청구할 수 없다.

○ 제940조의5

현행	개정
〈신설〉	제940조의5(후견감독인의 결격사유) 제779조에 따른 후견인의 가족은 후견감독인이 될 수 없다.

미성년후견감독인 또는 성년후견감독인에 대해서는 후견인 결격사유에 관한 제937조가 준용된다(제940조의7). 그 밖에 개정민법은 후견감독인에 고유한 결격사유에 관한 조문을 별도로 두고 있다. 제940조의5가 그것이다. 동 조문에 따르면 제779조에 따른 후견인의 가족은 후견감독인이 될 수 없다. 제779조에 따른 후견인의 가족이란 후견인의 배우자, 직계혈족, 형제자매 및 후견인과 생계를 같이하는 직계혈족의 배우자, 배우자의 직계혈족 및 배우자의 형제자매를 말한다. 주로 위와 같은 가족의 지위에 있는 사람에게 후견감독기관으로서의 지위를 인정하였던 기존의 친족회 제도와 현격하게 대비된다. 가족관계에 있는 사람은 미성년후견인 또는 성년후견인에 대한 엄정한 감독업무 수행이 어렵다는 점을 고려한 것이다.[110] 입법 당시 후견인의 배우자, 4촌 이내의 혈족 및 인척을 모두 후견감독인 결격사유로 삼자는 의견이 개진되었으나, 그 범위가

110 김형석(주 8), 132면.

지나치게 넓고, 친족집단 구성원 중에도 감독업무를 수행하기에 적절한 사람이 있을 수 있는 등 다양한 가족관계의 실정을 유연하게 반영할 필요가 있다는 점 등을 고려하여 제779조에 따른 가족의 범위 내로 축소하였다.[111]

○ 제940조의6

현행	개정
〈신설〉	제940조의6(후견감독인의 직무) ① 후견감독인은 후견인의 사무를 감독하며, 후견인이 없는 경우 지체 없이 가정법원에 후견인의 선임을 청구하여야 한다. ② 후견감독인은 피후견인의 신상이나 재산에 대하여 급박한 사정이 있는 경우 그의 보호를 위하여 필요한 행위 또는 처분을 할 수 있다. ③ 후견인과 피후견인 사이에 이해가 상반되는 행위에 관하여는 후견감독인이 피후견인을 대리한다.

후견감독인은 기존의 친족회를 대체하는 기관이므로, 친족회에 인정되었던 대부분의 권한을 갖는다. 가령 후견인의 재산조사 및 목록작성에 참여할 권한(제941조), 후견인과 피후견인 사이의 채권·채무관계를 제시받을 권한(제942조), 일정한 범위 내의 후견인의 대리행위에 동의할 권한(제950조), 후견인이 제3자의 피후견인에 대한 권리를 양수할 경우 이에 동의할 권한(제951조), 후견인에게 임무수행보고와 재산목록제출을 요구할 권한(제953조), 후견사무 종료시 재산관리계산에 참여할 권한(제957조) 등이 그것이다. 그러나 개정민법은 후견감독인에게 기존의 친족회에게는 인정되지 않았던 새로운 종류의 권한도 함께 부여하고 있다. 제940조의6이 이를 규율하고 있다.

111 자료집, 337-341면, 344면 참조.

가. 제1항

후견감독인은 후견인의 사무를 감독하며, 후견인이 없는 경우 지체없이 가정법원에 후견인의 선임을 청구하여야 한다(제940조의6 제1항). 미성년후견감독인 또는 성년후견감독인은 임의기관이기는 하지만, 일단 선임된 후에는 상설기관으로서 미성년후견인 또는 성년후견인의 사무 전반에 대한 포괄적인 감독권한 및 감독의무를 갖는다. 또한 후견감독인은 후견인이 없는 경우 지체없이 가정법원에 후견인의 선임을 청구하여야 한다. 친권상실선고 또는 성년후견개시심판에도 불구하고, 후견인선임심판이 함께 이루어지지 않은 경우 또는 미성년후견인이나 성년후견인이 없게 되어 제932조 제1항 후문 또는 제936조 제2항에 의해 성년후견인을 선임해야 하는 경우 후견감독인으로 하여금 그 선임청구를 할 의무를 부여한 것이다. 피후견인의 보호에 공백이 발생하는 사태를 방지한다는 점에서 중요한 의미를 갖는다.

나. 제2항

후견감독인은 피후견인의 신상이나 재산에 대하여 급박한 사정이 있는 경우 그의 보호를 위하여 필요한 행위 또는 처분을 할 수 있다(제940조의6 제2항). 본래 후견인이 행사하여야 하는 권한이나, 시간적으로 급박하여 후견인이 직접 필요한 대리권이나 대행권 또는 동의권을 행사하거나 가정법원이 제954조에 따른 처분을 내리기를 기다린다면 피후견인의 신상이나 재산에 회복하기 어려운 손해가 발생할 우려가 있는 경우, 후견감독인이 그 권한을 대행할 수 있도록 한 것이다. 후견감독인은 그러한 한도 내에서 피후견인을 대리할 법정대리권을 갖는다.[112]

후견감독인이 할 수 있는 행위 또는 처분의 범위는 성년후견인의 권한 범위 내로 제한된다. 후견감독인이 할 수 있는 행위나 처분의 내용이 구체적으로 법정되어 있는 것은 아니지만, 이는 어디까지나 임시적인 조치에 불과하므로 가급적 적극적인 처분이나 개량행위 보다는 응급한 수선, 보전처분, 시효중단 등 현상을 보존하거나 피해를 막는데 치중하는 것이 바람직하다는 견해가 있다.[113]

112 김형석(주 8), 133면.

다. 제3항

미성년후견인 및 성년후견인에 대해서는 제921조가 준용된다(제949조의3). 따라서 후견인과 피후견인 사이에 이해상반되는 행위를 함에 있어서는 피후견인을 위해 특별대리인의 선임을 청구하여야 한다(제921조 제1항). 후견인의 후견을 받는 피후견인이 수인인 경우, 그 피후견인 사이에 이해상반되는 행위를 하는 경우에도 같다(제921조 제2항). 그러나 이미 후견인을 위해 후견감독인이 선임되어 있는 경우에는 그가 특별대리인으로서의 역할을 담당할 수 있으므로, 굳이 특별대리인선임절차를 거칠 필요가 없다. 따라서 제949조의3 단서는 후견감독인이 있는 경우에는 제921조를 준용하지 않도록 규정하고 있다. 제940조의6 제3항은 이와 같은 전제 하에 후견인과 피후견인 사이에 이해가 상반되는 행위에 관하여는 특별대리인 대신 후견감독인이 피후견인을 대리할 수 있도록 후견감독인에게 법정대리권을 수여하였다(제940조의6 제3항).[114]

미성년후견인이 이해상반행위에 관하여 동의권을 행사하는 경우에도 특별대리인 대신 미성년후견감독인이 동의권을 행사할 수 있는가. 제940조의6 제3항의 문언 상으로는 허용되지 않는 것처럼 보인다. 하지만 한정후견감독인에게 동의권 대행을 허용하고 있는 제959조의5 제2항 2문의 취지에 비추어 볼 때 미성년후견감독인에게도 동일한 권한을 인정함이 타당할 것이다.

○ 제940조의7

현행	개정
〈신설〉	제940조의7(위임 및 후견인 규정의 준용) 후견감독인에 대해서는 제681조, 제691조, 제692조, 제930조제2항 · 제3항, 제936조제3항 · 제4항, 제937조, 제939조, 제940조, 제947조의2제3항부터 제5항까지, 제949조의2, 제955조 및 제955조의2를 준용한다.

113 구상엽(주 4), 104면.

114 이와 같은 제도의 도입을 주장하였던 견해로 송호열(주 104), 297면.

가. 위임 관련 규정의 준용

후견감독인에 대해서는 위임에 관한 제681조, 제691조, 제692조가 준용된다. 따라서 후견감독인은 그 감독업무의 본지에 따라 선량한 관리자의 주의로써 후견감독업무를 처리하여야 한다(제940조의7에 의한 제681조의 준용). 또한 후견감독이 종료된 경우라도 급박한 사정이 있는 때에는 피후견인, 그 상속인이나 법정대리인이 위임사무를 처리할 수 있을 때까지 그 사무의 처리를 계속하여야 하며(제940조의7에 의한 제691조의 준용), 후견감독이 종료되었다는 사유는 이를 상대방에게 통지하거나 상대방이 이를 안 때가 아니면 이로써 상대방에게 대항하지 못한다(제940조의7에 의한 제692조의 준용).

나. 후견인 관련 규정의 준용

후견감독인에 대해서는 후견인에 관한 제930조 제2항 및 제3항이 준용된다. 이론異論이 있을 수 있겠으나, 이때 후견감독인에는 미성년후견감독인과 성년후견감독인이 모두 포함된다고 보아야 할 것이다. 따라서 미성년후견감독인, 성년후견감독인을 불문하고 모두 여러 명을 둘 수 있으며, 법인도 후견감독인이 될 수 있다. 특히 후견감독인에 대해서는 후견인보다도 더 법인 제도를 활용할 여지가 많다.[115] 대면접촉의 필요성 등을 이유로 미성년후견인에 대해 복수의 후견인 또는 법인후견인을 허용하지 않는 제930조와 대비된다. 복수의 후견감독인이 선임된 경우 그 권한행사방법 등에 대해서는 제949조의2가 준용된다. 자세한 내용은 제949조의2 해설 참조.

또한 후견감독인에 대해서는 제936조 제3항 및 제4항이 준용되므로, 가정법원은 일단 후견감독인을 선임한 후에도 필요하다고 인정하면 직권으로 또는 피후견인, 후견인, 친족, 이해관계인, 검사, 지방자치단체의 장의 청구에 의해 추가로 후견감독인을 선임할 수 있다. 후견감독인을 선임할 때에는 피후견인의 의사를 존중하여야 하며, 그 밖에 피후견인의 건강, 생활관계, 재산상황, 후견감독인이 될 사람의 직업과 경험, 피후견인

115 법무사협회, 변호사협회, 사회복지협회 등에 성년후견감독인 센터를 설치하여 후견감독업무를 담당하게 해야 한다는 견해로 宋鎬烈(주 6), 190면 참조. 감독업무의 효과적이고 충실한 처리를 위해 자연인(특히 후견인의 가족 아닌 친족 등)보다는 후견감독법인을 후견감독인으로 활용할 필요가 있다는 견해로 송호열(주 104), 292면; 제철웅(주 6), 315-317면; 김명엽(주 5), 36-37면 참조.

과의 이해관계의 유무 등의 사정도 고려하여야 한다. 선임청구권자에 후견감독인이 포함되어 있지 않은 것은 입법론상 의문이나, "이해관계인"에 포함된 것으로 해석할 수 있을 것이다.[116]

후견인결격사유에 해당하는 사람은 후견감독인도 될 수 없다(제940조의7에 의한 제937조의 준용). 후견감독인은 정당한 사유가 있는 경우 가정법원의 허가를 받아 사임할 수 있으나, 이 경우 후견감독인은 사임청구와 동시에 가정법원에 새로운 후견감독인의 선임을 청구하여야 한다(제940조의7에 의한 제939조의 준용). 가정법원은 피후견인의 복리를 위하여 후견감독인을 변경할 필요가 있다고 인정하면 직권으로 또는 피후견인, 친족, 검사, 지방자치단체의 장의 청구에 의해 후견감독인을 변경할 수 있다(제940조의7에 의한 제940조의 준용). 준용규정만으로는 명확하게 드러나지 않으나, 미성년후견인 또는 성년후견인 역시 후견감독인 변경청구를 할 수 있다고 보아야 할 것이다.

후견감독인에 대해서는 제947조의2 제3항부터 제5항까지도 준용된다. 제947조의2는 성년후견인에 관한 조문이므로, 오로지 성년후견감독인에 대해서만 본 준용규정이 적용될 것이다. 준용의 취지는 성년후견감독인이 성년후견인에 갈음하여 피성년후견인의 신상에 관한 결정을 대행할 때에도 제947조의2에 따른 제한을 받는다는 것이다. 따라서 성년후견감독인은 피성년후견인의 신체를 침해하는 의료행위에 대해 동의권을 대행할 수 있으나, 그 직접적인 결과로 사망하거나 상당한 장애를 입을 위험이 있을 때에는 가정법원의 허가를 받아야 한다(제940조의7에 의한 제947조의2 제3항 및 제4항의 준용). 일정한 경우 사후허가로 갈음할 수 있음은 물론이다. 또한 성년후견감독인이 피성년후견인을 대리하여 피후견인이 거주하고 있는 건물 또는 그 대지에 대하여 매도, 임대, 전세권의 소멸, 그 밖에 이에 준하는 행위를 하는 경우에는 가정법원의 허가를 받아야 한다(제940조의7에 의한 제947조의2 제5항의 준용).

그런데 성년후견감독인에 의한 권한의 대행은 제940조의6 제2항에 따라 급박한 사정이 있는 때에만 가능하다.[117] 따라서 제947조의2 제3항의 준용에도 불구하고 성년후

116 구상엽(주 4), 103면 각주 223)은 오히려, 준용규정의 취지상, "후견인" 대신 "후견감독인"이 추가선임청구권자로서의 지위를 가지며, "후견인"을 청구권자에 포함시키지 않은 것이 입법론상 의문이라고 한다.

견감독인이 언제나 당연하게 피성년후견인을 위한 침습적 의료행위 동의권을 대행할 수 있는 것은 아니다. 아마도 국회심의과정에서 개정안의 체계가 일부 수정됨에 따라 부주의하게 혹은 무의미하게 제3항의 준용규정이 유지된 것으로 보인다. 한편 성년후견감독인이 급박하게 피성년후견인을 치료 등의 목적으로 정신병원 그 밖의 다른 장소에 격리하고자 하는 경우에도 가정법원의 허가를 받아야 하는지 여부가 문제될 수 있다. 개정민법은 이 경우 제947조의2 제2항을 준용하고 있지 않으므로, 성년후견감독인이 독자적으로 그러한 행위를 할 수 있는 것처럼 해석될 여지가 있으나, 금치산자 감금치료에 관한 사후허가 규정을 삭제한 입법자의 의사에 비추어 볼 때 아무리 급박한 상황이라도 성년후견감독인은 이를 대행할 권한 자체를 갖지 못한다고 해석하여야 할 것이다.

가정법원은 후견감독인의 청구에 의해 피후견인의 재산상태 기타 사정을 참작하여 피후견인의 재산 중에서 상당한 보수를 후견감독인에게 수여할 수 있으며(제940조의7에 의한 제955조의 준용), 후견감독인이 그 감독사무를 수행하는데 필요한 비용 역시 피후견인의 재산 중에서 지출한다(제940조의7에 의한 제955조의2 준용).

그 밖에 후견감독인의 직무수행과 관련하여 후견인 직무수행에 관한 일반조항인 제947조는 준용되고 있지 않다. 그러나 후견감독인이라도 피성년후견인의 복리에 부합하는 방법으로, 그리고 그의 복리에 반하지 않는 한 그의 의사를 존중하는 방식으로 그 감독사무를 처리하여야 할 것이다.[118]

117 자료집, 341면 참조.

118 같은 취지로 구상엽(주 4), 105면 참조.

3. 후견인의 임무

○ 제941조

현행	개정
第941條(財産調査와 目錄作成) ①後見人은 遲滯없이 被後見人의 財産을 調査하여 2月內에 그 目錄을 作成하여야 한다. 그러나 正當한 事由있는 때에는 法院의 許可를 얻어 그 期間을 延長할 수 있다. ②前項의 財産調査와 目錄作成은 親族會가 指定한 會員의 參與가 없으면 效力이 없다.	제941조(재산조사와 목록작성) ① 후견인은 지체없이 피후견인의 재산을 조사하여 2개월 내에 그 목록을 작성하여야 한다. 다만, 정당한 사유가 있는 경우에는 법원의 허가를 받아 그 기간을 연장할 수 있다. ② 후견감독인이 있는 경우 제1항에 따른 재산조사와 목록작성은 후견감독인의 참여가 없으면 효력이 없다.

후견인은 지체없이 피후견인의 재산을 조사하여 2개월 내에 그 목록을 작성하여야 한다(제1항). 이때 후견인이란 미성년후견인과 성년후견인을 말한다. 개정 전 민법은 그 재산조사 및 목록작성에 친족회원의 참여를 요구하였으나, 친족회 제도가 폐지됨에 따라 개정민법은 친족회원 대신 후견감독인을 참여를 요구하였다(제2항). 그러나 후견감독인은 임의기관이므로, 후견감독인이 선임되어 있지 않을 때에는 후견인이 단독으로 재산조사 및 목록작성을 할 수 있다. 즉 재산조사 및 목록작성의무를 다하기 위해 가정법원에 후견감독인 선임을 청구해야 하는 것은 아니다.

○ 제942조

현행	개정
第942條(後見人의 債權, 債務의 提示) ①後見人과 被後見人 사이에 債權, 債務의 關係가 있	제942조(후견인의 채권·채무의 제시) ① 후견인과 피후견인 사이에 채권·채무의 관계가 있

는 때에는 後見人은 財産目錄의 作成을 完了하기 前에 그 內容을 親族會 또는 親族會의 指定한 會員에게 提示하여야 한다. ②後見人이 被後見人에 對한 債權있음을 알고 前項의 提示를 懈怠한 때에는 그 債權을 抛棄한 것으로 본다.	고 후견감독인이 있는 경우에는 후견인은 재산목록의 작성을 완료하기 전에 그 내용을 후견감독인에게 제시하여야 한다. ② 후견인이 피후견인에 대한 채권이 있음을 알고도 제1항에 따른 제시를 게을리한 경우에는 그 채권을 포기한 것으로 본다.

후견인과 피후견인 사이에 채권채무관계가 있는 때에는 재산목록 작성을 완료하기 전에 후견감독인에게 그 내용을 제시하여야 하며(제1항), 후견인이 피후견인에 대한 채권이 있음을 알고도 그 제시를 게을리 한 경우에는 그 채권을 포기한 것으로 본다(제2항). 이때 후견인이란 미성년후견인과 성년후견인을 말한다. 개정 전 민법에서는 이 경우 친족회 또는 친족회가 지정한 회원에게 그 내용을 제시할 것을 요구하였으나, 친족회 제도가 폐지됨에 따라 후견감독인에게 제시하도록 하였다. 제941조의 경우와 마찬가지로, 이와 같은 제시의무는 후견감독인이 선임되어 있는 경우에만 부과되며, 후견감독인이 선임되어 있지 않은 때에는 제시의무가 면제된다. 따라서 그 제시의무를 다하지 않은 때에도 채권을 포기한 것으로 간주되지 않는다.

○ 제945조

현행	개정
第945條(未成年者의 身分에 關한 後見人의 權利義務) 未成年者의 後見人은 第913條 乃至 第915條에 規定한 事項에 關하여는 親權者와 同一한 權利義務가 있다. 그러나 親權者가 定한 敎養方法 또는 居所를 變更하거나 被後見人을 感化 또는 矯正機關에 委託하거나 親權者가 許諾한 營業을 取消 또는 制限함에는 親族會의 同意를 얻어야 한다.	제945조(미성년자의 신분에 관한 후견인의 권리·의무) 미성년후견인은 제913조부터 제915조까지에 규정한 사항에 관하여는 친권자와 동일한 권리와 의무가 있다. 다만, 다음 각 호의 어느 하나에 해당하는 경우에는 미성년후견감독인이 있으면 그의 동의를 받아야 한다. 1. 친권자가 정한 교육방법, 양육방법 또는

	거소를 변경하는 경우 2. 미성년자를 감화기관이나 교정기관에 위탁하는 경우 3. 친권자가 허락한 영업을 취소하거나 제한하는 경우

제945조는 미성년후견인에 고유한 후견인의 권리·의무에 대해 정하는 조문이다. 개정민법은 개정 전 민법 제945조의 내용을 그대로 유지하고 있다. 다만, 그 용어를 "미성년자의 후견인"으로부터 "미성년후견인"으로, 미성년후견인이 제945조 단서에 해당하는 행위를 할 경우 기존의 "친족회" 대신 "미성년후견감독인"의 동의를 받도록 규정하는 한편, 단서 조항의 구성체계를 이해하기 쉽게 변경하였을 뿐이다. 미성년후견감독인이 선임되어 있지 않을 때에는 그의 동의를 받지 않아도 됨은 제941조 및 제942조와 동일하다.

○ 제946조

현행	개정
第946條(財產管理에 限한 後見) 親權者가 法律行爲의 代理權과 財產管理權에 限하여 親權을 行使할 수 없는 境遇에는 後見人의 任務는 未成年者의 財產에 關한 行爲에 限한다.	제946조(재산관리에 한정된 후견) 미성년자의 친권자가 법률행위의 대리권과 재산관리권에 한정하여 친권을 행사할 수 없는 경우에 미성년후견인의 임무는 미성년자의 재산에 관한 행위에 한정된다.

제946조 역시 개정 전 민법과 동일한 내용이다. 다만, 그 용어를 개정민법에 맞게 "미성년후견인"으로 일부 수정한 것에 그친다. 자세한 해설은 생략한다.

○ 제947조

현행	개정
第947條(禁治產者의 療養, 監護) ①禁治產者의 後見人은 禁治產者의 療養, 監護에 日常의 注意를 懈怠하지 아니하여야 한다. ②後見人이 禁治產者를 私宅에 監禁하거나 精神病院 其他 다른 場所에 監禁治療함에는 法院의 許可를 얻어야 한다. 그러나 緊急을 要할 狀態인 때에는 事後에 許可를 請求할 수 있다.	제947조(피성년후견인의 복리와 의사존중) 성년후견인은 피성년후견인의 재산관리와 신상보호를 할 때 여러 사정을 고려하여 그의 복리(福利)에 부합하는 방법으로 사무를 처리하여야 한다. 이 경우 성년후견인은 피성년후견인의 복리에 반하지 아니하면 피성년후견인의 의사를 존중하여야 한다.

제945조와 제946조가 미성년후견인의 임무에 대한 특칙이라면 제947조와 제947조의2는 성년후견인의 임무에 대한 특칙을 이룬다. 특히 제947조는 성년후견인의 사무처리에 관한 일반조항으로서의 성격을 갖는다. 동 조의 내용은 크게 세 부분으로 이루어져 있다. 첫째, 성년후견인은 피성년후견인의 재산관리 뿐만 아니라 신상보호의무도 담당할 수 있다. 둘째, 성년후견인은 그 사무를 처리함에 있어서 여러 사정을 고려하여 피성년후견인의 복리에 부합하는 방법으로 사무를 처리하여야 한다. 셋째, 성년후견인은 피성년후견인의 복리에 반하지 아니하는 한, 피성년후견인의 의사를 존중하여야 한다. 차례로 살펴본다.

가. 사무의 범위 : 재산관리와 신상보호

기존의 금치산·한정치산 제도는 행위무능력자의 재산관리를 중심으로 규율하고 있었다. 신상감호에 대해서는 개정 전 민법 제947조 제1항이 "금치산자의 후견인은 금치산자의 요양, 감호에 일상의 주의를 해태하지 아니하여야 한다."는 규정 정도를 두고 있을 뿐이었으며, 그나마 그 주의의무의 범위와 관련하여 금치산자의 일상생활 전반에 미친다는 견해와 같은 조 제2항에서 정하고 있는 감금치료와 관련된 부분에 한정된다는 견해가 대립하고 있는 등 여러 가지 논란이 있었다.[119] 그러나 정신적 제약으로 말미암아 사무처리능력이 결여되거나 부족하게 된 사람 중 상당수는 관리해야 할 재산의 범위가 크지 않을 뿐만 아니라, 재산관리보다는 정작 일상적인 사무처리에 오히려 곤란을 겪고 있는 경우가 많다. 따라서 개정민법은 성년후견인에게 재산관리 뿐만 아니라, 신상보호와 관련된 사무처리도 담당할 수 있음을 명시함으로써 신상과 관련된 후견을 강화하였다. 이는 분명 제도의 수범자들의 수요에 부응하는 입법이라 할 것이다. 특히 신상보호에 관해서는 제947조의2에 별도의 특별규정이 마련되어 있다. "신상"의 개념과 범위에 대해서는 제947조의2 해설을 참조하라.

그러나 과연 이때 성년후견인이 부담하는 신상보호의무란 도대체 무엇을 의미하는가. 그 법적 성격에 대해서는 견해가 대립[120]하고 있으나, 단순히 제681조에서 말하는 수임인의 선량한 관리자로서의 주의의무와는 다른 고유한 개념임은 분명하다. 제681조는 제956조에 의해 별도로 준용되고 있기 때문이다. 따라서 성년후견인은 단순히 피성년후견인을 위해 선관주의의무를 다해 신상에 관한 사무를 대신 처리하여 주는 사람에 불과한 것은 아니다. 성년후견인은 오히려 피성년후견인이 일상생활의 영위 · 치료요양 등 신상과 관련하여 필요한 각종의 행위를 행함에 있어서 그것을 지원하기 위해 각종의 법률적 조언이나 의사결정의 대행, 경우에 따라서는 법률행위의 대리까지 제공하는 역할을 수행하는 사람이다. 성년후견인은 피성년후견인의 요양감호를 위해 식사보조 등 수발을 제공하는 개호인과 같이 사실행위를 하지 않는다. 그는 피성년후견인이 그와 같은 사실행위를 제공받을 수 있도록 각종의 개호계약, 의료계약 또는 시설입소계약 등을 대신 체결하고, 서비스를 제공받음에 있어서 피성년후견인에게 부당한 처우가 발생하지 않도록 이를 감독 내지 감시하며, 경우에 따라 이의를 신청하고, 계약의 내용이나 당사자를 변경하거나, 피성년후견인에게 필요한 각종의 사회복지급여를 대신 신청하는 등 포괄적인 지원을 제공함으로써 피성년후견인의 신상을 "보호"한다.[121]

119 대표적으로 백승흠, "후견인의 요양 · 감호의무에 관한 고찰 – 개정전 일본 민법의 해석론과 성년후견을 중심으로 –", 家族法硏究 第18卷 2號(2004), 157면 참조.

120 성년후견인의 신상감호의 법적 성질과 관련하여 요양감호의무확장설, 선관주의의무구체화설, 고유의 신상배려의무설 등을 소개하고 있는 문헌으로 송호열(주 6), 192-193면 참조.

바로 이러한 사무를 처리함에 있어 피성년후견인에게 권한이 필요한 경우에 대비하여 개정민법 제938조 제3항은 가정법원으로 하여금 성년후견인이 피성년후견인의 신상에 관하여 결정할 수 있는 권한의 범위를 정할 수 있도록 하였다. 따라서 성년후견인은 가정법원의 결정에 따라 신상보호에 필요한 법률행위를 대리할 수 있을 뿐만 아니라, 사실행위를 대행할 권한도 가질 수 있다.[122] 이와 같이 성년후견인은, 과거의 금치산자의 후견인과 달리, 더 이상 포괄적인 신상보호권한을 갖지 않는다.[123]

나. 사무처리의 기준 : 피성년후견인의 복리와 의사

성년후견인은 피성년후견인의 재산관리와 신상보호를 할 때 그의 복리에 가장 부합하는 방법으로 사무를 처리하여야 할 뿐만 아니라, 그의 복리에 반하지 않는 한 피성년후견인의 의사를 존중하여야 한다. 이와 같은 두 가지 사무처리 기준을 '복리배려의무'와 '의사존중의무'라고 약칭할 수 있을 것이다.

개정민법은 두 개의 의무 중 특히 복리배려의무에 의사존중의무보다 우선적 지위를 부여하고 있다. 피성년후견인의 의사는, 그것이 본인의 복리에 반하지 않는 한에서만, 존중받을 수 있기 때문이다. 이때 본인의 "복리"란 반드시 합리성의 기준에 의해 결정되는 것은 아니다. 가령 본인에게 다소간 경제적인 손실을 가져올 수 있는 결정이라도, 그것이 본인의 행복과 안위에 더 이바지할 수 있다면 "피성년후견인의 복리에 부합"한다고 말할 수 있을 것이다.[124] 결국 피성년후견인의 생명 또는 신체에 중대한 위해를 가져오거나, 회복불가능하여 피성년후견인의 생활을 위협할 정도의 재산상 손실을 야기할 수 있다는 등의 특별한 사정이 없는 한, 성년후견인은 가급적 피성년후견인의 의사를 존중하여야 한다. 이를 위하여 성년후견인은 피성년후견인의 의사를 직접 확인하여야 하고, 확인이 불가능한 경우라면 본인의 추정적 의사에 따라 행동해야 한다.

121 같은 취지로 제철웅(주 6), 286-289면; 구상엽(주 4), 13, 93-95면 참조.

122 성년후견인의 신상보호사무를 비법률행위까지 확대해야 한다는 견해로 구상엽(주 4), 89-90면 참조.

123 같은 취지로 제철웅(주 6), 286면.

124 같은 취지로 박인환(주 1), 51-52면; 구상엽(주 4), 95-97면 참조.

만약 성년후견인이 이와 같은 복리배려의무와 의사존중의무에 위반하여 임의로 피성년후견인의 재산관리 또는 신상보호에 관한 사무를 처리하는 경우라면 가정법원은 직권 또는 일정한 자의 청구에 의해 후견인을 변경할 수 있다(제940조). 또한 가정법원은 성년후견인의 재산관리 등 후견임무 수행이 피성년후견인의 복리배려의무 및 의사존중의무에 부합하지 않을 때에는 직권으로 또는 일정한 자의 청구에 의해 직접 후견임무 수행에 관하여 필요한 처분을 명할 수도 있다(제954조).

○ 제947조의2

현행	개정
〈신설〉	제947조의2(피성년후견인의 신상결정 등) ① 피성년후견인은 자신의 신상에 관하여 그의 상태가 허락하는 범위에서 단독으로 결정한다. ② 성년후견인이 피성년후견인을 치료 등의 목적으로 정신병원이나 그 밖의 다른 장소에 격리하려는 경우에는 가정법원의 허가를 받아야 한다. ③ 피성년후견인의 신체를 침해하는 의료행위에 대하여 피성년후견인이 동의할 수 없는 경우에는 성년후견인이 그를 대신하여 동의할 수 있다. ④ 제3항의 경우 피성년후견인이 의료행위의 직접적인 결과로 사망하거나 상당한 장애를 입을 위험이 있을 때에는 가정법원의 허가를 받아야 한다. 다만, 허가절차로 의료행위가 지체되어 피성년후견인의 생명에 위험을 초래하거나 심신상의 중대한 장애를 초래할 때에는 사후에 허가를 청구할 수 있다. ⑤ 성년후견인이 피성년후견인을 대리하여 피성년후견인이 거주하고 있는 건물 또는 그 대지에 대하여 매도, 임대, 전세권 설정, 저당권 설정, 임대차의 해지, 전세권의 소멸, 그 밖에 이에 준하는 행위를 하는 경우에는 가정법원의 허가를 받아야 한다.

가. 제1항

개정민법 제938조 제3항 및 제947조는 성년후견인이 가정법원으로부터 피성년후견인의 신상보호에 관한 권한을 부여받을 수 있음을 정하고 있다. 그러나 '신상보호'라는 명목으로 성년후견인이 피성년후견인의 일상적인 생활영위, 의료, 개호 등의 영역에 개입하는 것을 허용하게 되면, 피성년후견인의 자기결정권이 심각하게 침해될 우려가 있다. 이에 개정민법 제947조의2 제1항은 "피성년후견인은 자신의 신상에 관하여 그의 상태가 허락하는 범위에서 단독으로 결정"하여야 함을 대원칙으로 천명하였다.[125]

이때 피성년후견인이 단독으로 결정해야 하는 "신상"에 관한 사항이란 무엇인가. 그에 대해서는 아직 확립된 견해가 있는 것은 아니다. 다만, 신상이란 "피후견인의 프라이버시와 자기결정권이 중요시되는 신체적 · 정신적 복리에 관한 사항"[126]이라고 정의내리는 견해가 있는데, 더 깊은 연구가 필요하겠으나, 일응 찬성할만하다. 이러한 사항에 해당하는 것으로는 주로, "거주, 이전, 주거, 면접교섭, 의학적 치료 등"[127]이 포함될 수 있을 것이다. "개호, 생활유지, 시설의 입 · 퇴소 및 처우감시, 의료, 교육, 재활에 관한 사항" 등을 열거하는 견해[128]도 있다.

이러한 사항에 관한 결정은 기본적으로 일신전속적인 성격을 가질 뿐만 아니라, 법률행위가 아닌 경우가 태반이다. 가령 피성년후견인을 대리하여 임대차계약을 체결하는 것은 법률행위로서 재산관리 및 법정대리의 영역에 해당하지만, 임차목적물의 특정, 즉 주거지의 선택은 신상에 관한 순수한 사실행위이자 일신전속적 행위로서 오로지 피성년후견인 본인만이 할 수 있다.[129] 그러나 경우에 따라서는 피성년후견인이 스스로 이러한 결정을 내릴 수 없는 경우가 있다. 피성년후견인에게 자신의 행위의 의미를 이해할만한 의사능력이 결여되어 있는 경우 등이 그러하다. 이때는 제3자, 즉 성년후견인이 그 의사결정을 대행하는 수밖에 없다. 제938조 제3항이 바로 이러한 경우에 대비하여 성년후견인에게 의사결정대행권한을 부여하기 위한 조문이다. 따라서 성년후견인은 가정법원으로부터 피성년후견인의 신상에 관한 결정권한을 부여받은 범위 내에서,

125 그 입법취지에 대해서는 자료집, 394-402면 참조.
126 구상엽(주 4), 87-88면 참조.
127 김형석(주 8), 136면.
128 구상엽(주 4), 88면 참조.
129 김형석(주 8), 136면.

제947조의2 제1항에도 불구하고, 피성년후견인의 의사결정을 대신할 수 있다.[130]

나. 제2항

치료 등의 목적으로 정신병원이나 그 밖의 다른 장소에 입원 내지 입소할 것인지 여부 역시 신상에 관한 사항이므로, 피성년후견인이 단독으로 결정할 수 있다(제947조의2 제1항). 그러나 피성년후견인이 스스로 결정할 수 없을 경우 가정법원으로부터 권한을 부여받은 성년후견인은 그 결정을 대행할 수 있다. 다만, 이와 같이 치료 등의 목적이라도 성년후견인의 결정에 의해 피성년후견인을 정신병원이나 그 밖의 다른 장소에 격리하는 것은 사실상 사인私人에 의한 "감금"으로서의 성격을 갖는다. 격리와 동시에 피성년후견인은 신체의 자유를 상당부분 박탈당하기 때문이다. 따라서 개정 전 민법 제947조 제2항과 마찬가지로, 개정민법 제947조의2 제2항은 이러한 경우 가정법원의 허가를 받도록 하였다.

개정 전 민법 제947조 제2항 단서는 긴급을 요할 상태인 때에는 사후에 허가를 청구할 수 있도록 하였으나, 개정민법은 단서조문을 삭제함으로써 반드시 사전허가를 받도록 하였다. 민법 제정 당시와는 달리 우리나라의 현재 의학수준과 의료설비 수준에 비추어 볼 때 법원의 사전허가 없이 긴급하게 격리시켜야 할만한 정당한 이유를 찾기 어렵기 때문이라고 한다.[131] 그러나 여전히 정신보건법에 따른 부양의무자의 동의만으로 간이한 입원이 가능한 상태이므로, 정신보건법과 민법 제947조의2 제2항 간의 충돌문제를 해결할 필요가 있다.[132]

130 문헌 중에는 성년후견인에게 포괄적인 권한이 있음을 이유로 가정법원으로부터 별도의 수권심판을 받지 않은 경우에도 널리 피성년후견인의 신상에 관한 결정권한을 갖는 것을 전제로 서술하고 있는 경우도 있으나, 이는 본래 입법자가 의도하였던 바가 아니다. 제938조와 제947조의2 사이의 간격으로 인해 이러한 오해가 발생할 우려가 있음을 지적하는 견해로 이진기(주 18), 91-92면.

131 김형석(주 8), 138면.

132 구체적인 내용 및 대응방안에 대해서는 신권철, "성년후견제도의 도입과 법원의 역할", 사법 제14호(2010), 22면; 이재경(주 87), 428-430면; 구상엽(주 4), 193-195면 등 참조.

다. 제3항

피성년후견인의 신체를 침해하는 의료행위에 대하여 피성년후견인이 동의할 수 없는 경우에는 성년후견인이 그를 대신하여 동의할 수 있다. 이른바 '침습적 의료행위'에 대한 동의대행권한을 부여한 것이다. 그러나 성년후견인이 제947조의2 제3항에 의해 언제나 당연히 의료행위에 대한 동의대행권을 행사할 수 있는 것은 아니다. 그는 가정법원으로부터 제938조 제3항에 따라 그에 관한 권한을 부여받은 때에만 동의대행권을 행사할 수 있다.[133] 그런데 가정법원으로서는 제947조의2 제3항이 존재하지 않더라도 제938조 제3항에 따라 당연히 성년후견인에게 의료행위에 관한 동의대행권을 부여할 수 있다. 제947조의2 제3항은 의료행위 동의대행권 부여가 법적으로 가능함을 선언하는 의미를 가질 뿐이다.[134]

성년후견인이 피성년후견인에 대신하여 의료행위 동의권을 행사하여야 함에도 불구하고, 소재불명·일시적인 연락두절 등으로 인해 그 동의권을 행사할 수 없고, 동의권을 바로 행사하지 않을 경우 피후견인의 신체에 해악이 발생할 수 있는 긴급한 사정이 있는 때에는 성년후견감독인이 동의권을 대행할 수 있다(제940조의6 제2항).[135]

의료행위 동의 대행권한을 부여받은 성년후견인이 애초부터 존재하지 않는 경우에는 문제이다. 본래 입법취지에 따르면 제936조에 의해 성년후견인의 선임을 청구하거나 제938조 제4항에 의해 이미 선임되어 있는 성년후견인의 권한 범위를 변경하여 그로 하여금 동의권을 대행하도록 하여야 할 것이다.[136] 그러나 치료가 긴급히 요구되는 경우에는 그럴만한 시간적 여유가 없다. 이에 대비하여 특정후견을 활용할 수 있도록 하자는 견해[137], 가사소송법상 사전처분 제도를 활용하자는 견해[138], 일정한 범위 내의

133 같은 취지로 김형석(주 8), 138면 각주 35) 참조.

134 이는 특히 일본에서 "의료행위에 대한 동의"가 법률행위가 아님을 이유로 후견인이 이를 대리할 수 있는지 여부가 논란이 되었다는 상황적 배경 때문에 축조된 조문이다. 자료집, 403-408면 참조. 그러나 우리 개정민법 하에서는 제938조 제3항의 존재로 말미암아 독자적인 의미를 갖지 못한다. 다만, 제938조 제3항에 따른 대행권한 부여에도 불구하고 제947조의2 제1항이 우선적으로 적용되어 피성년후견인에게 단독으로 결정할 수 있는 능력이 있는 때에는 피성년후견인이 이를 대행할 수 없음을 분명히 하였다는 점에서 의미가 있을 뿐이다.

135 제철웅(주 6), 317면 참조.

136 같은 취지로 이재경, "의료분야에서 성년후견제도의 활용에 관한 연구", 성균관법학 제21권 제3호(2009), 263면.

137 구상엽(주 4), 131면.

친족에게 일차적으로 의료행위 동의권한을 부여해야 한다는 견해[139] 등이 등장하고 있으나, 결국 「응급의료에 관한 법률」 제9조에 따라 의료행위에 대한 동의가 면제되는 경우가 많을 것이다.

동 조항의 적용범위는 환자 상태의 개선을 목적으로 하는 의료행위에 한정된다.[140] 즉 동 조에서 말하는 의료행위란 "피후견인의 생명이나 건강에 발생할 수 있는 더 큰 위험을 피하기 위하여 생명이나 건강에 어느 정도의 위험성이 있는 의료행위가 불가피한 경우"[141]를 말한다. 따라서 연명치료나 장기이식, 불임치료 등과 같이 특수한 종류의 의료행위에 대해서도 환자 이외의 제3자가 대신 결정할 수 있는지 여부는 별도의 법률에 의해 규율되어야 할 것이다.

라. 제4항

침습적 의료행위에 대한 동의는 사실상 생명 또는 신체의 완전성에 대한 중대한 침해를 가져올 수 있다. 따라서 제3자, 즉 성년후견인이 이러한 침습적 의료행위에 대한 동의권을 대행할 때에는 어느 정도 가정법원에 의한 감독이 필요할 수밖에 없다. 따라서 개정민법 제947조의2 제4항은 성년후견인이 피성년후견인을 대신하여 그의 신체를 침해하는 의료행위에 대해 동의하는 경우 "피성년후견인이 의료행위의 직접적인 결과로 사망하거나 상당한 장애를 입을 위험이 있을 때에는 가정법원의 허가를 받아야 한다."고 규정하고 있다.[142] 성년후견인이 복리배려의무에 반하여 모험적인 수술을 시도하는 것을 사전에 방지하기 위함이다.

과연 어떠한 경우가 가정법원의 허가를 받아야 하는 경우인지, 즉 어떠한 경우가 "피성년후견인이 의료행위의 직접적인 결과로 사망하거나 상당한 장애를 입을 위험이

138 김형석(주 8), 138면 각주 35).

139 박인환(주 1), 54면; 현소혜, "의료행위 동의권자의 결정 – 성년후견제 시행에 대비하여 –", 홍익법학 제13권 제2호(2012), 199-200면 참조.

140 김형석(주 8), 140면. 이에 반해 연명치료 등에 대해서도 제947조의2가 적용 유추적용될 여지가 있다는 견해로 박인환(주 1), 55면; 구상엽(주 4), 207-209면 참조.

141 자료집, 384면.

142 그 주된 입법취지에 대해서는 김형석(주 8), 139면 참조.

있는 경우"에 해당하는지는 일률적으로 말할 수 없다.[143] 결국 의료행위에 수반되는 위험, 당해 시술을 받게 될 환자 본인의 건강상태와 체질 등을 고려하여 종합적으로 판단하는 수밖에 없을 것[144]이다. 다만, 사망 또는 상당한 장애가 의료행위의 "직접적인 결과"로 인한 것이어야 하므로, 단순한 합병증으로 인한 사망의 위험(가령 인공호흡기 치료에 수반되는 기도감염으로 인한 패혈증에 따른 사망의 위험[145]) 등만으로는 이에 해당하지 않는다고 보아야 할 것이다.[146]

가정법원 역시 허가 여부를 결정함에 있어 당해 의료행위의 직접적인 결과로 인해 피성년후견인이 사망하거나 상당한 장애를 입을 수 있는지 여부에 대한 전문적인 의학 판단을 하는 것은 아니다. 가정법원은 오로지 당해 의료행위 동의권 대행에 의해 피성년후견인의 복리를 해할 우려가 있는지 여부 및 그러한 대행권한의 행사가 과연 피성년후견인 본인의 의사에 부합하는지 여부를 심리할 뿐이다.[147]

허가절차로 인해 의료행위가 지체되어 피성년후견인의 생명에 위험을 초래하거나 심신상의 중대한 장애를 초래할 때에는 사후에 허가를 청구할 수 있다(제947조의2 제4항 단서). 그 구체적인 의미는 「응급의료에 관한 법률」 제9조 제1항 제2호의 내용과 동일하다.[148] 1회적 의료행위의 경우에는 사후허가의 실익이 크지 않을 것이나, 계속적 의료행위의 경우에는 사후적 허가를 요구함으로써 위법한 의료행위를 제거할 수 있다는 실익이 있을 뿐만 아니라, 성년후견인에게 '신중한 동의를 촉구'한다는 의미에서 도입된 조문이다.[149]

143 이러한 불명확성을 제거하기 위해 사전에 의학적 검토를 거쳐 가정법원의 동의가 필요한 의료행위의 유형을 미리 정하여 널리 알릴 필요가 있다는 견해로 박인환(주 1), 53-54면 참조.

144 이재경(주 136), 264면; 현소혜(주 139), 205면 등.

145 자료집, 384면, 433면 참조.

146 김형석(주 8), 140면 참조.

147 같은 취지로 김형석(주 8), 139면; 이재경(주 87), 431-433면 참조.

148 자료집, 384면.

149 자료집, 385면; 김형석(주 8), 140면 참조.

마. 제5항

성년후견인이 피성년후견인을 대리하여 피성년후견인이 거주하고 있는 건물 또는 그 대지에 대하여 매도, 임대, 전세권 설정, 저당권 설정, 임대차의 해지, 전세권의 소멸, 그 밖에 이에 준하는 행위를 하는 경우에는 가정법원의 허가를 받아야 한다(제947조의2 제5항). 이러한 행위는 재산권을 목적으로 하는 법률행위로서, 가정법원이 달리 정하지 않는 한, 성년후견인의 법정대리권 범위 내에 포함되며, 일신전속적 성격을 갖는 것도 아니다. 따라서 제947조의2 제1항에 따라 피성년후견인이 반드시 단독으로 결정해야 하는 유형의 행위라고는 볼 수 없다.[150] 그러나 위와 같은 법률행위들은 종국적으로 피성년후견인의 주거환경에 영향을 미칠 수밖에 없으며, 주거환경의 변화는 피성년후견인 신상에 관한 사항에 해당한다. 특히 질병, 노령 등으로 인한 정신적 제약 상태에 놓여 있는 피성년후견인은 주거환경의 변화에 민감하게 반응하므로, 그의 심신상태에 결정적인 사정변경을 가져올 수 있다. 따라서 개정민법은 이러한 경우에도 가정법원의 허가를 받도록 한 것이다.[151]

제2항, 제4항 및 제5항에 해당하지 않는 경우라도 성년후견인이 피성년후견인의 의사결정을 대행하는 것이 피성년후견인의 신체의 완전성이나 사생활에 중대한 침해가 발생하는 사안이 얼마든지 발생할 수 있다. 가령 성년후견인이 피성년후견인과 그의 자녀 간의 우편물 또는 전화 교환에 간섭하는 경우 등이 그러하다. 이러한 위험에 대비하여 정부가 제출한 민법 개정안에는 "그 밖에 피성년후견인이 신상에 대하여 결정할 수 없는 경우 성년후견인의 결정이 피성년후견인의 신체의 완전성, 거주・이전, 통신, 주거의 자유, 사생활에 대한 중대한 침해를 수반하는 때에는 성년후견인은 가정법원의 허가를 얻어야 한다. 그러나 긴급을 요할 상태인 때에는 사후에 허가를 청구할 수 있다."는 일반규정이 마련되어 있었으나, 개정 민법에는 반영되지 아니하였다. 이 때문에 피성년후견인의 인권보장에 일부 공백이 생겼다는 비판[152]이 있으나, 위와 같은 위험이

150 자료집, 367면, 434면. 역시 동 조항은, 엄밀한 의미의 신상결정과는 관계없는 것이라고 서술하고 있다.

151 입법취지에 대해서는 김형석(주 8), 141면 참조. 동 조문에 대해 비판적인 입장으로 박인환(주 1), 55면 참조.

있는 경우라면 가정법원이 애초부터 성년후견인에게 우편물 개봉 등에 관한 대행권한을 수여하지 않거나, 이미 수여한 권한의 범위를 변경하는 등의 방법으로 성년후견인에 의한 간섭을 배제할 수 있을 것이다.

그 밖에 성년후견인이 가정법원의 허가를 받아야 함에도 불구하고 허가를 받지 않은 경우, 피성년후견인을 두텁게 보호하기 위해 그 행위는 피후견인에 대해 무효라고 보는 견해[153]가 있으나, 신상에 관한 결정은 법률행위로서의 성격을 갖지 않으므로 그 효력 유무를 논할 실익이 없다. 다만, 제5항에 위반하는 매도, 임대, 전세권 설정 등의 행위는 무효라고 봄이 타당하다.

○ 제948조

현행	개정
第948條(未成年者의 親權의 代行) ①後見人은 被後見人에 가름하여 그 子에 對한 親權을 行使한다. ②前項의 親權行使에는 後見人의 任務에 關한 規定을 準用한다.	제948조(미성년자의 친권의 대행) ① 미성년후견인은 미성년자를 갈음하여 미성년자의 자녀에 대한 친권을 행사한다. ② 제1항의 친권행사에는 미성년후견인의 임무에 관한 규정을 준용한다.

제948조는 미성년자의 친권대행에 관한 조문이다. 개정민법은 성년후견과 미성년후견을 구별하고 있으므로, 그 용어를 "후견인" 및 "피후견인"으로부터 "미성년후견인" 및 "미성년자"로 전환하는 한편, 표현을 일부 순화하였다. 구체적인 조문의 내용은 개정 전 민법과 동일하므로 해설을 생략한다.

152 구상엽(주 4), 92-93면 참조.

153 엄덕수(주 5), 22면.

○ 제949조의2

현행	개정
〈신설〉	제949조의2(성년후견인이 여러 명인 경우 권한의 행사 등) ① 가정법원은 직권으로 여러 명의 성년후견인이 공동으로 또는 사무를 분장하여 그 권한을 행사하도록 정할 수 있다. ② 가정법원은 직권으로 제1항에 따른 결정을 변경하거나 취소할 수 있다. ③ 여러 명의 성년후견인이 공동으로 권한을 행사하여야 하는 경우에 어느 성년후견인이 피성년후견인의 이익이 침해될 우려가 있음에도 법률행위의 대리 등 필요한 권한행사에 협력하지 아니할 때에는 가정법원은 피성년후견인, 성년후견인, 후견감독인 또는 이해관계인의 청구에 의하여 그 성년후견인의 의사표시를 갈음하는 재판을 할 수 있다.

가. 제1항

성년후견인은 여러 명을 둘 수 있다(제930조 제2항). 성년후견인이 수인인 경우 그 권한행사방법과 각 성년후견인의 권한 범위 등은 가정법원이 정한다. 가령 가정법원은 여러 명의 성년후견인이 각자 단독으로 권한을 행사하도록 할 것인지, 반드시 공동으로 행사하도록 할 것인지를 정할 수 있고, 사무를 분장하여 특정 사무에 대해서는 한 성년후견인이, 다른 사무에 대해서는 다른 성년후견인이 권한을 행사하도록 할 수도 있다. 재산관리에 관한 후견인과 신상보호에 관한 후견인을 달리 둘 수도 있을 것이다.[154]

만약 가정법원이 여러 명의 성년후견인을 선임하면서도 그들 사이의 권한과 권한행사방법에 대해 결정하지 않았다면, 각자 피성년후견인을 대리할 수 있는 것으로 보아야 할 것이다('각자 대리의 원칙', 민법 제119조).[155] 수동대리에 대해서는 입법자가 특칙을

154 다만, 이와 같이 신상보호와 재산관리 영역을 구분하여 후견인을 선임할 경우 후견인 사이의 충돌로 인해 피후견인에게 피해가 갈 수 있다는 견해로 구상엽(주 4), 85면 각주 183) 참조.

155 같은 취지로 김형석(주 8), 130면; 백승흠(주 10), 33면.

마련하지 아니하였으므로[156], 결국 민법의 일반원칙으로 돌아가 그 효력 유무를 정할 수밖에 없다.

나. 제2항

가정법원은 각 성년후견인 간에 권한의 공동행사를 정하거나 사무분장을 정한 후라도 언제든지 그 결정을 변경하거나 취소함으로써 각자 권한을 행사할 수 있도록 하거나, 사무분장의 범위 등을 달리 정할 수 있다. 성년후견인과 피성년후견인 사이의 신뢰관계의 변화, 피성년후견인의 재산 또는 신상에 관한 사정 변경 또는 성년후견인 측에 새롭게 발생한 사정 등을 반영하여 피성년후견인의 복리에 가장 부합하는 방식으로 후견업무가 수행될 수 있도록 하기 위함이다.

다. 제3항

가정법원이 여러 명의 성년후견인으로 하여금 공동으로 권한을 행사하도록 결정하였는데, 그 중 어느 성년후견인이 피성년후견인의 이익이 침해될 우려가 있음에도 불구하고 법률행위의 대리 등 필요한 권한행사에 협력하지 아니할 때에는 가정법원은 일정한 자의 청구에 의해 그 성년후견인의 의사표시를 갈음하는 재판을 할 수 있다. 피성년후견인의 복리를 도모하기 위한 후견 제도에 의해 필요한 행위가 지연됨으로써 오히려 그의 이익이 침해되는 사태가 발생하는 것을 방지하기 위한 제도이다. 이때 성년후견인의 의사표시에 갈음하는 재판을 청구할 수 있는 자는 피성년후견인, 성년후견인, 후견감독인, 그 밖의 이해관계인이다.

의사표시에 갈음하는 재판만으로는 피후견인을 위해 필요한 보호를 제공할 수 없을 때에는 당해 후견인의 권한을 변경함으로써 문제를 해결하는 수밖에 없을 것이나, 공동후견인의 권한변경은 오로지 가정법원의 직권에 의해서만 가능하므로(제949조의2 제2항 참조), 피후견인의 보호에 일부 미흡한 측면이 있다.[157]

156 자료집, 394면 참조.

157 개정 당시 관련자들에게 그 권한변경을 청구할 수 있도록 하자는 논의가 있었으나, 관련자들의 제도 악용을 막는

○ 제949조의3

현행	개정
〈신설〉	제949조의3(이해상반행위) 후견인에 대해서는 제921조를 준용한다. 다만, 후견감독인이 있는 경우에는 그러하지 아니하다.

미성년후견인 및 성년후견인에 대해서는 이해상반행위에 관한 제921조가 적용된다. 즉 미성년후견인 또는 성년후견인과 피성년후견인 사이에 이해상반되는 행위를 하는 경우 또는 후견을 받는 수인의 미성년자나 수인의 피성년후견인 사이에 이해상반되는 행위를 하는 경우에는 그 피후견인 또는 피후견인 중 일방을 위해 특별대리인의 선임을 청구하여야 한다. 다만, 피후견인을 위해 후견감독인이 선임되어 있을 때에는 후견감독인이 특별대리인으로서의 역할을 수행하므로, 별도의 특별대리인을 선임할 필요가 없다. 제940조의6 제3항 해설을 참조하라.

○ 제950조

현행	개정
第950條(法定代理權과 同意權의 制限) ①後見人이 被後見人에 가름하여 다음 各號의 行爲를 하거나 未成年者 또는 限定治産者의 다음 各號의 行爲에 同意를 함에는 親族會의 同意를 얻어야 한다. 1. 營業을 하는 일 2. 借財 또는 保證을 하는 일 3. 不動産 또는 重要한 財産에 關한 權利의 得失變更을 目的으로 하는 行爲를	제950조(후견감독인의 동의를 필요로 하는 행위) ① 후견인이 피후견인을 대리하여 다음 각 호의 어느 하나에 해당하는 행위를 하거나 미성년자의 다음 각 호의 어느 하나에 해당하는 행위에 동의를 할 때는 후견감독인이 있으면 그의 동의를 받아야 한다. 1. 영업에 관한 행위 2. 금전을 빌리는 행위 3. 의무만을 부담하는 행위

다는 취지에서 개정민법과 같이 입안되었다. 자료집, 442면 참조.

하는 일
4. 訴訟行爲를 하는 일
②前項의 規定에 違反한 行爲는 被後見人 또는 親族會가 이를 取消할 수 있다.

4. 부동산 또는 중요한 재산에 관한 권리의 득실변경을 목적으로 하는 행위
5. 소송행위
6. 상속의 승인, 한정승인 또는 포기 및 상속재산의 분할에 관한 협의
② 후견감독인의 동의가 필요한 행위에 대하여 후견감독인이 피후견인의 이익이 침해될 우려가 있음에도 동의를 하지 않는 경우에는 가정법원은 후견인의 청구에 의하여 후견감독인의 동의를 갈음하는 허가를 할 수 있다.
③ 후견감독인의 동의가 필요한 법률행위를 후견인이 후견감독인의 동의 없이 하였을 때에는 피후견인 또는 후견감독인이 그 행위를 취소할 수 있다.

가. 제1항

성년후견인은 피성년후견인의 법률행위에 대한 대리권을, 미성년후견인은 미성년자의 법률행위에 대한 동의권 및 대리권을 갖는다. 그런데 후견인이 그 대리권 또는 동의권을 남용할 경우 피후견인의 재산에 심각한 손해가 발생할 염려가 있다. 따라서 개정 전 민법 제950조는 일정한 유형의 법률행위에 대해서 후견인이 대리권 또는 동의권을 행사할 때 친족회의 동의를 받도록 규정하였다. 개정 민법 역시 이와 같은 제950조의 내용을 그대로 유지하고 있다. 다만, 친족회 제도가 폐지됨에 따라 동의권 행사의 주체를 "후견감독인"으로 변경하는 한편, 동의를 필요로 하는 법률행위의 유형을 일부 확대하였다.

먼저 "영업을 하는 일"(제1호)을 "영업에 관한 행위"로 개정하였다. 영업 자체는 법률행위가 아니므로, 영업과 직접적으로 관련 있는 또는 영업에 수반되는 법률행위에 대해 후견감독인이 동의하여야 함을 명시한 것이다.[158] 다음으로 "차재 또는 보증을 하는 일"(제2호) 중 "차재" 부분을 "금전을 빌리는 행위"로 한정하였다. 본래 차재에는

금전소비대차나 어음채무의 부담 등도 널리 포함된다고 해석되어 왔으나[159], 현실적으로 가장 중요하고 빈번한 사례인 금전차용행위로 한정한 것이다.[160] 한편 "보증" 부분은 "의무만을 부담하는 행위"로 변경하여 제3호에 따로 규정하였다. 따라서 보증 외에도 각종의 증여 또는 담보제공계약 등이 모두 포섭될 수 있게 되었다.[161] "부동산 또는 중요한 재산에 관한 권리의 득실변경을 목적으로 하는 일"(제3호) 및 "소송행위를 하는 일"(제4호)은 위치만 제4호 및 제5호로 이동되어 그대로 유지되었다.[162] 구체적인 내용에 대한 해설은 생략한다. 마지막으로 개정민법은 "상속의 승인, 한정승인 또는 포기 및 상속재산의 분할에 관한 협의" 부분을 신설하였다(제6호). 실무상 자주 문제될 뿐만 아니라, 이해상반의 가능성이 높아 피후견인에게 상당한 영향을 미칠 수 있기 때문이라고 한다.[163]

나. 제2항

후견감독인의 동의가 필요한 행위에 대하여 후견감독인이 피후견인의 이익이 침해될 우려가 있음에도 동의를 하지 아니하는 경우에는 가정법원은 후견인의 청구에 의하여 후견감독인의 동의를 갈음하는 허가를 할 수 있다(제2항). 후견감독인의 동의권한 남용으로부터 피후견인을 보호하기 위한 조문이다. 친족회가 결의를 할 수 없거나 결의를 하지 아니하는 경우 그 결의에 갈음하는 재판을 청구할 수 있도록 하였던 개정 전 민법 제969조와 그 취지를 같이 하나, 특히 기존의 친족회와 달리 후견감독인은 개인감독체제이므로, 후견감독인의 권한남용을 억지할 장치가 더 크게 요구된다. 허가청구권자를 오로지 "후견인"으로 한정한 것은 의문이다.[164] 입법론상으로는 피후견인에게도

158 자료집, 390면.

159 가령 김주수/김상용, 주석 민법 [친족(3)] 제4판, 한국사법행정학회, 2010, 568면 참조.

160 김형석(주 8), 134-135면; 백승흠(주 10), 36, 각주 17). 이에 대해서는 피후견인의 보호영역이 축소되는 결과가 초래되었다는 비판이 있다. 자료집, 450면 김대정 위원 의견 참조.

161 김형석(주 8), 135면; 백승흠(주 10), 36면, 각주 17).

162 다만, 제3호에 대해서는 제947조의2 제5항과의 관계에서 성년후견감독인의 동의 뿐만 아니라, 가정법원의 허가도 얻어야 하는 경우가 있으므로, 국가의 과잉개입이라는 견해로 이진기(주 18), 110면 참조.

163 자료집, 388면, 437면 참조.

164 자료집, 443면은 "동의를 얻고자 하는 자가 후견인이므로 후견인만 청구권자로 한정하는 것이 제13조 제3항과

청구권한을 부여할 필요가 있다. 후견감독인의 동의를 받아야 하는 사람은 후견인이지만, 그 동의에 따른 효과가 최종적으로 귀속되는 사람은 피후견인이기 때문이다. 동 조문과 유사한 취지의 제949조의2 제3항은 청구권자를 이해관계인에게까지 확대하고 있음을 참조하라.

다. 제3항

후견감독인의 동의가 필요한 법률행위를 후견인이 후견감독인의 동의 없이 하였을 때에는 피후견인 또는 후견감독인이 그 행위를 취소할 수 있다(제950조 제3항). 개정 전 민법은 친족회의 동의 없이 행위한 경우 피후견인 또는 친족회가 이를 취소할 수 있도록 하였으나, 친족회 제도의 폐지에 따라 그 취소권한을 피후견인과 후견감독인에게 부여하였다. 입법론상으로는 후견인이 복수로 선임된 경우에 대비하여 공동후견인에게도 취소할 권한을 부여하는 것이 바람직할 것이다.

한편 개정민법은 후견감독인을 임의기관으로 설계하였으므로, 후견감독인이 선임되지 않은 상태에서 후견인이 제950조에서 정한 법률행위를 하거나 미성년자의 법률행위에 동의할 때에도 제950조가 적용되는지 여부가 문제될 수 있다. 후견인의 전문성이나 공정성에 대한 신뢰에 기초하여 감독기관을 임의화한 것인 만큼, 후견감독인이 없는 경우라면 그의 동의 없이 후견인이 단독으로 제1항에서 정한 법률행위를 할 수 있다고 보아야 한다.[165] 만약 후견인의 권한남용이 의심된다면 먼저 후견인에 대한 직무집행정지가처분을 받은 후, 제940조의3 또는 제940조의4에 따라 가정법원의 직권 또는 일정한 자의 청구에 의하여 후견감독인을 선임하는 수밖에 없을 것이다.

일맥상통"하기 때문이라고 그 이유를 설명하고 있다.

165 백승흠(주 10), 36면도 같은 취지이다.

○ 제951조

현행	개정
第951條(被後見人에 對한 權利의 讓受) ①後見人이 被後見人에 對한 第三者의 權利를 讓受함에는 親族會의 同意를 얻어야 한다. ②前項의 規定에 違反한 行爲는 被後見人 또는 親族會가 이를 取消할 수 있다.	제951조(피후견인의 재산 등의 양수에 대한 취소) ① 후견인이 피후견인에 대한 제3자의 권리를 양수(讓受)하는 경우에는 피후견인은 이를 취소할 수 있다. ② 제1항에 따른 권리의 양수의 경우 후견감독인이 있으면 후견인은 후견감독인의 동의를 받아야 하고, 후견감독인의 동의가 없는 경우에는 피후견인 또는 후견감독인이 이를 취소할 수 있다.

후견인이 피후견인에 대한 제3자의 권리를 양수함으로써 피후견인에 대한 권리를 보유하는 것을 원칙적으로 금지하는 취지의 조문이다. 개정 전 민법 제951조와 기본적인 취지는 동일하다. 다만, 친족회 제도의 폐지에 따라 친족회 대신 후견감독인의 동의를 받을 것을 요구하였다. 그런데 후견감독인은 임의기관이므로, 후견감독인이 없는 경우에는 그의 동의 없이 바로 양수가 가능하도록 하되, 피후견인이 이를 취소할 수 있게 하였다(제951조 제1항). 반면 후견감독인이 있는 경우에는 그의 동의를 받아야 하고, 그의 동의가 없는 경우에는 피후견인 또는 후견감독인이 이를 취소할 수 있도록 하였다(제951조 제2항). 이와 같이 후견감독인 유무에 따라 효과를 달리함에 따라 개정 전 민법 제951조 각 조항의 규정체계 및 문구도 새롭게 구성하였다.

○ 제952조

현행	개정
第952條(相對方의 追認與否催告) 第15條의 規定은 前2條의 境遇에 相對方의 親族會에 對한 追認與否의 催告에 準用한다.	제952조(상대방의 추인 여부 최고) 제950조 및 제951조의 경우에는 제15조를 준용한다.

제950조 및 제951조에 의한 취소로부터 상대방을 보호하기 위한 추인 여부 최고권에 관한 규정이다. 제950조 및 제951조의 개정에 따라 그 최고의 상대방이 피후견인 또는 후견감독인으로 변경된 것 외에 실질적인 내용의 변화는 없다. 다만, 제952조 제목은 "상대방의 추인 여부 최고"라는 문언을 사용하고 있는데, 제15조가 종래의 "최고권"을 "확답을 촉구할 권리"로 개정하였음에 비추어 볼 때 적절한지 의문이다.

○ 제953조

현행	개정
第953條(親族會의 後見事務의 監督) 親族會는 언제든지 後見人에 對하여 그 任務遂行에 關한 報告와 財産目錄의 提出을 要求할 수 있고 被後見人의 財産狀況을 調査할 수 있다.	제953조(후견감독인의 후견사무의 감독) 후견감독인은 언제든지 후견인에게 그의 임무 수행에 관한 보고와 재산목록의 제출을 요구할 수 있고 피후견인의 재산상황을 조사할 수 있다.

후견감독인에 의한 후견사무 감독 방법에 관한 조문이다. 친족회 제도의 폐지에 따라 개정 전 민법 제953조 중 "친족회" 부분을 "후견감독인"으로 변경한 것 외에는 개정 전 민법과 내용이 동일하다. 상세한 해설은 생략한다.

○ 제954조

현행	개정
第954條(法院의 後見事務에 關한 處分) 法院은 被後見人 또는 第777條의 規定에 依한 親族 其他 利害關係人의 請求에 依하여 被後見人의 財産狀況을 調査하고 그 財産管理 其他 後見任務遂行에 關하여 必要한 處分을 命할	제954조(가정법원의 후견사무에 관한 처분) 가정법원은 직권으로 또는 피후견인, 후견감독인, 제777조에 따른 친족, 그 밖의 이해관계인, 검사, 지방자치단체의 장의 청구에 의하여 피후견인의 재산상황을 조사하고, 후견인

수 있다.	에게 재산관리 등 후견임무 수행에 관하여 필요한 처분을 명할 수 있다.

가정법원의 후견사무 감독에 대한 근거조문이다. 가정법원이 피후견인의 재산상황을 조사하고, 후견인에게 재산관리 등 후견임무 수행에 관하여 필요한 처분을 명할 수 있다는 내용은 개정 전 민법 제954조와 동일하다. 다만, 표현을 일부 알기 쉽게 변경하고, 가정법원이 이와 같은 후견사무 감독업무를 "직권으로"도 발동할 수 있게 하는 한편, 청구권자의 범위를 후견감독인, 검사, 지방자치단체의 장에게까지 확대하였다. 후견감독인이 임의기관으로 설계된 것에 대응해 가정법원의 감독권한을 강화한 것으로 보인다. 가정법원은 후견감독인이 없는 경우 제954조에 따른 권한을 보다 적극적으로 행사함으로써 피후견인의 복리에 반하는 일이 발생하지 않도록 유의하여야 할 것이다.

한편 개정 「가사소송법」 제45조의4 제1항은, 후견사무 감독의 내실화를 위해, 가정법원이 전문성과 공정성을 갖추었다고 인정할 수 있는 사람에게 후견사무의 실태 또는 피후견인의 재산상황을 조사하게 하거나 임시로 재산관리를 하게 할 수 있을 뿐만 아니라, 법원사무관등이나 가사조사관에게 그 사무를 위탁할 수 있도록 하였다.

○ 제955조의2

현행	개정
〈신설〉	제955조의2(지출금액의 예정과 사무비용) 후견인이 후견사무를 수행하는 데 필요한 비용은 피후견인의 재산 중에서 지출한다.

개정민법은 후견인이 후견사무를 수행하는데 필요한 비용을 피후견인의 재산 중에서 지출할 수 있도록 하는 것을 내용으로 하는 제955조의2를 신설하였다. 이때 "후견사무를 수행하는데 필요한 비용"에 후견인의 보수는 포함되지 않는다. 후견인의 보수에 관해서는 제955조가 따로 규율하고 있기 때문이다.

4. 후견의 종료

○ 제957조

현행	개정
第957條(後見事務의 終了와 管理의 計算) ①後見人의 任務가 終了한 때에는 後見人 또는 그 相續人은 1月內에 被後見人의 財産에 關한 計算을 하여야 한다. 그러나 正當한 事由있는 때에는 法院의 許可를 얻어 그 期間을 延長할 수 있다. ②前項의 計算은 親族會가 指定한 會員의 參與가 없으면 效力이 없다.	제957조(후견사무의 종료와 관리의 계산) ① 후견인의 임무가 종료된 때에는 후견인 또는 그 상속인은 1개월 내에 피후견인의 재산에 관한 계산을 하여야 한다. 다만, 정당한 사유가 있는 경우에는 법원의 허가를 받아 그 기간을 연장할 수 있다. ② 제1항의 계산은 후견감독인이 있는 경우에는 그가 참여하지 않으면 효력이 없다.

후견사무의 종료와 관리계산에 관한 조문이다. 개정 전 민법과 기본적인 내용은 동일하다. 표현을 일반인이 알기 쉽게 순화하고, 친족회제도의 폐지에 따라 제957조 제2항의 "친족회가 지정한 회원" 부분을 "후견감독인"으로 수정하였을 뿐이다. 상세한 해설을 생략한다.

Ⅳ. 한정후견과 특정후견

○ 제959조의2

현행	개정
〈신설〉	제959조의2(한정후견의 개시) 가정법원의 한정후견개시의 심판이 있는 경우에는 그 심판을 받은 사람의 한정후견인을 두어야 한다.

한정후견개시의 심판이 있는 경우에는 그 심판을 받은 사람의 한정후견인을 두어야 한다(제959조의2). 개정 전 민법 제929조는 금치산 또는 한정치산의 선고가 있는 때 그 선고를 받은 자의 후견인을 둘 것을 규정하고 있었다. 개정민법은 성년후견과 한정후견을 서로 다른 절에서 규율하고 있으므로, 성년후견개시심판시 성년후견인을 두도록 한 제929조와 별도로 제959조의2를 마련한 것이다. 주된 입법취지와 내용 등은 제929조의 해설을 참조하라.

○ 제959조의3

현행	개정
〈신설〉	제959조의3(한정후견인의 선임 등) ① 제959조의2에 따른 한정후견인은 가정법원이 직권으로 선임한다. ② 한정후견인에 대해서는 제930조제2항 · 제3항, 제936조제2항부터 제4항까지, 제937조, 제939조, 제940조 및 제949조의3을 준용한다.

1. 제1항

개정민법은 한정후견에 대해서도 법정후견인 제도를 포기하고, 선임후견인 제도를 도입하였다. 따라서 가정법원은 한정후견개시 심판과 동시에 한정후견인이 될 사람을 직권으로 선임하여야 한다. 제959조의3 제1항은 한정후견에 대해 이와 같은 선임후견인 제도를 명문으로 선언한 조문이다. 선임후견인 제도의 구체적인 입법취지와 내용 등은 제936조 제1항의 해설을 참조하라.

2. 제2항

그 밖에 한정후견인에 대해서는 성년후견인에 대한 조문들이 준용된다. 즉, 한정후견인은 여러 명을 둘 수 있으며, 법인도 한정후견인이 될 수 있다(제959조의3 제2항에 의한 제930조 제2항 및 제3항의 준용). 또한 한정후견인이 없게 된 경우 새로운 한정후견인의 선임, 한정후견인의 추가선임, 한정후견인 선임시 가정법원이 고려해야 할 사정 등에 대해서도 성년후견에 관한 규정이 그대로 적용된다(제959조의3 제2항에 의한 제936조 제2항 내지 제4항의 준용). 후견인 결격사유에 관한 제937조, 후견인 사임에 관한 제939조, 후견인 변경에 관한 제940조도 한정후견인에 준용되고 있다(제959조의3 제2항). 그 밖에 제959조의3 제2항은 한정후견인에 대해서는 제949조의3도 준용하고 있다. 그러나 이는 한정후견인의 사무와 관련된 조문으로써 제959조의6에서 준용하는 것이 체계정합적일 뿐만 아니라, 실제로 제959조의6에서 이를 준용하고 있기도 하다. 즉, 동 조문이 제949조의3을 준용조문으로 나열한 것은 입법상의 과오이다.

○ 제959조의4

현행	개정
〈신설〉	제959조의4(한정후견인의 대리권 등) ① 가정법원은 한정후견인에게 대리권을 수여하는 심판을 할 수 있다. ② 한정후견인의 대리권 등에 관하여는 제938조 제3항 및 제4항을 준용한다.

1. 제1항

기존의 행위무능력 제도 하에서는 후견인이 행위무능력자의 의사결정을 획일적으로 대리할 수 있었으므로, 의사결정능력 있는 피후견인의 자기결정권을 침해한다는 비판이 있었다.[166] 이에 개정민법은 한정후견인에게 가정법원의 동의유보결정에 의해 피한정후견인에 대한 동의권만을 부여하는 것을 원칙으로 하되(제13조 제1항), 필요에 따라 가정법원이 한정후견인에게 대리권을 수여할 수 있도록 함으로써 피한정후견인의 자기결정권 존중과 충분한 보호 제공이 동시에 가능하도록 하였다(제959조의4 제1항). 따라서 한정후견인은 가정법원에 의한 별도의 심판이 있을 때에만 대리권을 행사할 수 있다. 성년후견인에게 포괄적인 법정대리권을 부여하고 있는 개정민법 제938조 제1항과 대비된다. 한정후견인에게 대리권을 수여하는 심판을 함에 있어서 기간이나 범위를 정하는 등 특정의 법률행위에 한정할 필요가 없다는 점에서는 특정후견인의 대리권과도 차이가 있다(제959조의11).

가정법원이 한정후견인에게 대리권을 부여하는 경우 그 법정대리권의 범위는 제13조 제1항에 따른 동의권 수여의 범위와 일치하여야 하는가. 긍정설과 부정설이 대립하고 있다. 긍정하는 견해는 양자가 일치하지 않을 경우 제950조에 의한 후견감독인의 개입이 불가능해질 우려가 있음을 근거로 든다.[167] 그러나 제950조는 후견인이 피후견인을 대리하는 경우뿐만 아니라, 후견인이 미성년자의 법률행위에 동의하는 경우에도 적용되며, 한정후견인에 대해 제950조를 준용하고 있는 제959조의6의 취지상 한정후견인이 피한정후견인의 법률행위에 동의하는 경우에도 당연히 제950조에 따른 한정후견감독인의 동의가 필요하다 할 것이다. 따라서 긍정설의 논거는 타당하지 않다. 부정설에 찬성한다.

부정설은 특히, 동의유보제도와 법정대리제도의 목적이 다르다는 점을 근거로 들고 있다.[168] 동의유보결정은 피한정후견인의 부족한 능력을 보충하는 기능을 하는 반면,

166 구상엽(주 4), 55면 참조.
167 윤일구(주 11), 189면.

법정대리권은 한정후견인이 피한정후견인의 사무를 대리로 처리할 수 있도록 하는 기능을 할 뿐이므로, 피한정후견인의 사무처리능력이 정신적 제약으로 인해 부족해진 사안이 아니라도 그의 사무처리의 편의를 위해 한정후견인에게 대리권을 수여할 수 있다는 것이다. 그러나 이러한 경우는 임의대리권의 수여로 해결할 문제이지, 법정대리권의 수여로 대비할 것은 아니다. 한정후견인의 대리권은 피한정후견인의 제한된 능력을 보충하는 범위 내로 한정되어야 한다.[169] 즉 동의유보결정의 범위를 초과하여 법정대리권을 부여하는 것은 허용되지 않는다. 반면 피한정후견인의 잔존능력 등을 고려하여 동의유보결정과 동일하거나 협소한 범위 내에서 한정후견인에게 대리권을 부여하는 것은 허용될 수 있다고 보아야 할 것이다.[170]

2. 제2항

한정후견인의 대리권 등에 대해서는 제938조 제3항 및 제4항이 준용된다(제959조의4 제2항). 즉 가정법원은 한정후견인이 피한정후견인의 신상에 관하여 결정할 수 있는 권한의 범위를 정할 수 있으며, 한정후견인의 법정대리권 또는 신상에 관한 결정권한의 범위가 적절하지 않게 된 경우 일정한 자의 청구에 의해 그 범위를 변경할 수도 있다. 이에 따라 한정후견인이 가정법원의 심판에 의해 신상보호의 권리의무를 가질 수 있음이 명백해졌다. 피한정후견인의 신상보호에 관해서는 제959조의6 해설을 참조하라.

168 김형석(주 8), 144-145면; 백승흠(주 10), 40면, 각주 23) 참조. 그 밖에 부정설을 택하고 있는 견해로 구상엽(주 4), 120면.

169 한정후견인의 대리권을 폭넓게 인정할 경우 인권침해적 요소가 있다는 이유로 대리권과 동의권을 동일한 범위에서만 인정해야 한다는 견해로 제철웅(주 6), 291면 참조.

170 이와 관련하여 가정법원이 동의유보결정을 내린 범위 내에서 한정후견인에게 그의 취소에 따른 원상회복청구에 대한 법정대리권을 부여하지 않은 경우 원상회복이 불가능해지는 문제가 발생할 수 있다는 지적이 있다. 이러한 문제에 대비하기 위해 박인환(주 1), 58-59면은 가정법원이 한정후견인에게 사후적으로 대리권을 수여해야 한다는 견해인 반면, 김형석(주 8), 145면 각주 39)는 동의유보결정의 취지에 비추어 한정후견인의 대리권 내에 그 원상회복에 관한 법정대리권이 포함된 것으로 해석할 수 있다는 견해를 취하고 있다.

○ 제959조의5

현행	개정
〈신설〉	제959조의5(한정후견감독인) ① 가정법원은 필요하다고 인정하면 직권으로 또는 피한정후견인, 친족, 한정후견인, 검사, 지방자치단체의 장의 청구에 의하여 한정후견감독인을 선임할 수 있다. ② 한정후견감독인에 대해서는 제681조, 제691조, 제692조, 제930조제2항·제3항, 제936조제3항·제4항, 제937조, 제939조, 제940조, 제940조의3제2항, 제940조의5, 제940조의6, 제947조의2제3항부터 제5항까지, 제949조의2, 제955조 및 제955조의2를 준용한다. 이 경우 제940조의6제3항 중 "피후견인을 대리한다"는 "피한정후견인을 대리하거나 피한정후견인이 그 행위를 하는 데 동의한다"로 본다.

1. 제1항

가정법원은 필요하다고 인정하면 직권으로 또는 일정한 자의 청구에 의해 한정후견감독인을 선임할 수 있다(제959조의5 제1항). 미성년후견감독인 또는 성년후견감독인과 마찬가지로 임의기관이다. 한정후견감독인 선임 청구권자는 피한정후견인, 친족, 한정후견인, 검사, 지방자치단체의 장이다. 성년후견인 대신 한정후견인이 열거되어 있는 것 외에는 성년후견인의 경우와 동일하다. 그 취지와 내용 등은 제940조의4 제1항의 해설을 참조하라.

2. 제2항

한정후견감독인에 대해서는 위임에 관한 제681조, 제691조, 제692조와 후견인에 관한 제930조 제2항 및 제3항, 제936조 제3항 및 제4항, 제937조, 제939조, 제940조, 제947조의2 제3항부터 제5항까지, 제949조의2, 제955조 및 제955조의2가 준용된다. 후견인의 수와 자격, 추가선임, 선임시 고려할 사항, 결격사유, 신상에 대한 결정 대행시 가정법원의 허가, 보수 및 비용지출 등에 관한 조문이다. 미성년후견감독인 또는 성년후견감독인의 경우와 준용규정이 동일하다. 자세한 준용의 취지는 제940조의7 해설을 참조하라.

또한 제959조의5 제2항은 한정후견감독인이 사망, 결격, 그 밖의 사유로 없게 된 경우 한정후견감독인 선임에 관한 제940조의3 제2항, 후견인의 가족은 후견감독인이 될 수 없도록 한 제940조의5, 후견감독인의 직무에 관한 제940조의6을 준용하고 있다. 제940조의3 제2항의 준용과 관련하여서는 미성년후견감독인 선임에 관한 제940조의3보다 성년후견감독인 선임에 관한 제940조의4 제2항을 준용하는 편이 바람직하였을 것이라는 비판[171]이 있으나, 어떠한 조문을 준용하더라도 실질적인 내용이 달라지는 것은 아니다.

한편 제940조의6 제3항은 후견인과 피후견인 사이에 이해가 상반되는 행위에 관하여는 후견감독인이 피후견인을 대리하도록 규정하고 있으나, 한정후견인은 성년후견인과 달리 대리권 뿐만 아니라, 동의권도 가지고 있다. 따라서 제959조의5 제2항 2문은, 한정후견감독인은 이해상반행위에 관하여 한정후견인 대신 피한정후견인을 대리할 수 있을 뿐만 아니라, 피한정후견인이 그 행위를 하는데 동의도 할 수 있음을 명백히 하였다.

○ 제959조의6

현행	개정
〈신설〉	제959조의6(한정후견사무) 한정후견의 사무에 관하여는 제681조, 제920조 단서, 제947조, 제947조의2, 제949조, 제949조의2, 제949조의3, 제950조부터 제955까지 및 제955조의2를 준용한다.

171 구상엽(주 4), 122면.

한정후견의 사무에 관하여는 위임에 대한 제681조 및 성년후견인의 사무에 관한 다수의 조문이 준용되고 있다. 성년후견인의 사무에 관한 규정들 중에는, 피후견인의 행위를 목적으로 하는 채무를 부담할 때에는 본인의 동의를 얻도록 한 제920조 단서, 재산관리와 신상보호에 있어서의 복리배려의무와 의사존중의무에 대한 제947조, 신상에 관한 결정 대행에 관한 제947조의2, 복수의 후견인간의 권한행사 등에 관한 제949조의2, 이해상반행위에 관한 제949조의3, 중요한 법률행위에 대해 후견감독인의 동의를 받도록 하는 제950조, 후견인의 피후견인에 대한 제3자의 권리 양수에 관한 제951조, 제950조 및 제951의 경우 상대방의 추인권에 관한 제952조, 후견감독인의 후견사무감독에 관한 제953조, 가정법원의 후견사무 감독에 관한 제954조, 후견인의 보수에 관한 제955조 및 비용지출에 관한 제955조의2를 준용하고 있다.

특히 종전의 한정치산 제도 하에서는 후견인의 신상보호의무에 대한 규정이 흠결되어 있는 결과, 후견인의 사무범위에 대해 논란이 있었던 것에 비해, 한정후견인에 대해서는 제947조 및 제947조의2를 준용함으로써 신상보호의무 있음을 명문의 규정으로 분명히 하였다. 다만, 한정후견인은 제959조의4 제2항에 따라 가정법원으로부터 관련 권한을 부여받은 한도 내에서만 신상에 관한 권리의무를 갖는다고 할 것이다.

그 밖에 제959조의6은 한정후견에 관해 제949조 역시 준용하고 있다. 제949조 제1항은 후견인이 피후견인의 재산을 관리하고 그 재산에 관한 법률행위에 대하여 피후견인을 대리한다는 내용의 조문이다. 그러나 한정후견인은 미성년후견인 또는 성년후견인과 달리 당연히 포괄적인 재산관리권이나 법정대리권을 갖는 것은 아니며, 제13조 제1항 및 제959조의4에 따라 가정법원으로부터 권한을 부여받은 한도 내에서 동의권 또는 대리권을 가질 뿐이다. 이러한 관점에서 과연 포괄적 권한을 전제로 하고 있는 제949조 제1항을 준용할 필요가 있었는지 의문이다.[172] 제949조 제2항 역시 준용의 실익이 없다. 제949조 제2항은 제920조 단서를 미성년후견인 또는 성년후견인에 대해 준용함으로써 그가 피후견인의 행위를 목적으로 하는 채무를 부담하고자 할 때에는 반드

172 구상엽(주 4), 120면도 같은 취지이다. 이와 같은 맥락에서 제949조 제1항은 한정후견인에게 대리권 행사와 불가분적으로 결합된 영역과 사항에 한정해서 재산관리권이 있다고 해석하여야 한다는 견해로 제철웅(주 6), 290면 참조.

시 본인의 동의를 얻도록 하고 있다. 그러나 제959조의6은 한정후견에 관하여 직접 제920조 단서를 준용하고 있다. 결국 제949조의 준용 부분은 삭제되어야 할 것이다.

한편 제959조의6은 성년후견사무와 관련된 조문 중 제941조 내지 제944조를 준용하지 않는다. 따라서 한정후견인은 피한정후견인의 재산을 조사하여 그 목록을 조사하거나(제941조), 피한정후견인과의 사이에 존재하는 채권・채무관계를 한정후견감독인에게 제시(제942조)할 필요가 없다. 한정후견인은 가정법원으로부터 권한을 부여받은 범위 내에서 동의권 또는 대리권을 행사할 뿐, 포괄적인 재산관리권을 가지고 있지 않으므로, 이와 같은 의무를 부여하지 않은 것으로 보인다.

○ 제959조의7

현행	개정
〈신설〉	제959조의7(한정후견인의 임무의 종료 등) 한정후견인의 임무가 종료한 경우에 관하여는 제691조, 제692조, 제957조 및 제958조를 준용한다.

제959조의7은 한정후견인의 임무가 종료한 경우에 대비하여 위임종료에 관한 제691조, 제692조 및 후견사무 종료에 따른 관리계산 등에 관한 제957조 및 제958조를 준용하고 있다. 한정후견 제도의 신설에 따라 별도의 조문을 마련하였을 뿐, 구체적인 내용은 개정 전 민법상 후견종료의 경우와 다르지 아니하므로, 자세한 해설을 생략한다.

○ 제959조의8

현행	개정
〈신설〉	제959조의8(특정후견에 따른 보호조치) 가정법원은 피특정후견인의 후원을 위하여 필요한 처분을 명할 수 있다.

개정민법 제14조의2에 의해 특정후견의 심판을 하는 경우 가정법원은 피특정후견인의 후원을 위하여 필요한 처분을 명할 수 있다(제959조의8). 특정후견인을 선임하는 대신 가정법원이 직접 피특정후견인의 후원 사무를 처리함으로써 피특정후견인을 위한 즉각적인 보호가 제공될 수 있도록 한 것이다. 가령 가정법원이 이해관계인에 대해 특정한 행위를 명하거나 부작위를 명하는 내용의 처분을 하는 경우가 이에 해당할 것이다. 요보호자의 배우자가 사리私利를 위해 요보호자 명의의 부동산에 저당권을 설정하고자 하는 경우, 요보호자 자신 또는 그 친족 등의 청구에 의해 가정법원이 특정후견의 심판으로써 배우자에게 저당권설정을 금지하는 내용의 처분을 명하는 사안을 예로 들 수 있을 것이다.[173]

가정법원이 할 수 있는 처분에는 소극적인 보존·관리행위 뿐만 아니라, 적극적인 처분행위도 포함된다.[174] 다만, 이때 가정법원의 처분은 "의사표시를 갈음하는 재판"이어서는 안 된다는 견해가 있다. 의사표시를 갈음하는 재판은 의사표시의 의무 있는 채무자에 대한 이행판결로서의 성격을 갖고 있으므로, 특정후견의 심판에서는 그와 같은 처분을 허용하는 것은 비송사건의 본질에 반한다는 것이다.[175] 이와 같은 심판이 필요한 경우라면 제959조의9에 따라 특정후견인을 선임하고, 제959조의11에 의해 그에게 관련 대리권을 수여함으로써 피특정후견인을 위한 의사표시를 대리하도록 하여야 할 것이다.

가정법원은 재산관리와 신상보호 양 영역에 대해 두루 처분을 명할 수 있다. 가령 가정법원은 피특정후견인을 위해 필요한 특정의 의료행위를 시행할 것을 명하는 처분을 할 수도 있을 것이다. 다만, 가정법원이 피특정후견인의 의료행위에 대한 동의의 의사표시를 갈음하는 심판을 내리는 방식으로 개입하는 것은 허용될 수 없다. 위에서 살펴본 바와 같이 비송사건의 본질에 반할 뿐만 아니라, 그러한 심판에도 불구하고 실제로 의료계약의 체결이 행해지지 않는 경우 결국 피특정후견인을 위한 즉각적인

173 자료집, 197면.

174 김형석(주 8), 121면, 148면.

175 김형석(주 8), 149면; 백승흠(주 10), 42면 참조.

치료가 불가능하여 실효성이 없기 때문이다. 한편 가정법원이 피특정후견인을 위해 의료행위의 시행을 직접 명하는 것은 그의 생명·신체에 대한 직접적인 침습을 강제하는 효과를 갖는다. 설령 특정후견이 본인의 의사에 반하여서는 할 수 없다고 할지라도, 위와 같은 내용의 심판을 내리는데 지극히 신중해야 함은 물론이다. 따라서 가정법원이 위와 같은 처분을 명하는 것은 특정후견인을 선임하여 그로 하여금 의료행위 동의권을 대행[176]하게 할만한 시간적인 여유가 없는 급박한 사정이 있는 경우로 한정되어야 한다.

가정법원은 피특정후견인의 법률행위를 대리할 특정후견인을 선임하는 방식으로 피특정후견인을 후원할 수도 있다. 이에 대해서는 제959조의9 및 제959조의11의 해설을 참조하라. 그러나 가정법원은 특정후견인에게 피특정후견인의 법률행위에 대한 동의권 또는 취소권을 부여하는 처분으로써 피특정후견인을 후원할 수 있는가. 피특정후견인에 대한 동의유보결정을 부정할 이유가 없다는 견해[177]가 없는 것은 아니지만, 부정하여야 할 것이다. 본래 특정후견은 피특정후견인의 행위능력 제한을 목적으로 하는 제도가 아니기 때문이다.[178]

제959조의8은 피특정후견인을 위해 가정법원이 직접 개입하여 즉각적이고도 실효성 있는 보호를 제공하는 것을 목적으로 한다. 따라서 특정후견의 심리가 장기화되어 즉각적인 보호를 제공하지 못할 우려가 있을 때에는 직권으로 또는 당사자의 신청에 의해 가사소송법 제62조에 따른 사전처분이 가능하다고 보아야 할 것이다.[179] 또한 특정한 처분을 명하는 처분에도 불구하고 관계인이 그 명령에 따르지 않을 경우, 특정후견심판의 실효성을 확보하기 위해 가사소송법상 이행명령이나 과태료 또는 감치명령 제도를 활용할 수 있도록 할 필요가 있다는 견해가 있다.[180] 타당한 주장이나, 개정 가

176 특정후견인에게 의료행위 동의권을 대행하게 하는 것이 허용되는지 여부에 대해서는 제959조의11의 해설을 참조하라.

177 가령 자료집, 203면 중 민유숙 분과위원의 의견 참조. 이진기(주 18), 96면도 같은 견해인 것으로 보인다.

178 같은 견해로 자료집, 198면 중 김형석 분과위원의 의견; 윤일구(주 11), 190면 참조.

179 자료집, 199면 긍정.

180 김형석(주 8), 149면.

사소송법은 이러한 규정을 신설하지 아니하였다.

○ 제959조의9

현행	개정
〈신설〉	제959조의9(특정후견인의 선임 등) ① 가정법원은 제959조의8에 따른 처분으로 피특정후견인을 후원하거나 대리하기 위한 특정후견인을 선임할 수 있다. ② 특정후견인에 대해서는 제930조제2항·제3항, 제936조제2항부터 제4항까지, 제937조, 제939조 및 제940조를 준용한다.

1. 제1항

특정후견의 심판이 있는 경우라도 당연히 그 심판을 받을 사람을 위해 특정후견인을 선임해야 하는 것은 아니다. 후견개시와 동시에 후견인 선임이 강제되는 성년후견(제929조)이나 한정후견(제959조의2)과 대비된다. 이는 일시적·특정적 보호제도이므로, 피후견인을 위해 지속적으로 활동할 수 있는 후견인을 필요로 하지 않기 때문이다. 다만, 가정법원은 피특정후견인의 후원을 위해 필요하다면 특정후견인을 선임할 수 있다(제959조의9 제1항). 즉, 특정후견인은 임의기관이다. 물론 특정후견인 선임은 피특정후견인을 후원할 수 있는 가장 효과적인 수단이므로, 실제 대부분의 사건에서 특정후견인이 선임될 것으로 예상된다.

2. 제2항

특정후견인에 대해서는 후견인에 관한 다수의 조문이 준용된다. 특히 후견인의 수와 자격에 관한 제930조 제2항 및 제3항, 후견인 추가선임 등에 관한 제936조 제2항부터 제4항까지, 후견인 결격사유에 관한 제937조, 후견인의 사임에 관한 제939조 및 후견인 변경에 관한 제940조 등이 그것이다. 각 관련조문의 해설을 참조하라.

○ 제959조의10

현행	개정
〈신설〉	제959조의10(특정후견감독인) ① 가정법원은 필요하다고 인정하면 직권으로 또는 피특정후견인, 친족, 특정후견인, 검사, 지방자치단체의 장의 청구에 의하여 특정후견감독인을 선임할 수 있다. ② 특정후견감독인에 대해서는 제681조, 제691조, 제692조, 제930조제2항 · 제3항, 제936조제3항 · 제4항, 제937조, 제939조, 제940조, 제940조의5, 제940조의6, 제949조의2, 제955조 및 제955조의2를 준용한다.

1. 제1항

가정법원은 필요하다고 인정하면 직권으로 또는 일정한 자의 청구에 의해 특정후견감독인을 선임할 수 있다. 선임청구권자에 "피특정후견인"과 "특정후견인"이 포함되는 것을 제외하면, 임의기관이라는 점, 선임의 요건 등 모든 부분에서 성년후견감독인에 관한 해설이 그대로 적용된다. 제940조의4 제1항의 해설을 참조하라. 다만, 특정후견의 경우에는 특정후견인의 사무가 특정되어 있을 뿐만 아니라, 가정법원이 감독할 여지가 크기 때문에 특정후견감독인을 선임할 필요가 크지 않을 것이다.[181]

2. 제2항

특정후견감독인에 대해서는 위임에 관한 제681조, 제691조, 제692조 및 후견인에 관한 제930조 제2항 및 제3항, 제936조 제3항 및 제4항, 제937조, 제939조, 제940조, 제940조의5, 제940조의6, 제949조의2, 제955조 및 제955조의2를 준용한다. 후견감독인이 사망, 결격, 그 밖의 사유로 없게 된 경우 새롭게 후견감독인을 선임하도록 하는 제940조의3 제2항 및 신상에 관한 결정권한을 대행함에 있어서 가정법원의 허가를 받도록

181 김형석(주 8), 150면 참조.

한 제947조의2 제3항부터 제5항까지를 준용하지 않은 것을 제외하면 한정후견감독인에 관한 준용규정과 그 내용이 동일하다. 자세한 내용은 제959조의5를 참조하라.

다만, 개정민법이 특정후견감독인에 대해 제940조의6 제3항까지 준용한 것은 의문이다. 개정민법 제959조의12는 특정후견인에 대해서는 제949조의3을 준용하고 있지 않다(그 취지에 대해서는 제959조의12 해설 참조). 그 결과 특정후견인은 특별대리인 선임을 청구하지 않고 직접 이해상반행위를 할 수 있다. 따라서 이를 특정후견감독인이 대리하도록 할 이유가 없다.

한편 개정민법이 제940조의3 제2항을 준용하지 않은 결과 특정후견감독인이 궐석된 경우에 대비한 새로운 특정후견감독인 선임에 관한 근거조문에 공백이 발생하였다. 특정후견감독인 제도의 활용가능성이 높지 않다고 보아 입법자가 고의로 준용하지 않는 것인지 알 수 없으나, 가정법원이 제959조의11 제2항에 따라 특정후견인에게 그 대리권 행사에 특정후견감독인의 동의를 받도록 명한 경우 특정후견감독인이 사망 등의 사유로 없게 되었다면, 피특정후견인에게 필요한 후원을 제공할 수 없는 상황에 처하게 된다. 입법론으로서는 준용규정을 추가하여야 할 것[182]이나, 개정될 때까지는 제959조의10 제1항에서 정한 "필요하다고 인정"되는 경우에 해당한다고 보거나 제940조의3 제2항 또는 제940조의4 제2항을 유추적용하여 새롭게 특정후견감독인을 선임할 수 있는 것으로 해석하는 수밖에 없을 것이다.

개정민법 제959조의10 제2항이 제947조의2 제3항 내지 제5항을 준용하지 않은 것은 특정후견인에게 신상보호에 관한 규정을 준용하지 않은 것과 관련이 있다. 특정후견감독인에게 제947조의2 제3항 내지 제5항이 준용되는 사안은 그가 제940조의6 제2항의 준용에 의해 특정후견인을 대신하여 피후견인의 신상이나 재산 보호를 위해 필요한 행위 또는 처분을 할 수 있는 경우인데, 특정후견인에게 신상보호 규정이 준용되지 않은 결과 특정후견감독인에 대해서도 그 권한 대행시 가정법원의 허가를 요구하는 제947조의2 제3항 내지 제5항이 준용되지 않기에 이른 것이다. 그러나 특정후견인에게 신상보호 관련 규정이 유추적용되어야 하는 이상(제959조의11 해설 참조), 특정후

182 같은 취지로 구상엽(주 4), 136-137면.

견감독인에 대해서도 제947조의2 제3항 내지 제5항이 유추적용될 수 있다고 보아야 할 것이다.

○ 제959조의11

현행	개정
〈신설〉	제959조의11(특정후견인의 대리권) ① 피특정후견인의 후원을 위하여 필요하다고 인정하면 가정법원은 기간이나 범위를 정하여 특정후견인에게 대리권을 수여하는 심판을 할 수 있다. ② 제1항의 경우 가정법원은 특정후견인의 대리권 행사에 가정법원이나 특정후견감독인의 동의를 받도록 명할 수 있다.

1. 제1항

특정후견의 심판이 있더라도 피특정후견인의 행위능력이 제한되는 것은 아니다(제14조의2 해설 참조). 따라서 피특정후견인을 위해 선임된 특정후견인은 그를 위해 법적 조언 등을 제공할 수 있을 뿐, 동의권이나 대리권, 취소권 등을 갖지 못한다. 다만, 가정법원은 특정후견인의 후원을 위해 필요하다고 인정할 경우 특정후견인에게 대리권을 수여하는 심판을 할 수 있다(제959조의11 제1항). 다만, 특정후견은 일시적·특정적 보호제도이므로, 그 보호의 필요성이 소멸하였음에도 불구하고 특정후견인이 여전히 대리권을 보유하여서는 안 될 것이다. 이에 개정민법은 특정후견인에게 대리권을 수여할 때에는 반드시 기간이나 범위를 정하도록 하였다.

가정법원이 특정후견인에게 재산법상의 법률행위에 관한 대리권을 수여할 수 있음은 이론의 여지가 없다. 그러나 특정후견인에게 신상에 관한 결정을 대행할 권한도 부여할 수 있는가. 개정민법 제959조의12가 제947조를 준용하고 있는 점에 비추어 보면 특정후견인이라도 피특정후견인의 신상보호에 관한 사무를 담당할 수 있는 것으로 보인다. 특히 특정후견인이 신상보호와 관련된 각종의 법적 조언을 비롯한 사실상의 후원행위를 할 수 있음은 분명하다. 그러나 개정민법은 성년후견에 관한 제938조 제3항 또는 한정후견에 관한 제959조의4 제2항과 달리 특정후견에 대해서는 신상결정권한 부여에 관한 특별조문을 마련하고 있지 않을 뿐만 아니라, 제959조의12에서 신상결정대행을 전제로 하고 있는 제947조의2 역시 준용하지 않고 있다. 그렇다면 특정후견인은 신상에 관한 결정(가령 의료행위 동의권)을 대행할 수 없을 것이며, 가정법원도 이러한 취지의 심판을 할 수 없다고 보아야 할 것이다.[183]

그 이유에 대해 입법자료는, 피특정후견인은 행위능력이 제한되지 않는 등 성년후견과 특정후견의 성격이 다르며, 관련 특별법의 제·개정을 통해 대처할 수 있기 때문이라고 서술하고 있다.[184] 그러나 특정후견 제도의 도입취지나 개정 당시의 급박하였던 입법경과에 비추어 보면, 특정후견에 대해 제947조의2를 준용하지 않은 것은 명백한 입법상의 과오라고 할 것이다. 만약 특정후견인에게 신상에 관한 의사결정대행권한을 허용하지 않는다면, 성년후견이나 한정후견 대신 특정후견 제도의 이용을 선택한 수범자라도, 신상에 관한 결정이 필요할 경우 부득이 성년후견개시심판 등을 청구할 수밖에 없을 것인데, 이로 인한 비용의 증가나 자기결정권의 침해 등의 문제는 절대 가벼이 볼 것이 아니다. 이러한 경우 성년후견 제도의 이용을 강제하는 것은 필요성의 원칙에 반하는 것이기도 하다. 따라서 특정후견에 대해서는 제938조 제3항 및 제947조의2를 유추적용하여 가정법원이 그 대행권한을 특정후견인에게 수여할 수 있다고 보아야 한다.[185]

183 신상보호가 가지는 지속성과 중대성이라는 측면을 강조하여 위와 같은 해석에 찬성하는 견해로 이진기(주 18), 106면 참조.

184 자료집, 367면, 489면 참조.

185 같은 취지로 김형석(주 8), 150면; 구상엽(주 4), 134-135면; 제철웅(주 6), 306-307면; 현소혜(주 139), 193-194면 참조.

2. 제2항

가정법원은 특정후견인에게 대리권을 수여하되 그 대리권 행사에 가정법원이나 특정후견감독인의 동의를 받도록 명할 수도 있다. 특정후견인에 대해서는 제949조의3이나 제950조, 제951조와 같이 후견인의 대리권 행사를 제한하는 일반규정이 적용되지 않으므로, 개별 사안에 따라 특정후견인에 대한 감독을 가능하게 하기 위한 규정이다.

○ 제959조의12

현행	개정
〈신설〉	제959조의12(특정후견사무) 특정후견의 사무에 관하여는 제681조, 제920조 단서, 제947조, 제949조의2, 제953조부터 제955조까지 및 제955조의2를 준용한다.

특정후견 사무에 대해서는 위임에 관한 제681조, 피후견인 본인의 행위를 목적으로 하는 채무부담행위에 관한 제920조 단서, 후견인의 복리배려의무 및 의사존중의무에 관한 제947조, 수인의 후견인 사이의 권한행사방법 등에 관한 제949조의2, 후견감독인의 후견사무감독에 관한 제953조, 가정법원의 후견사무감독에 관한 제954조, 후견인의 보수에 관한 제955조 및 비용지출에 관한 제955조의2가 준용된다. 개정민법 제959조의12가 제947조의2를 준용하지 않은 것이 입법상 과오라는 점에 대해서는 제959조의11의 해설을 참조하라.[186]

그 밖에 후견인에게 포괄적인 재산관리권과 대리권을 인정하는 제949조를 준용하지 않은 것은, 특정후견제도의 취지와 특정후견인의 권한 범위에 비추어 당연하다.[187]

186 그 밖에 특정후견인에 대해 그 권한 변경에 관한 제938조 제3항 등을 준용할 필요가 있다는 견해로 구상엽(주 4), 135면.

또한 개정민법 제959조의12는, 성년후견이나 한정후견과는 달리, 이해상반행위에 관한 제949조의3, 후견감독인의 동의를 요하는 법률행위에 관한 제950조, 후견인의 피후견인에 대한 제3자의 권리 양수에 관한 제951조 및 그 추인에 대한 제952조를 준용하지 않고 있다. 특정후견인의 경우에는 대리권의 기간과 범위가 제한되어 대리권이 수여되는 만큼, 그 수여심판 단계에서 이미 가정법원이 위 각 법률행위에 대한 감독기능을 수행하였다고 볼 여지가 있기 때문이다.[188] 특정후견인은 재산관리권한을 갖지 않기 때문에 후견인의 재산관리와 관련된 제941조 내지 제944조가 준용될 수 없음은 한정후견의 경우와 같다.

○ 제959조의13

현행	개정
〈신설〉	제959조의13(특정후견인의 임무의 종료 등) 특정후견인의 임무가 종료한 경우에 관하여는 제691조, 제692조, 제957조 및 제958조를 준용한다.

제959조의13은 특정후견인의 임무가 종료한 경우에 대비하여 위임종료에 관한 제691조, 제692조 및 후견사무 종료에 따른 관리계산 등에 관한 제957조 및 제958조를 준용하고 있다. 특정후견 제도의 신설에 따라 별도의 조문을 마련하였을 뿐, 구체적인 내용은 개정 전 민법상 후견종료의 경우와 다르지 아니하므로, 자세한 해설을 생략한다.

187 같은 취지로 구상엽(주 4), 134면 참조.

188 김형석(주 8), 151면. 이에 대해 비판적인 견해로 구상엽(주 4), 136면 각주 293) 참조.

Ⅴ. 후견계약

개정민법은 법정후견 외에 임의후견제도를 도입하였다.[189] 요보호자가 스스로 자기 자신을 위한 후견제도를 설계해 놓은 때에는 본인의 의사를 최대한 존중하고자 한 것이다. 물론 요보호자는 기존의 임의대리 제도를 이용함으로써 자신의 재산관리사무를 타인에게 위탁할 수도 있다. 그러나 이 경우 위임인의 의사능력 상실로 인해 위임계약 또는 대리권 수여가 당연히 효력을 잃는다는 견해[190]가 있을 뿐만 아니라, 설령 그렇지 않다고 할지라도 위임인을 위해 법정후견이 개시될 경우 후견인이 위임인과 수임인 사이에 체결된 위임계약을 해지할 위험이 있다. 또한 임의대리로써는 신상에 관한 결정 권한을 제3자에게 위임할 수 없다.[191] 따라서 요보호상태의 발생에도 불구하고 지속적으로 효력을 가질 뿐만 아니라, 재산관리·신상보호 양 영역에 걸쳐 사무처리 위탁이 가능한 임의후견제도를 도입한 것이다.[192]

그러나 임의후견은 본인에게 발생한 정신적 제약으로 말미암아 사무처리능력이 부족한 때 개시되므로, 본인이 자신의 의사에 따라 임의후견이 제대로 작동하고 있는지 여부를 스스로 감독하기 어려울 뿐만 아니라, 본인의 재산과 신상에 중대한 영향을 미칠 수 있으므로, 이를 사적자치에 일임하기 어려운 측면이 있다. 따라서 개정민법은 임의후견 제도를 도입하면서도 그 제도에 의해 본인의 의사가 최대한 존중되고, 그의 복리가 원만히 실현될 수 있도록 각종의 보완책을 마련하고 있다.

189 임의후견제도를 민법에 도입하는 것에 찬성한 견해로 제철웅(주 8), 114면, 143면. 이에 반해 임의후견제도를 위한 별도의 특별법을 제정해야 한다고 주장했던 견해로 김민중, "임의후견제도의 개혁", 법학연구 제27권(2008), 168-169면; 엄덕수(주 5), 23면.

190 송호열(주 6), 276-277면. 영미에서는 본인의 의사능력 상실과 동시에 대리권 수여도 그 효력을 잃게 되므로, 그러한 경우에 대비하여 대리권 수여의 효력이 지속될 수 있도록 하기 위한 방편으로써 임의후견, 즉 지속적 대리권 수여 제도가 발전하였다. 영미법상 지속적 대리권 수여제도 및 영속적 대리권 제도에 대해 자세히는, 제철웅/박주영, "성년후견제도의 도입논의와 영국의 정신능력법의 시사점", 家族法硏究 第21卷 3號(2007), 282-302면 참조.

191 반면 현행 민법상 위임계약을 이용하더라도 신상감호 사무를 위탁할 수 있다는 견해로 김민중(주 189), 150면 참조.

192 임의후견제도 도입의 주된 취지에 대해서는 제철웅(주 6), 293-294면; 박인환, "개정민법상 임의후견제도의 쟁점과 과제", 가족법연구 제26권 2호(2012), 193-195면 참조.

○ 제959조의14

현행	개정
〈신설〉	제959조의14(후견계약의 의의와 체결방법 등) ① 후견계약은 질병, 장애, 노령, 그 밖의 사유로 인한 정신적 제약으로 사무를 처리할 능력이 부족한 상황에 있거나 부족하게 될 상황에 대비하여 자신의 재산관리 및 신상보호에 관한 사무의 전부 또는 일부를 다른 자에게 위탁하고 그 위탁사무에 관하여 대리권을 수여하는 것을 내용으로 한다. ② 후견계약은 공정증서로 체결하여야 한다. ③ 후견계약은 가정법원이 임의후견감독인을 선임한 때부터 효력이 발생한다. ④ 가정법원, 임의후견인, 임의후견감독인 등은 후견계약을 이행·운영할 때 본인의 의사를 최대한 존중하여야 한다.

1. 제1항 : 후견계약의 체결

개정민법상 임의후견은 "후견계약"의 형태를 취하고 있다. 후견계약은 질병, 장애, 노령, 그 밖의 사유로 인한 정신적 제약으로 사무를 처리할 능력이 부족한 상황에 있거나 부족하게 될 상황에 대비하여 자신의 재산관리 및 신상보호에 관한 사무의 전부 또는 일부를 다른 자에게 위탁하고 그 위탁사무에 관하여 대리권을 수여하는 것을 그 내용으로 한다.

가. 계약의 성격

후견계약은 본질상 자기의 사무처리를 타인에게 위탁하는 종류의 계약이므로, 위임계약으로서의 성격을 갖는다. 따라서 후견계약에 대해서는, 제959조의14 이하에서 달리 정하지 않는 한, 위임에 관한 조문이 적용되어야 할 것이다.[193] 가령 임의후견인은

193 박인환(주 1), 66면 참조.

제681조에 따라 선량한 관리자의 주의로써 후견사무를 처리할 의무가 있으며, 본인의 승낙이나 부득이한 사유가 없는 한 복임권을 갖지 않는다(제682조). 후견계약은 무상·편무계약인 것이 원칙이나, 당사자 사이에 보수지급약정이 있을 때에는 유상·쌍무계약이 될 수도 있다.

한편 후견계약은 신상에 관한 의사결정으로서의 성격을 갖는다. 재산에 관한 사무위탁을 주된 내용으로 하는 후견계약일지라도 마찬가지이다. 후견계약의 발효에 의해 본인은, 타인에게 자신의 의사결정을 위임하게 된다. 이때 타인(즉 임의후견인)은, 일반적인 임의대리인과 달리, 본인을 위해 특정의 또는 포괄적인 사무에 관해 지속적인 대리권을 행사하게 되는데, 정작 본인은 그 타인이 그의 권한을 남용하지 않는지 여부에 대해 감독할 의사능력이 부족 내지 결여되어 있다. 결국 후견계약의 발효에 의해 본인은 타인의 의사결정에 의해 자신의 삶을 간섭당할 수밖에 없다. 따라서 이는 일반적인 위임계약과는 달리 일신전속적 성격을 갖는다.

후견계약의 요식행위로서의 성격에 대해서는 2. 이하를 참조하라.

나. 계약의 당사자

(1) 위임인 : 후견계약의 본인[194]

후견계약을 체결하는 당사자 중 일방, 즉 위임인은 질병, 장애, 노령, 그 밖의 사유로 인한 정신적 제약으로 사무를 처리할 능력이 부족한 상황에 있는 자 또는 부족하게 될 가능성이 있는 자이다. 성년후견, 한정후견 또는 특정후견이 개시될 수 있는 사람이라면 누구나 후견계약을 체결할 수 있다. 사무처리능력의 부족 상태가 지속적인 것인지, 일시적인 것인지도 묻지 않는다.[195] 당장 후견이 개시될 수 있는 사람뿐만 아니라, 장래 후견제도를 이용할 수 있는 사람도 후견계약을 체결할 수 있으므로, 결국 계약 체결 당시 정신적 제약 유무와 무관하게 누구나 이용할 수 있는 제도이다. 이때 당장

194 개정민법은 이를 일관되게 "본인"이라고 표현하고 있으나, 개정 가사소송법은 "피임의후견인"이라는 용어를 사용하고 있다. 본서에서는, 개정 가사소송법과 관련된 서술의 경우를 제외하고는, 개정민법의 표현을 따른다.

195 같은 취지로 구상엽(주 4), 139면.

사무처리능력이 부족하여 후견이 개시되기를 원하는 경우의 후견계약을 '즉효형'(또는 '현재형'), 장래 후견이 개시될 경우에 대비한 후견계약을 '장래형'(또는 '미래형') 후견계약이라고 부른다.[196]

다만, 후견계약 체결 당시 이미 의사능력이 결여되어 있거나 부족한 사람이 임의후견계약을 체결할 수 있는지는 의문이다. 의사능력이 완전히 결여되어 있을 때에는 본인의 의사에 기초한 계약이라고 볼 수 없으므로, 후견계약이 무효라고 보아야 할 것이다. 그러나 임의후견계약 역시 신상에 관한 사항, 즉 본인의 후견인과 후견내용을 결정하는 것을 내용으로 하는 계약이므로, 그의 상태가 허락하는 범위 내에서는 단독으로 계약을 체결할 수 있다고 봄이 타당하다. 그렇다면 의사능력이 다소 부족하더라도 계약 체결 당시 그 계약의 내용을 스스로 이해하고 결정할 수 있는 정도의 상태라면, 그 계약의 효력을 부정할 수 없을 것이다.[197] 피성년후견인 또는 피한정후견인과 같은 제한적 행위능력자라도 마찬가지이다.[198] 가정법원이 피한정후견인의 후견계약 체결에 대해 동의유보결정을 하는 것도 허용되지 않는다.[199] 이는 신상에 관해 단독으로 결정할 수 있도록 한 개정민법 제947조의2 제1항에 반하기 때문이다. 다만, 계약 체결 당시 참여하는 공증인이 그 의사결정능력의 유무를 살펴 후견계약에 관한 공정증서 작성 여부를 신중히 결정할 필요가 있다.

(2) 수임인 : 임의후견인[200]

후견계약을 체결하는 상대방은 위임인을 위해 그의 재산관리 및 신상보호에 관한

196 후견계약을 즉효형, 장래형, 이행형으로 분류하는 것은 우리보다 먼저 임의후견제도를 도입한 일본에서 개발된 개념이다. 이러한 후견계약의 유형과 그 특징을 자세하게 소개하고 있는 문헌으로 송호열(주 6), 281-282면; 박인환(주 1), 63-65면 참조.

197 같은 취지로 자료집, 548면; 윤일구(주 11), 176면; 송호열(주 6), 287-289면 참조.

198 같은 취지로 구상엽(주 4), 143-145면. 이에 반해 피성년후견인은 후견계약을 체결할 수 없다는 견해로 이진기(주 18), 94면 각주 24) 참조.

199 이에 반해 김형석(주 8), 153-154면; 박인환(주 192), 204면은 후견계약 체결에 대한 동의유보결정이 가능하다는 입장이다.

200 임의후견감독인이 선임되기 전에는 수임인으로, 선임된 후에는 임의후견인으로 칭하고 있는 입장으로 구상엽(주 4), 141면 참조. 본서에서는 개정민법의 태도에 따라 시기를 불문하고 "임의후견인"으로 칭하기로 한다.

사무를 대신 처리하고, 대리권을 행사할 사람이다. 후견계약이 발효된 후 임의후견인으로서의 지위를 갖게 된다. 후견인으로서의 법적 성격을 가지고 있음에도 불구하고, 후견인의 자격, 결격사유 등에 관한 규정 등이 전혀 준용되지 않는다. 그는 위임인이 직접 선택한 사람이기 때문이다. 따라서 수임인은 1인 또는 수인일 수 있으며, 법인도 수임인이 될 수 있다.[201] 친족 중의 한 사람일 수도 있고, 직업적 후견인일 수도 있다.

다만, 임의후견인이 미성년자이거나 파산산고를 받은 경우와 같이 개정민법 제937조에서 정한 후견인 결격사유에 해당하는 때 또는 그 밖에 현저한 비행을 하거나 후견계약에서 정한 임무에 적합하지 않은 사유가 있는 자인 때에는 가정법원이 임의후견감독인을 선임하지 아니하므로(제959조의17), 이러한 사람은 후견계약을 체결하더라도 임의후견인이 될 수는 없다. 사실상 후견인결격사유에 관한 조문이 적용되는 셈이다.

(3) 후견계약과 대리

후견계약은 대리에 의해 체결할 수 있는가. 이는 신상에 관한 것으로서 일신전속적 성격을 가지고 있기 때문에, 임의대리인은 후견계약의 체결을 대리할 수 없다.

본인에게 후견계약을 체결할만한 의사능력이 결여 내지 부족하여 스스로 체결할 수 없을 때 법정대리인이 이를 대리할 수 있는가. 후견계약도 재산관리 등을 목적으로 하는 법률행위의 일종이라거나, 발달장애인의 부모 등에게 대리권을 인정할 실익이 있다는 이유로 긍정하는 견해[202]와 본인의 자기결정권 보장을 위해 부정하는 견해[203]가 대립한다. 본인이 아직 미성년자인 경우와 성년자인 경우로 나누어 살펴본다.

본인이 미성년자인 때에는 친권자가 그의 재산관리와 신상보호에 관한 포괄적인 권한을 가지고 있으므로, 친권자가 그 후견계약을 대리할 수 있다고 봄이 타당하다.

201 같은 취지로 구상엽(주 4), 142면.

202 가령 김형석(주 8), 152-153면; 윤일구(주 11), 177면; 백승흠(주 10), 26-27면; 구상엽(주 4), 144-145면 등. 다만, 구상엽(주 4), 145면 및 같은 면의 각주 316)은 법정대리인이 본인의 자기결정권을 침해하는 일이 발생하지 않도록 후견계약 체결의 한계에 관한 규정을 정비할 필요가 있다고 한다.

203 제철웅(주 6), 295-296면; 박인환(주 192), 202-203면 등 참조.

그것이 친권자에 의한 미성년후견인 및 미성년후견감독인 지정권한을 인정하고 있는 개정민법 제931조 및 제940조의2의 입법취지와도 부합한다. 다만, 친권자는 스스로 친권을 사퇴할 수 없으므로, 친권자가 친권을 행사할 수 있는 상태에서 후견계약이 발효되는 방식으로는 후견계약을 체결할 수 없다고 보아야 할 것이다.

한편 친권자가 사망 등으로 인해 친권을 행사할 수 없을 때에는 개정민법 제928조에 따라 미성년후견이 개시되므로, 후견계약과 미성년후견이 충돌하게 된다. 생각건대, 미성년후견은 법정후견의 일종이므로, 친권자가 후견계약을 체결해 놓은 때에는, 보충성의 원칙에 따라 후견계약이 미성년후견에 우선한다고 볼 여지가 없는 것은 아니다. 그러나 우리 민법은 친권자의 의사를 충분히 반영하기 위해 그에게 미성년후견인 및 미성년후견감독인의 지정권한을 부여하고 있을 뿐만 아니라, 후견사무의 처리와 관련해서도 제945조를 통해 친권자의 의사를 존중하고 있다는 점, 미성년후견은 미성년자를 위한 포괄적·전면적 보호 제공을 목적으로 하는데 반해 후견계약에 의할 경우 그 보호에 일부 공백이 생길 우려가 있다는 점 등을 고려한다면, 미성년자에 대해서는 후견계약의 효력이 미친다고 볼 수 없다.[204]

그렇다면 결국 친권자가 미성년자를 위해 체결해 놓은 후견계약은 미성년자가 성년이 된 이후에만 실익이 있다고 할 것이다. 그러나 본인이 미성년자인 상태에서 친권자가 체결한 후견계약의 효력이 성년자가 된 본인에게 미친다고 볼 수 있을 것인가. 즉 법정대리인은 자신의 법정대리권이 소멸된 이후에 대비하여 대리권을 행사할 수 있는가. 이를 인정하지 않을 경우, 사전에 법정후견이 개시되어 있지 않은 이상, 본인의 보호에 공백이 발생할 우려가 있다는 점, 본인의 의사능력이 회복되어 있는 경우라면 그는 제959조의18에 따라 스스로 후견계약을 종료시킬 수 있다는 점, 본인의 의사능력이 회복되어 있음에도 불구하고 이를 종료하지 않은 때에는 후견계약을 스스로 추인한 것으로 볼 수 있다는 점, 사실상 그를 보호하고 있는 부모의 의사 역시

204 개정작업 당시 후견계약의 이용자가 성년에 한정된다는 점을 법문에 명시해야 한다는 견해가 있었으나, 반영되지 아니하였다. 이를 한정할 경우 임의후견 제도의 주된 수요자인 미성년장애인의 부모가 이를 이용할 수 없는 문제가 발생하기 때문이라고 한다. 자료집, 507면, 519면 참조.

존중받을만한 가치가 있다는 점 등에 비추어 볼 때 후견계약의 효력을 인정함이 타당할 것이다.

본인이 성년자인 경우라면 원칙적으로 부모 그 밖의 보호자에게 아무런 법정대리권이 없으므로, 그가 임의로 본인을 대리하여 후견계약을 체결할 수 없다. 따라서 먼저 본인을 위해 성년후견개시, 한정후견개시 또는 특정후견의 심판을 받으면서 가정법원으로부터 그 후견계약 체결을 대행할 권한을 부여받아 임의후견제도를 이용하는 수밖에 없다.[205] 후견계약은 신상에 관한 것이므로, 재산법상 법률행위에 관한 대리권을 갖고 있는 것만으로는 이를 대리할 수 없을 것이다.

법정대리에 의한 후견계약의 체결을 부정하는 견해 역시, 현실적 필요성을 이유로, 성년인 자녀를 위해 부모가 그 후견계약의 체결을 대신할 수 있도록 프랑스 민법과 같은 장래위임계약제도를 도입할 필요가 있다는 입장이다.[206]

다. 계약의 내용

후견계약의 내용은 양 당사자의 합의 하에 자유롭게 결정할 수 있음이 원칙이다. 수임인에게 재산관리에 관한 사무만 위탁할 수도 있고, 신상보호에 관한 사무만 위탁할 수도 있으며, 양자 모두를 위탁할 수도 있다. 재산관리 또는/ 및 신상보호 사무의 전부를 위탁하거나, 범위를 정하여 일부만 위탁하는 것도 가능하다. 그 사무의 종류도 부동산의 관리 · 처분, 금융기관과의 거래행위, 연금지급의 신청과 수령, 생활비 등 각종 비용의 지출, 상속에 관한 사항, 진료계약, 시설입소계약 등 다양한 형태로 나타난다.[207]

또한 후견계약을 체결하면서 수임인에게 그 위탁사무에 관한 대리권을 수여하는 것도 가능하다. 반드시 대리권을 수여해야만 하는 것은 아니다.[208] 대리권을 수여할 경우 임의후견인의 대리권은 본인의 능력을 보충하는 기능과 확장하는 기능을 모두 담당

205 같은 취지로 백승흠(주 10), 26-27면 참조.
206 가령 박인환(주 192), 203-204면 참조.
207 그 구체적인 예에 대해서는 송호열(주 6), 283-287면; 윤일구(주 11), 178면 참조.
208 제철웅(주 6), 295면.

한다. 다만, 임의후견은 후견계약의 본인의 행위능력을 제한하는 유형의 제도가 아니므로, 특정후견의 경우와 마찬가지로 수임인에게 본인의 법률행위에 대한 동의권 또는 취소권을 부여하는 것은 허용되지 않을 것이다.[209]

2. 제2항 : 후견계약의 방식

후견계약은 공정증서로 체결하여야 한다.[210] 일반적인 위임계약과 달리 후견계약은 요식행위이다. 공정증서 방식에 의하지 않은 후견계약은 아무런 효력이 없다. 후견계약의 변조나 멸실 등을 방지함으로써 그 존재와 내용을 확보하고, 그 계약체결과정에서 각종의 법적 문제의 발생(특히 공정성과 완전성)과 제도 악용의 위험을 방지함으로써 후견계약의 본인을 보호하기 위함이다. 공정증서방식을 갖추지 못한 후견계약은 무효이며, 제138조에 따른 위임계약으로의 전환 역시 인정될 수 없다. 후견사무 감독으로부터 도피하는 수단으로 악용될 우려가 있기 때문이다.[211]

공증인법 제25조는 ① 법령을 위반한 사항(제1호), ② 무효인 법률행위(제2호) 및 ③ 무능력으로 인하여 취소할 수 있는 법률행위(제3호)에 대해서는 공정증서를 작성할 수 없다고 규정하고 있다. 따라서 공증인은, 후견계약 체결의 당사자에게 의사능력이 결여되어 있어 후견계약이 무효로 돌아갈 우려가 있는 경우 또는 후견계약의 내용이 본인의 의사결정의 자유나 신체의 자유 등을 심각하게 제한하여 선량한 풍속 기타 사회질서에 위반함으로써 후견계약이 무효로 돌아갈 우려가 있는 경우 등에는, 그 후견계약의 체결에 관한 공정증서 작성을 거부하여야 할 것이다.

반면 공증인은 무능력으로 인하여 취소할 수 있다는 이유로 피성년후견인 또는 피한정후견인의 후견계약 체결에 관한 공정증서 작성을 거부할 수는 없다. 후견계약

209 이에 반해 임의후견과 법정후견의 병존을 인정하지 않는 이상 법정후견에서 임의후견으로 이동해 간 피후견인의 보호를 위해 동의권 또는 취소권 부여를 허용할 필요가 있다는 견해로 박인환(주 1), 69-70면 참조.

210 공정증서에 의한 계약체결 비용이 과다함을 이유로 이에 반대하는 견해로 엄덕수(주 5), 23면 참조. 공정증서의 작성을 요구하는데 찬성하면서도, 입법론으로서 그 비용절감을 위한 특례조항을 마련할 것을 요구하는 견해로 김판기(주 9), 60면 참조.

211 같은 취지로 박인환(주 192), 197-198면 참조.

의 체결은 신상에 관한 결정이며, 피성년후견인 또는 피한정후견인은 자신의 신상에 관하여 그의 상태가 허락하는 범위에서, 즉 그에게 의사능력이 남아 있는 한에서 단독으로 결정할 수 있기 때문이다(제947조의2 및 제959조의6). 따라서 부득이 성년후견인 또는 한정후견인이 그를 위해 후견계약의 체결을 대리해야 하는 경우를 제외하고는, 피성년후견인 또는 피한정후견인에 의한 후견계약의 체결을 취소할 수는 없을 것이다. 일부 견해가 주장하는 바와 같이 피한정후견인의 후견계약 체결에 대해 동의유보결정이 내려졌음에도 불구하고, 한정후견인이 이에 동의하지 않은 경우라도 마찬가지이다.[212]

후견계약에 포함될 내용은 본인이 자유롭게 결정할 수 있다. 공정증서에 의해 작성하기만 하면, 반드시 정해진 양식을 사용해야 하는 것은 아니다.[213] 다만, 당사자의 편의와 공정증서 작성에 들어가는 시간과 비용의 절감, 후견계약 내용의 명확성과 완전성 확보 및 후견 등기제도를 이용한 공시의 효율성 확보 등을 위해 장래 후견계약 표준양식의 개발이 요망된다.[214]

3. 제3항 : 후견계약의 효력발생

후견계약은 가정법원이 임의후견감독인을 선임한 때부터 효력이 발생한다. 임의후견의 개시를 담보하고, 공적으로 확인하는 한편, 임의후견이 개시되는 경우 반드시 임의후견감독인을 선임하도록 함으로써 후견인에 의한 적절한 임무수행을 담보하기 위한 것이다.[215] 따라서 법정후견의 경우와 달리 임의후견에 있어 후견감독인은 필수기관으로서의 성격을 갖는다. 임의후견감독인의 선임에 대해서는 제959조의19 해설을 참조하라.

212 이에 반대하는 입장으로 김형석(주 8), 153-154면; 구상엽(주 4), 143-144면 참조.

213 반면 일본 「임의후견계약에 관한 법률」 제3조는 법무성령에서 정한 양식에 따른 공정증서에 의할 것을 강제하고 있다.

214 같은 취지로 김민중(주 189), 156-157면; 김형석(주 8), 152면; 박인환(주 192), 198-199면; 김명엽(주 5), 37-38면.

215 김형석(주 8), 154-155면; 구상엽(주 4), 60-61면.

후견계약이 효력을 발생하면 그때부터 수임인은 임의후견인으로서의 지위를 취득한다. 임의후견인은 후견계약에 따른 각종의 사무를 처리하고, 대리권을 행사할 수 있다. 본인으로부터 직접 대리권을 수여받은 것인 만큼, 제949조의3이나 제950조 내지 제952조에 따른 대리권의 제한은 임의후견인에 대해 적용되지 않는다. 특정후견에 관한 제949조의12의 해설을 참조하라. 다만, 그는 임의대리인으로서의 성격[216]을 가지고 있으므로, 제124조에 따른 제한은 여전히 적용된다.

임의후견인이 신상에 관한 의사결정 대행권을 부여받은 경우, 제947조의2 제2항, 제4항 및 제5항에 따른 제한을 받는가. 즉, 그는 격리수용, 중대한 의료행위에 대한 동의, 주거용 부동산의 처분 등의 사안에서 가정법원의 허가를 받아야 하는가. 유추적용을 긍정하는 견해[217]가 있다. 다만, 이때 가정법원의 허가는 일차적으로 본인의 추정적 의사를 실현하는 기능을 한다는 점, 한편 임의후견인은 본인에 의해 직접 그 의사결정 대행권을 부여받은 사람이라는 점 등을 고려하여 후견계약에 임의후견감독인의 동의를 얻도록 하는 특약을 마련함으로써 임의후견인의 권한을 통제해야 한다는 견해[218]도 없지 않다.

임의후견이 개시된다고 하여 본인에게 어떠한 행위능력상 제한이 생기는 것은 아니다.[219] 즉 후견계약의 본인, 그 계약의 발효 여부와 무관하게, 언제나 완전한 행위능력자이다. 따라서 임의후견인에게 대리권을 수여한 범위 내의 법률행위라도, 본인이 직접 그 법률행위를 하였다면 임의후견인이 이를 취소할 수 없다. 본인의 의사무능력을 이유로 무효임을 주장할 수는 있을 것이다.

임의후견감독인의 선임에도 불구하고, 후견계약 자체에 의사무능력, 양속위반, 착오, 사기 등의 하자가 있는 때에는 당연히 후견계약이 무효로 돌아간다. 후견계약은

216 이에 반해 임의후견인이 법정대리인으로서의 지위를 갖는다는 견해로 이진기(주 18), 101면 참조.

217 김형석(주 8), 157면. 민법 개정 전 임의후견에 관해 제947조의2 제5항과 같은 취지의 규정을 마련할 필요가 있다는 입법론을 주장했던 견해로 송호열(주 6), 284면. 민법 개정 후 제947조의2 제3항과 같은 조문을 임의후견에 대해서도 신설해야 한다는 견해로 현소혜(주 139), 203-209면.

218 박인환(주 192), 212-215면 참조.

219 김형석(주 8), 123면; 구상엽(주 4), 152면. 이에 반해 그의 행위능력이 제한된다고 보는 견해로 이진기(주 18), 100-101면 참조.

신상에 관한 결정으로서의 성격을 가지고 있는 이상, 민법총칙상의 규정에도 불구하고, 당사자의 진의에 기초하지 않는 한, 효력을 갖지 못한다고 보아야 할 것이기 때문이다.[220]

4. 제4항 : 본인의 의사존중

후견계약은 본인의 자기결정권을 후견의 영역에서도 최대한 보장하기 위한 제도이다. 따라서 가정법원, 임의후견인, 임의후견감독인 등은 후견계약을 이행·운영할 때 본인의 의사를 최대한 존중하여야 한다. 특히 임의후견인의 경우, 설령 대리권을 수여받은 범위 내의 법률행위라고 하더라도, 가능한 한 그에 대한 본인의 의사를 확인하고, 그에 따를 필요가 있다. 설령 본인의 의사가 다소 비합리적이거나 감정적 요인에 좌우된 것일지라도 그러하다. 가정법원이 임의후견감독인을 선임함에 있어서 특정인 선임 또는 특정인 배제에 관한 본인의 의사를 최대한 존중하여야 함은 물론이다(제959조의16 제3항에 의해 준용되는 제940조의7에 의한 제936조 제4항의 준용).

○ 제959조의15

현행	개정
〈신설〉	제959조의15(임의후견감독인의 선임) ① 가정법원은 후견계약이 등기되어 있고, 본인이 사무를 처리할 능력이 부족한 상황에 있다고 인정할 때에는 본인, 배우자, 4촌 이내의 친족, 임의후견인, 검사 또는 지방자치단체의 장의 청구에 의하여 임의후견감독인을 선임한다. ② 제1항의 경우 본인이 아닌 자의 청구에 의하여 가정법원이 임의후견감독인을 선임할 때에는 미리 본인의 동의를 받아야 한다. 다만, 본인이 의사

220 김형석(주 8), 156면 각주 42)도 이와 유사한 취지이다.

를 표시할 수 없는 때에는 그러하지 아니하다.
③ 가정법원은 임의후견감독인이 없게 된 경우에는 직권으로 또는 본인, 친족, 임의후견인, 검사, 지방자치단체의 장의 청구에 의하여 임의후견감독인을 선임한다.
④ 가정법원은 임의후견임감독인이 선임된 경우에도 필요하다고 인정하면 직권으로 또는 제3항의 청구권자의 청구에 의하여 임의후견감독인을 추가로 선임할 수 있다.
⑤ 임의후견감독인에 대해서는 제940조의5를 준용한다.

1. 제1항

가정법원은 후견계약이 등기되어 있고, 본인이 사무를 처리할 능력이 부족한 상황에 있다고 인정할 때에는 일정한 자의 청구에 의하여 임의후견감독인을 선임한다. 임의후견감독인의 선임요건, 다시 말하면 후견계약이 효력을 발생할 수 있는 요건을 정하고 있는 조문이다. 이와 같이 후견계약의 발효에 가정법원이 "임의후견감독인 선임"이라는 형태로 간섭하는 이유는, 첫째, 본인에 의한 임의후견인에 대한 감독이 사실상 불가능한 상황이므로 국가에 의한 간섭이 필요하고, 둘째, 국가가 직접 모든 임의후견을 감독하는 것은 가정법원의 인력과 예산에 비추어 사실상 불가능한 상황이므로, 간접적인 감독장치를 마련할 필요가 있다는 데 있다. 후견계약의 발효요건은 다음의 세 가지이다. 첫째, 후견계약이 등기되어 있을 것. 둘째, 본인이 사무를 처리할 능력이 부족한 상황에 있을 것. 셋째, 일정한 자의 청구.

가. 후견계약의 등기

후견계약은 반드시 등기되어 있어야 한다.[221] 후견계약의 존재와 그 내용이 대외적

221 임의후견 역시 후견에 관한 사항이므로 가족관계등록부에 기재하여야 한다고 주장했던 견해로 南潤鳳(주 1), 21면 참조. 개정작업 당시에도 가족관계등록부에의 등록을 전제로 정부 개정안이 마련되었으나, 국회심의과정에서 등기를 요하는 것으로 대안이 마련되었다.

으로 공시되어 있지 않을 경우, 임의후견감독인을 선임해야 하는 가정법원으로서는 그 요건의 구비 여부를 확인할 방법이 사실상 없다. 또한 보충성의 원리에 따라 임의후견은 법정후견에 우선하므로, 법정후견의 개시를 청구하는 사람 또는 그 심판을 하는 법원의 입장에서 먼저 임의후견계약의 존재 여부를 확인해야 할 필요성도 크다. 결국 후견계약과 관련된 본인의 의사를 제대로 실현하기 위해서는 공시가 필연적으로 요구된다. 따라서 후견계약의 공정증서를 작성한 공증인에게 후견등기 촉탁의무를 부과하자는 견해[222]가 등장하였으나, 반영되지 아니하였다. 따라서 현재 후견계약의 등기는 오로지 임의후견인의 신청에 의해서만 가능하다(「후견등기에 관한 법률」 제20조 제2항). 후견계약 중 등기되어야 하는 사항의 내용에 관해서는 「후견등기에 관한 법률」 제26조를 참조하라.

나. 본인의 사무처리능력 부족

임의후견감독인을 선임하기 위해서는 본인이 사무를 처리할 능력이 부족한 상황에 있다고 인정되어야 한다. 임의후견 역시 능력을 보충하는 기능을 하고 있기 때문이다. 이때 사무처리능력의 부족 유무는 한정후견에서와 반드시 동일한 것은 아니다. 즉 사무처리능력의 부족상태가 지속적이지 않은 경우라도 임의후견이 발효될 수 있다. 한정후견과는 달리, 의사의 감정이 필수적으로 요구되는 것도 아니다.[223] 즉 가정법원은 본인의 정신상태에 관하여 의사나 그 밖의 적당한 사람의 의견을 듣는 것을 족하며, 그 의견은 진단서 또는 이에 준하는 서면이나 말로써 진술하게 할 수 있다(개정 가사소송법 제45조의5).

본인이 사무처리 능력의 부족 상태 외에 후견계약의 발효시점을 계약에서 미리 정한 경우(가령 특정 연령에의 도달을 임의후견개시의 조건으로 붙인 경우) 가정법원은 본인의 의사에 구속되는가. 부정할 이유가 없을 것이다.[224] 사무처리능력이 부족한 상태에 이르렀

222 박인환(주 192), 218면.

223 민법 개정 전부터 임의후견에 대해서는 의사의 감정을 요구할 필요가 없다고 주장했던 견해로 송호열(주 6), 290면.

224 같은 취지로 구상엽(주 4), 153-155면; 박인환(주 192), 205-208면. 이에 반대하는 견해로 김민중(주 189), 161-162면 참조.

으나 아직 본인이 정한 조건이 성취되지 않았다면, 가정법원은 임의후견감독인을 선임할 수 없다. 임의후견은 본인의 의사에 반하여서는 개시될 수 없기 때문이다(제959조의15 제2항 참조). 조건의 불성취에도 불구하고 본인이 임의후견 개시에 명시적으로 동의하였다면, 현재의 의사가 우선적으로 존중되어야 함은 물론이다. 만약 본인의 보호를 위해 반드시 후견의 개시가 필요하다면 임의후견이 개시되기 전까지 일시적으로 법정후견제도를 이용하면 될 것이다(제959조의20의 해설 참조). 반면 계약에서 정한 조건에 도달하였으나 아직 사무처리능력이 부족하지 않은 경우라면 어떠한가. 아직 후견의 필요성이 충족되지 않은 상태이므로, 보충성의 원칙에 따라 임의후견이 개시되지 않는다고 보아야 한다.

다. 일정한 자의 청구

임의후견감독인의 선임을 청구할 수 있는 사람은 후견계약의 본인, 배우자, 4촌 이내의 친족, 임의후견인, 검사 또는 지방자치단체의 장이다. 청구권자의 의미는 제9조의 해설을 참조하라. 다만, 여타의 후견감독인 선임과 달리, 임의후견감독인의 선임은 사실상 "후견의 개시"로서의 성격을 갖는다. 따라서 법정후견 개시의 경우와 마찬가지로, 제777조 소정의 친족이 아닌, 4촌 이내의 친족에게만 그 청구권한을 부여하였다. 가정법원이 직권으로 임의후견감독인을 선임할 수 없음은 물론이다. 특히 임의후견인은 본인에게 사무처리능력의 부족상태가 발생하였는지 여부를 수시로 점검하여 적시에 임의후견이 개시될 수 있도록 할 신의칙상 의무를 부담한다. 만약 후견계약의 발효 전 이미 별도의 위임계약을 통해 임의후견인에게 임의대리권이 수여되어 있는 상태라면(이른바 '이행형' 후견계약), 그는 위임계약상 선관주의의무에 기해 임의후견개시를 청구할 의무를 진다고 할 것이다.[225] 임의후견인이 자신의 의무를 다하지 않는 경우에 대비하여 개정민법은 검사 또는 지방자치단체의 장에게도 그 청구권한을 부여하였다.

225 이때 임의후견인은 임의후견감독인에 의한 감독을 회피하기 위해 고의로 그 선임청구를 게을리 할 위험이 있으므로, 위와 같은 의무를 법정의무화해야 한다는 견해로 구상엽(주 4), 147-148면 참조.

라. 임의후견감독인의 선임

위와 같은 요건이 갖추어진 경우 가정법원은 임의후견감독인을 선임한다. 임의후견감독인은 복수로 선임할 수 있으며, 법인을 임의후견감독인으로 선임하는 것도 가능하다(제959조의16 제3항에 의한 제940조의7이 준용하고 있는 제930조 제2항 및 제3항의 준용). 그 밖에 임의후견감독인과 관련된 사항에 대해서는 제959조의16 제3항의 해설을 참조하라.

2. 제2항

가정법원이 임의후견감독인을 선임할 때, 그 선임을 청구한 자가 후견계약의 본인이 아니라면, 미리 본인의 동의를 받아야 한다. 본인이 아직 임의후견의 개시를 원하지 않고 있음에도 불구하고, 배우자, 친족, 임의후견인 등의 의사에 의해 후견개시가 강제되는 것을 막기 위한 것이다. 특정후견은 본인의 의사에 반하여서 할 수 없도록 규정한 개정민법 제14조의2 제항과 그 입법취지를 같이 하지만, 특히 아직 본인에게 의사능력이 남아 있는 경우 임의후견 제도의 남용을 방지할 수 있다는 측면에서도 의미가 있다. 물론 본인의 의사능력이 결여되거나 현저히 부족한 상태가 되어 더 이상 의사를 표시할 수 없을 때에는 그의 동의 없이도 임의후견감독인을 선임할 수 있다(제959조의19 제2항 단서).

3. 제3항

가정법원은 임의후견감독인이 없게 된 경우에는 직권으로 또는 본인, 친족, 임의후견인, 검사 또는 지방자치단체의 장의 청구에 의하여 임의후견감독인을 선임한다. 임의후견에 있어서 임의후견감독인은 필수기관이므로, 임의후견감독인이 사망, 결격, 그 밖의 사유로 없게 된 때에는 바로 임의후견감독인을 선임할 수 있도록 함으로써 임의후견인의 적절한 임무수행을 담보하였다. 청구권자 중 친족이 제777조 소정의 친족을 의미함은 제940조의3 제2항에서 해설한 바와 같다.

4. 제4항

가정법원은 임의후견감독인이 선임된 경우에도 필요하다고 인정하면 직권으로 또는 일정한 자의 청구에 의하여 임의후견감독인을 추가로 선임할 수 있다. 이때 추가선임을 청구할 수 있는 사람은 제3항에서 정한 자, 즉 본인, 친족, 임의후견인, 검사 또는 지방자치단체의 장이다. 추가선임 청구권자에 "이해관계인"이 포함되는가. 제936조 제3항을 준용하고 있는 제940조의7을 준용한 제959조의16과의 관계에서 문제될 여지가 있다. 제959조의16의 해설을 참조하라.

5. 제5항

임의후견감독인에 대하여는 제940조의5를 준용한다. 따라서 제779조에 따른 임의후견인의 가족은 임의후견감독인이 될 수 없다. 그 취지는 제940조의5에서 해설한 바와 같다.

○ 제959조의16

현행	개정
〈신설〉	제959조의16(임의후견감독인의 직무 등) ① 임의후견감독인은 임의후견인의 사무를 감독하며 그 사무에 관하여 가정법원에 정기적으로 보고하여야 한다. ② 가정법원은 필요하다고 인정하면 임의후견감독인에게 감독사무에 관한 보고를 요구할 수 있고 임의후견인의 사무 또는 본인의 재산상황에 대한 조사를 명하거나 그 밖에 임의후견감독인의 직무에 관하여 필요한 처분을 명할 수 있다. ③ 임의후견감독인에 대해서는 제940조의6제2항·제3항, 제940조의7 및 제953조를 준용한다.

1. 제1항

임의후견감독인은 임의후견인의 사무를 감독하며 그 사무에 관하여 가정법원에 정기적으로 보고하여야 한다. 성년후견감독인 등과 달리 임의후견감독인은 필수기관으로써 임의후견인의 적절한 임무수행을 담보하고, 본인의 의사가 충실히 실현되도록 하는 기능을 담당하고 있으므로, 특별히 가정법원에 대한 정기적 보고의무를 규정하였다.

2. 제2항

가정법원은 필요하다고 인정하면 임의후견감독인에게 감독사무에 관한 보고를 요구할 수 있고, 임의후견인의 사무 또는 본인의 재산상황에 대한 조사를 명하거나 그 밖에 임의후견감독인의 직무에 관하여 필요한 처분을 명할 수 있다. 법정후견인의 경우에는 가정법원이 법정후견인에 대해 직접 피후견인의 재산상황을 조사하거나, 후견임무 수행에 관하여 필요한 처분을 명할 수 있다(제954조). 그러나 임의후견은 본인이 선임한 임의후견인에 의해 그 직무가 수행되고 있으므로, 가정법원은 임의후견인의 사무에 직접 개입할 수 없다. 따라서 임의후견인에 대한 감독기능을 수행하는 임의후견감독인을 상대로 가정법원의 감독권한을 발동할 수 있도록 한 것이다.[226]

3. 제3항

제959조의16 제3항은 임의후견감독인에 대하여 급박한 사정이 있는 경우 그가 피후견인의 보호를 위해 필요한 행위 또는 처분을 대신할 수 있도록 하는 제940조의6 제2항, 이해상반행위에 관한 제940조의6 제3항, 후견감독인이 후견인에게 임무수행에

226 이에서 한발 더 나아가 가정법원이 직접 후견계약의 본인을 위해 필요한 처분을 할 수 있도록 임의후견에도 개정민법 제954조의 준용규정을 마련해야 한다는 견해로 제철웅(주 6), 320-321면 참조.

관한 보고와 재산목록의 제출을 요구할 수 있도록 한 제953조를 준용하고 있다. 이해상반행위를 금지하는 제921조 또는 제949조의3을 임의후견인에 대해 준용하지 않으면서, 이해상반행위를 전제로 한 제940조의6 제3항을 임의후견감독인에게 준용한 것은 체계 정합적이지 않다.[227]

또한 제959조의16 제3항은 성년후견감독인에 대한 제940조의7을 준용하고 있다. 따라서 위임에 관한 제681조, 제691조, 제692조 및 후견인의 수와 자격에 관한 제930조 제2항 및 제3항, 후견인 선임 기준에 관한 제936조 제4항, 후견인 결격사유에 관한 제937조, 후견인 사임에 관한 제939조, 후견인 변경에 관한 제940조, 신상에 관한 의사결정 대행시 가정법원의 허가에 관한 제947조의2 제3항부터 제5항, 수인의 후견인 간의 권한행사방법 등에 관한 제949조의2, 보수지급에 관한 제955조 및 비용지출에 관한 제955조의2가 임의후견감독인에 대해서도 준용된다.

제940조의7은 제936조 제3항 역시 준용하고 있으나, 임의후견감독인의 추가선임에 대해서는 제959조의15 제4항에 별도의 규정이 마련되어 있다. 다만, 제936조 제3항을 준용할 경우 추가선임청구권자에 "이해관계인"이 포함되는 실익이 있고, 성년후견감독인 또는 한정후견감독인의 추가선임의 경우에도 모두 제936조 제3항이 준용되고 있으므로, 청구권자의 통일을 위해 제959조의15 제4항을 삭제하는 편이 나을 것이다.[228]

227 개정작업 당시 임의후견에 관하여 제949조의3의 준용규정 도입의 필요성이 논의되었으나, 필수기관인 임의후견감독인이 대처할 수 있다는 이유로 준용규정이 마련되지 아니하였다. 자료집, 442면 참조.

228 구상엽(주 4), 150-151면도 같은 취지인 것으로 보인다.

○ 제959조의17

현행	개정
〈신설〉	제959조의17(임의후견 개시의 제한 등) ① 임의후견인이 제937조 각 호에 해당하는 자 또는 그 밖에 현저한 비행을 하거나 후견계약에서 정한 임무에 적합하지 아니한 사유가 있는 자인 경우에는 가정법원은 임의후견감독인을 선임하지 아니한다. ② 임의후견감독인을 선임한 이후 임의후견인이 현저한 비행을 하거나 그 밖에 그 임무에 적합하지 아니한 사유가 있게 된 경우에는 가정법원은 임의후견감독인, 본인, 친족, 검사 또는 지방자치단체의 장의 청구에 의하여 임의후견인을 해임할 수 있다.

1. 제1항

후견계약의 본인이 미리 선임해 놓은 임의후견인에게 제937조 각 호에 해당하는 사유가 있는 경우, 즉 그에게 후견인 결격사유가 있는 경우라면 가정법원은 임의후견감독인을 선임하지 아니한다. 후견계약 체결 당시부터 결격사유가 있었던 경우뿐만 아니라, 후에 그러한 사유가 발생한 경우에도 마찬가지이다. 이는 당연결격사유이므로, 설령 가정법원의 심리에 의해 그가 후견계약에서 정한 임무에 적합하다는 사실이 밝혀진 경우라도, 가정법원은 임의후견감독인을 선임하여서는 안 된다.

임의후견인이 현저한 비행을 하거나 후견계약에서 정한 임무에 적합하지 아니한 사유가 있는 자인 경우에도 가정법원은 임의후견감독인을 선임하지 아니한다. 본래 후견계약은 본인의 자기결정권을 존중하기 위한 제도이므로, 설령 부적절한 사람을 임의후견인으로 선임한 경우라도 그 위험은 본인이 부담해야 함이 원칙이다. 그러나 이러한 원칙을 관철할 경우 본인에게 필요한 보호를 제공하지 못하고, 오히려 임의후견 제도가 악용될 우려가 있다. 특히 본인이 미처 알지 못한 사정이 있거나, 예상하지 못한 사정변경이 발생한 경우라면, 후견계약의 발효를 막는 것이 본인의 가정적 의사에 부합하는 결론이기도 하다. 따라서 개정민법은 이러한 경우 가정법원이 임의후견감독인을 선임하지 않을 수 있도록 함으로써 간접적인 보호를 제공하고 있다.

이때 본인은 새로운 후견계약을 체결하거나, 법정후견을 청구함으로써 필요한 보호를 받을 수 있다. 그 밖에 후견계약에 의사무능력, 양속위반 등 무효사유가 존재하는 것으로 밝혀진 경우에도 동 조항을 유추적용하여 가정법원이 임의후견감독인을 선임하지 않을 수 있다는 견해도 있다.[229]

2. 제2항

임의후견감독인을 선임한 이후, 즉 후견계약이 발효된 이후 임의후견인이 현저한 비행을 하거나 그 밖에 그 임무에 적합하지 아니한 사유가 있게 된 경우에는 가정법원은 일정한 자의 청구에 의하여 임의후견인을 해임할 수 있다. 임의후견인의 적절한 임무수행을 담보하기 위해 임의후견감독 제도를 도입한 이상, 임의후견인이 임무에 적합하지 아니한 사유가 발생하였다면 국가가 개입하여 그 후견계약을 종결시키는 것이 당연한 귀결이다. 법정후견의 경우에는 이러한 사안에서 제940조에 따라 후견인 변경심판을 하여야 할 것이나, 임의후견의 경우에는 본인에 선임한 임의후견인을 법원이 자의로 변경하는 것이 허용되지 않으므로, 그를 해임하도록 규정하였다.[230]

임의후견인을 해임하기 위해서는 그에게 현저한 비행 그 밖에 이에 준하는 사유(가령 본인재산의 횡령, 학대 등)가 있어야 한다. 단순히 피후견인의 복리를 위해 필요하다는 이유만으로 해임하는 것은 허용되지 않는다. 본인의 자기결정권을 보장하기 위함이다. 또한 임의후견인은 본인이 스스로 선임한 사람이므로, 임의후견감독인, 본인, 친족, 검사 또는 지방자치단체의 장의 청구에 의하여 해임할 수 있을 뿐이며, 가정법원이 직권으로 해임할 수 없다.[231]

229 김형석(주 8), 156면 참조.

230 이와 같이 임의후견인 해임 제도는 법정후견인 변경에 대응하는 제도이므로, 가정법원이 직권으로도 임의후견인을 해임할 수 있도록 해야 한다는 견해로 구상엽(주 4), 152면 참조.

231 자료집, 526면 참조.

가정법원이 임의후견인을 해임한 경우 후견계약은 종료하므로, 본인은 필요에 따라 새로운 후견계약을 체결하거나 법정후견을 청구하여야 할 것이다.

임의후견감독인을 선임한 이후 임의후견인에게 제937조 각 호에 해당하는 사유가 발생하게 된 경우에는 어떠한가. 그때는 임의후견인이 없는 것으로 되어 후견계약을 종료하고, 법정후견을 개시하는 수밖에 없을 것이다.

○ 제959조의18

현행	개정
〈신설〉	제959조의18(후견계약의 종료) ① 임의후견감독인의 선임 전에는 본인 또는 임의후견인은 언제든지 공증인의 인증을 받은 서면으로 후견계약의 의사표시를 철회할 수 있다. ② 임의후견감독인의 선임 이후에는 본인 또는 임의후견인은 정당한 사유가 있는 때에만 가정법원의 허가를 받아 후견계약을 종료할 수 있다.

1. 제1항

임의후견감독인의 선임 전에는 본인 또는 임의후견인은 언제든지 공증인의 인증을 받은 서면으로 후견계약의 의사표시를 철회할 수 있다. 아직 후견계약이 발효되지 않은 상태이므로, 계약의 구속력으로부터의 자유를 폭넓게 허용한 것이다. 후견계약은 신상에 관한 결정으로서 당사자의 의사가 가장 중요한 의미를 갖기 때문이다. 위임계약의 해지에 관한 제689조 이하의 조문이 적용됨이 원칙[232]이나, 후견계약의 철회는 요식행위라는 차이점을 갖는다. 즉, 후견계약이 철회의 의사표시는 본인 · 임의후

232 다만, 본인의 보호를 위해 본인의 사무처리능력이 부족한 상태에서 수임인이 이를 해지하기 위해서는 정당한 사유가 필요하도록 법개정을 할 필요가 있다는 견해로 구상엽(주 4), 158면 참조. 그러나 이러한 경우라도 제691조에 따라 수임인이 일시적으로 본인을 위한 사무처리계속 의무를 부담하므로, 본인의 보호에 특별한 해약이 발생할 것으로는 보이지 않는다.

견인 어느 쪽이라도 가능하지만, 공증인의 인증을 받은 서면에 의해서만 할 수 있다. 후견계약의 의사표시를 철회한 경우 후견계약은 소급적으로 효력을 잃기 때문에, 그 철회의 의사표시를 명확하게 하지 않을 경우 법적 안정성을 해할 우려가 있음을 고려한 것이다.

2. 제2항

임의후견감독인이 선임된 이후, 즉 후견계약의 발효 이후에는 후견계약을 마음대로 해지할 수 없다. 이미 후견계약의 본인에게 사무를 처리할 능력이 부족한 상황이므로, 후견계약을 임의로 종료시킬 수 있도록 할 경우 본인의 보호에 공백이 발생할 우려가 있을 뿐만 아니라, 임의후견이 개시된 것으로 신뢰한 이해관계인들의 이익을 해칠 수 있기 때문이다. 따라서 제959조의18은 정당한 사유가 있는 때에 한하여 본인 또는 임의후견인이 가정법원의 허가를 받아 후견계약을 종료할 수 있도록 하였다.[233]

임의후견인의 건강상태 악화, 본인이나 임의후견인의 해외이주 등으로 인해 후견계약의 효력을 인정할 경우 본인의 복리에 반하는 결과가 발생할 우려가 있는 경우 또는 본인과 임의후견인 사이의 갈등으로 인한 신뢰관계의 파괴로 인해 후견사무의 계속을 기대하기 어려운 중대한 사정변경이 생긴 경우, 가령 제959조의17 제2항에서 정한 '현저한 비행 기타 이에 준하는 사유'가 발생한 경우 등이 동조에서 말하는 "정당한 사유"가 있는 때에 해당할 수 있을 것이다.[234]

가정법원의 허가에 의해 후견계약을 종료하는 경우, 후견계약은 장래를 향해 효력을 잃는다. 따라서 기왕에 임의후견인이 했던 법률행위는 그대로 유효하다. 다만, 임의후견인은 후견사무 종료에 따른 관리의 계산을 하여야 할 것이다(제957조 유추적용설).[235]

233 개정작업 당시 가정법원 또는 당사자 일방에 의한 후견계약의 변경 제도 도입 역시 논의된 바 있으나, 당사자의 자기결정권 존중 이념에 반한다는 이유로 채택되지 아니하였다. 자료집, 527면 참조.

234 백승흠(주 10), 29면; 박인환(주 1), 67면; 김형석(주 8), 159면 각주 44) 등.

235 백승흠(주 10), 29면; 김형석(주 8), 161면.

○ 제959조의19

현행	개정
〈신설〉	제959조의19(임의후견인의 대리권 소멸과 제3자와의 관계) 임의후견인의 대리권 소멸은 등기하지 않으면 선의의 제3자에게 대항할 수 없다.

후견계약의 종료 등으로 인해 임의후견인의 대리권이 소멸한 경우, 임의후견인은 더 이상 그 대리권에 기초하여 행위할 수 없다. 따라서 대리권 소멸 후 대리행위는 무효임이 원칙이다. 그러나 임의후견인의 대리권을 신뢰하였던 거래 상대방의 보호를 위해 제959조의19는 그 소멸사실을 등기하지 않으면, 선의의 제3자에게 대항할 수 없도록 하였다. 후견계약의 본인 보호와 거래의 안전 간의 조화를 꾀하기 위한 조문이다.[236] 동 조문은 대리에 관한 규정에 대한 특칙을 이루므로, 후견계약 종료등기 후 거래 상대방은 본인에게 더 이상 제129조에 따른 표현대리 책임을 물을 수 없고, 후견계약 종료등기 전 본인은 거래 상대방에게 과실있음을 들어 자신의 책임을 면할 수 없다.[237] 위임종료의 대항요건에 관한 제692조가 적용되지 않음은 물론이다.

이에 따라 「후견등기에 관한 법률」 제26조 제1항 제7호는 후견계약의 종료를 등기할 수 있도록 규정하였으나, 같은 법 제15조 제1항은 후견계약의 본인(제1호), 배우자(제2호), 4촌 이내의 친족(제2호), 임의후견인(제5호), 임의후견감독인(제5호) 및 그 직에서 퇴임한 자(제6호), 본인의 법정대리인(제7호) 및 소송사건 등에서 등기사항증명서를 제출할 필요가 있는 자(제9호) 등에게만 등기사항증명서의 발급을 청구할 수 있도록 제한하고 있다. 결국 거래 상대방으로서는 임의후견인에게 등기사항증명서를 발급받아 올 것을 요구함으로써 대리권 소멸의 위험을 회피할 수 있을 뿐이다.

236 자료집, 501-502면 참조.

237 같은 취지로 백승흠, "민법 개정안의 후견계약제도", 대한공증협회지 제3호(2010), 117면; 김형석(주 8), 161면.

○ 제959조의20

현행	개정
〈신설〉	제959조의20(후견계약과 성년후견·한정후견·특정후견의 관계) ① 후견계약이 등기되어 있는 경우에는 가정법원은 본인의 이익을 위하여 특별히 필요할 때에만 임의후견인 또는 임의후견감독인의 청구에 의하여 성년후견, 한정후견 또는 특정후견의 심판을 할 수 있다. 이 경우 후견계약은 본인이 성년후견 또는 한정후견 개시의 심판을 받은 때 종료된다. ② 본인이 피성년후견인, 피한정후견인 또는 피특정후견인인 경우에 가정법원은 임의후견감독인을 선임함에 있어서 종전의 성년후견, 한정후견 또는 특정후견의 종료 심판을 하여야 한다. 다만, 성년후견 또는 한정후견 조치의 계속이 본인의 이익을 위하여 특별히 필요하다고 인정하면 가정법원은 임의후견감독인을 선임하지 않는다.

1. 제1항

후견계약이 등기되어 있는 경우 가정법원은 본인의 이익을 위하여 특별히 필요한 때에만 임의후견인 또는 임의후견감독인의 청구에 의하여 성년후견, 한정후견 또는 특정후견의 심판을 할 수 있다. 즉 후견계약이 존재하고 있는 경우 보충성의 원칙에 따라 법정후견은 개시될 여지가 없음이 원칙이다. 그럼에도 불구하고 임의후견만으로는 본인에게 필요한 보호를 제공할 수 없는 예외적인 상황이 발생할 여지가 있으므로, 개정민법은 그러한 경우에 대비하여 부득이 법정후견이 개시될 수 있는 길을 열어 놓았다.

가. 후견계약이 등기되어 있는 경우

제959조의20은 후견계약이 등기되어 있는 경우에 적용된다. 후견계약이 등기되어 있지 않은 경우 가정법원으로서는 그 존재를 알 수 없으므로, 동조와는 무관하게 오로지 제9조, 제12조 또는 제14조의2에 따라 법정후견을 개시할 것인지 여부를 심판한다. 반면 후견계약이 등기되어 있는 경우라면, 그를 위해 임의후견감독인이 선임되어 있는

지 여부를 불문하고 동 조문이 적용되어야 할 것이다.

나. 본인의 이익을 위하여 특별히 필요한 때

가정법원은 본인의 이익을 위하여 특별히 필요한 때에만 성년후견, 한정후견 또는 특정후견의 심판을 할 수 있다. 가령 임의후견인이 현저한 비행 등으로 인해 해임된 경우, 본인이 선임해 놓은 임의후견인에게 후견인 결격사유가 발생하여 더 이상 임의후견인이 존재하지 않게 된 경우와 같이 후견계약의 존재에도 불구하고 본인의 보호에 공백이 발생한 경우가 이에 해당할 수 있을 것이다. 임의후견계약에 의해 임의후견인에게 위탁한 사무만으로 본인의 보호에 충분하지 않은 경우 역시 이에 해당할 수 있다.

다. 일정한 자의 청구

가정법원은 임의후견인 또는 임의후견감독인의 청구에 의해 법정후견의 심판을 할 수 있다. 그러나 이때 법정후견의 심판을 청구할 수 있는 사람은 임의후견인 또는 임의후견감독인에 한하지 않는다. 본인, 배우자, 4촌 이내의 친족, 검사 또는 지방자치단체의 장 등 역시 제9조, 제12조 또는 제14조의2에 따라 법정후견의 심판을 청구할 수 있다. 즉 제959조의20 제1항은 법정후견 개시 청구권자의 범위를 확장한다는 의미를 갖는다.[238]

라. 효과

(1) 법정후견의 심판

위와 같은 요건이 갖추어진 경우 가정법원은 보호의 필요성 및 본인의 의사 등을 고려하여 성년후견, 한정후견 또는 특정후견의 심판을 할 수 있다. 가령 본인에게 사무처리능력이 지속적으로 결여되었음에도 불구하고, 임의후견인의 해임에 의해 더 이상

238 자료집, 516면 참조. 이에 반해 후견계약이 등기되어 있을 때에는 오로지 임의후견인 또는 임의후견감독인만이 법정후견의 개시를 청구할 수 있다는 견해로 박인환(주 1), 64면 참조.

본인의 사무를 대신 처리해 줄 수임인이 존재하지 않게 된 경우라면 성년후견을 개시하여 성년후견인에 의한 포괄적·지속적 보호를 제공해 주어야 한다. 반면 임의후견계약에 의해 임의후견인에게 위탁한 사무만으로 본인의 보호에 충분하지 않은 경우라면 가급적 한정후견보다는 특정후견 제도를 활용하는 것이 바람직하다. 한정후견을 개시하는 경우라면 제2문에 따라 후견계약이 종료할 것이나, 특정후견의 심판이 있는 때에는 후견계약이 종료하지 않으므로, 임의후견과 법정후견의 병존이 가능하다. 따라서 특정후견 제도를 활용하는 것이 본인의 자기결정권 존중과 보충성의 원칙에 더 부합하는 결과를 가져올 것이다.

(2) 후견계약의 종료

제959조의20 제1항 2문에 따르면, 후견계약의 존재에도 불구하고 가정법원이 성년후견 또는 한정후견개시심판을 한 경우, 후견계약은 종료한다. 다시 말해서 임의후견과 성년후견·한정후견은 병존할 수 없다.[239] 가정법원이 특정후견의 심판을 한 경우라면 후견계약이 효력을 유지할 수 있음은 위에서 살펴본 바와 같다. 특정후견은 일시적 또는 특정행위에 대한 후원을 위한 제도이기 때문이라고 한다.[240]

후견계약이 등기되어 있지만 아직 임의후견감독인이 선임되지 않은 경우에도 제2문이 적용되어야 하는가. 부정하여야 할 것이다. 후견계약의 등기와 본인의 사무처리능력의 부족에도 불구하고, 본인이 후견계약의 발효를 위해 특정한 조건을 붙여 놓았다면, 가정법원은 그것에 구속되지 않을 수 없다(제959조의15 제1항의 해설 참조). 그 조건이 성취되기 전에 이미 본인의 사무처리능력에 부족이 생겨 후견의 필요성이 발생하였다면, 후견계약이 발효될 수 있을 때까지 부득이 법정후견제도를 이용할 수밖에 없을 것이다. 이러한 경우에까지 성년후견 또는 한정후견의 개시심판을 이유로 후견계약이 종료된다고 본다면, 특정한 조건성취를 원했던 본인의 의사존중을 위해 후견계약의 효력

239 민법 개정 전 양자 간의 병존을 주장한 견해로 제철웅(주 8), 114면; 박인환(주 1), 69-70면. 민법 개정 후 같은 주장을 하는 견해로 제철웅(주 6), 319면; 박인환(주 192), 222-223면; 구상엽(주 4), 160-161면 참조.
240 자료집, 515면 참조.

전체를 부정하는 기이한 현상이 발생한다.

종국적으로는 제959조의20 제1항 중 "후견계약이 등기되어 있는 경우" 부분을 "임의후견감독인이 선임된 경우"로 개정함으로써 위와 같은 사안에서 후견계약의 존재하고 있는 상황에서도 아직 발효되지 않았다면 일시적으로 법정후견을 이용할 수 있도록 하는 것이 바람직할 것이다. 개정 전까지는 후견계약이 발효될 때까지로 기간을 정하여 특정후견의 심판을 함으로써 위와 같은 문제에 대응할 수 있을 것이나, 특정후견으로는 포괄적인 보호를 제공할 수 없다는 한계가 있다.

2. 제2항

본인이 피성년후견인, 피한정후견인 또는 피특정후견인인 경우 가정법원은 임의후견감독인을 선임함에 있어서 종전의 성년후견, 한정후견 또는 특정후견의 종료심판을 하여야 한다. 역시 법정후견과 임의후견간의 병존을 인정하지 않는다는 취지이다. 특히 특정후견의 심판이 있는 경우라도, 뒤늦게 임의후견이 개시되었다면, 임의후견에 의해 본인에게 필요한 보호가 제공될 수 있으므로, 특정후견을 종료하여야 한다.[241] 후견계약이 법정후견 개시심판 전에 이미 등기되어 있었는지 여부를 묻지 않는다. 임의후견을 법정후견보다 우선 적용하고자 하는 보충성의 원칙이 반영된 조문이다.

그러나 후견계약의 내용이나 임의후견인의 자격 등에 비추어 볼 때 임의후견을 개시하기 보다는 법정후견을 활용하는 것이 더 본인의 보호에 적합한 경우에는 예외적으로 법정후견을 우선적용할 수 있다. 즉 성년후견 또는 한정후견 조치의 계속이 본인의 이익을 위하여 특별히 필요하다고 인정하면, 가정법원은 임의후견감독인을 선임하지 아니한다(제959조의20 제2항).

241 임의후견과 특정후견의 병존을 인정하는 이상 특정후견을 종료할 필요가 없다는 견해로 구상엽(주 4), 162면 참조.

○ 제960조-제973조

현행	개정
第960條(親族會의 組織) 本法 其他 法律의 規定에 依하여 親族會의 決議를 要할 事由가 있는 때에는 親族會를 組織한다.	〈삭제〉
第961條(親族會員의 數) ①親族會員은 3人以上 10人以下로 한다. ②親族會에 代表者 1人을 두고 親族會員中에서 互選한다. ③前項의 代表者는 訴訟行爲 其他 外部에 對한 行爲에 있어서 親族會를 代表한다.	〈삭제〉
第962條(親權者의 親族會員指定) 後見人을 指定할 수 있는 親權者는 未成年者의 親族會員을 指定할 수 있다.	〈삭제〉
第963條(親族會員의 選任) ①親族會員은 本人, 그 法定代理人 또는 第777條의 規定에 依한 親族이나 利害關係人의 請求에 依하여 法院이 第777條의 規定에 依한 그 親族 또는 본인과 특별한 연고가 있는 자中에서 이를 選任한다. 그러나 前條의 規定에 依하여 親族會員이 指定된 때에는 그러하지 아니하다. ②前項의 規定에 依한 請求를 할 수 있는 者는 親族會의 員數와 그 選任에 關하여 法院에 意見書를 提出할 수 있다.	〈삭제〉
第964條(親族會員의 缺格事由) ①後見人은 後見의 計算을 完了한 後가 아니면 被後見人의 親族會員이 되지 못한다. ②第937條의 規定은 親族會員에 準用한다.	〈삭제〉
第965條(無能力者를 爲한 常設親族會) ①未成年者, 禁治産者 또는 限定治産者를 爲한 親族會는 그 無能力의 事由가 終了할 때까지 繼續한다. ②前項의 親族會에 缺員이 生한 때에는 法院은 職權 또는 請求에 依하여 이를 補充하여야 한다.	〈삭제〉
第966條(親族會의 召集) 親族會는 本人, 그 法定代理人, 配偶者, 직계혈족, 會員, 利害關係人 또는 檢事의 請求에 依하여 家庭法院이 이를 召集한다.	〈삭제〉

第967條(親族會의 決議方法) ①親族會의 議事는 會員 過半數의 贊成으로 決定한다. ②前項의 議事에 關하여 利害關係있는 會員은 그 決議에 參加하지 못한다. ③親族會員 過半數의 贊成으로 行한 書面決議로써 親族會의 決議에 가름한 境遇에는 前條의 規定에 依하여 親族會의 召集을 請求할 수 있는 者는 2月內에 그 取消를 法院에 請求할 수 있다.	〈삭제〉
第968條(親族會에서의 意見開陳) 本人, 그 法定代理人, 配偶者, 直系血族, 4寸以內의 방계혈족은 親族會에 出席하여 意見을 開陳할 수 있다.	〈삭제〉
第969條(親族會의 決議에 가름할 裁判) 親族會가 決議를 할 수 없거나 決議를 하지 아니하는 때에는 親族會의 召集을 請求할 수 있는 者는 그 決議에 가름할 裁判을 法院에 請求할 수 있다.	〈삭제〉
第970條(親族會員의 辭退) 親族會員은 正當한 事由있는 때에는 法院의 許可를 얻어 이를 辭退할 수 있다.	〈삭제〉
第971條(親族會員의 解任) ①親族會員이 그 任務에 關하여 不正行爲 其他 適當하지 아니한 事由가 있는 때에는 法院은 職權 또는 本人, 그 法定代理人, 第777條의 規定에 依한 本人의 親族이나 利害關係人의 請求에 依하여 그 親族會員을 改任 또는 解任할 수 있다. ②法院은 適當하다고 認定할 때에는 職權 또는 本人, 그 法定代理人, 第777條의 規定에 依한 本人의 親族이나 利害關係人의 請求에 依하여 親族會員을 增員選任할 수 있다.	〈삭제〉
第972條(親族會의 決議와 異議의 訴) 親族會의 召集을 請求할 수 있는 者는 親族會의 決議에 對하여 2月內에 異議의 訴를 提起할 수 있다.	〈삭제〉
第973條(親族會員의 善管義務) 第681條의 規定은 親族會員에 準用한다.	〈삭제〉

후견감독인 제도의 도입에 따라 친족회에 관한 제960조 내지 제973조의 규정을 모두 삭제하였다.

Ⅵ. 기타 조항

○ 제1020조, 제1062조, 제1063조, 제1072조 및 제1098조

현행	개정
第1020條(無能力者의 承認, 拋棄의 期間) 相續人이 無能力者인 때에는 前條第1項의 期間은 그 法定代理人이 相續開始있음을 안 날로부터 起算한다.	제1020조(제한능력자의 승인·포기의 기간) 상속인이 제한능력자인 경우에는 제1019조제1항의 기간은 그의 친권자 또는 후견인이 상속이 개시된 것을 안 날부터 기산(起算)한다.
第1062條(無能力者와 遺言) 第5條, 第10條와 第13條의 規定은 遺言에 關하여는 이를 適用하지 아니한다.	제1062조(제한능력자의 유언) 유언에 관하여는 제5조, 제10조 및 제13조를 적용하지 아니한다.
第1063條(禁治產者의 遺言能力) ①禁治產者는 그 意思能力이 回復된 때에 限하여 遺言을 할 수 있다. ②前項의 境遇에는 醫師가 心神回復의 狀態를 遺言書에 附記하고 署名捺印하여야 한다.	제1063조(피성년후견인의 유언능력) ① 피성년후견인은 의사능력이 회복된 때에만 유언을 할 수 있다. ② 제1항의 경우에는 의사가 심신회복의 상태를 유언서에 부기(附記)하고 서명날인하여야 한다.
第1072條(證人의 缺格事由) ①다음 各號의 事項에 該當하는 者는 遺言에 參與하는 證人이 되지 못한다. 1. 未成年者 2. 禁治產者와 限定治產者 3. 遺言에依하여 利益을 받을 者, 그 配偶者와 直系血族 ②公正證書에 依한 遺言에는 公證人法에 依한 缺格者는 證人이 되지 못한다.	제1072조(증인의 결격사유) ① 다음 각 호의 어느 하나에 해당하는 사람은 유언에 참여하는 증인이 되지 못한다. 1. 미성년자 2. 피성년후견인과 피한정후견인 3. 유언으로 이익을 받을 사람, 그의 배우자와 직계혈족 ② 공정증서에 의한 유언에는 「공증인법」에 따른 결격자는 증인이 되지 못한다.

第1098條(遺言執行者의 缺格事由) 無能力者와 파산선고를 받은 자는 遺言執行者가 되지 못한다.	제1098조(유언집행자의 결격사유) 제한능력자와 파산선고를 받은 자는 유언집행자가 되지 못한다.

무능력자 개념 및 금치산·한정치산 제도의 폐지에 따라 모두 관련 용어를 "제한능력자" 또는 "피성년후견인", "피한정후견인"으로 변경하고, 조문에 따라 그 문구를 알기 쉽게 수정하였다. 자세한 조문의 내용은 개정 전 민법과 동일하므로, 해설을 생략한다. 다만, 제1020조는 제한능력자의 상속승인·포기 기간의 기산점을 "그의 친권자 또는 후견인이 상속이 개시된 것을 안 날"로 개정하였다. 개정민법상 후견인(특히 한정후견인이나 특정후견인)이 언제나 법정대리인이 되는 것은 아니라는 점에서, 그 문구를 "법정대리인"으로부터 "친권자 또는 후견인"으로 변경한 것은 타당하다. 다만, 후견인에 따라서는 가정법원으로부터 상속의 승인 또는 포기의 의사표시를 대리할 권한을 부여받지 못한 경우도 있으므로, 동조에서 말하는 후견인이란 상속의 승인 또는 포기의 의사표시를 대리할 권한이 있는 후견인만을 의미한다고 해석하여야 할 것이다.

제2장 친권

제1절 개정경위

1. 개정의 배경

종래 예컨대 미성년 자녀를 둔 부모가 이혼하여, 그 일방이 친권자가 되었는데, 그 후 그 친권자가 사망하면, 다른 일방이 당연히 친권자가 되는가, 아니면 이 경우에는 후견이 개시되는가에 관하여는, 친권이 당연히 부활한다는 친권부활설[1]과, 일단 후견이 개시되지만, 다른 일방이 원하는 경우에는 친권자 변경에 관한 친권자 변경청구를 하여 친권을 회복할 수 있다는 후견개시설(친권회복설)[2]이 대립하고 있었다.

친권부활설은 그 근거로서, 2005년 개정 전의 민법 제909조 제4항이 "혼인외의 자

1 梁壽山, "親權者와 親權行使者", 家族法硏究 제10호(1996), 331면 이하; 李凞培, "單獨親權行使者가 死亡한 경우 生存親의 親權行使權能의 復活與否와 親權喪失의 事由", 家族法硏究 제10호(1996), 351면 이하 등.

2 金疇洙, 親族·相續法, 第5全訂版, 2000, 307면 이하 등.

가 인지된 경우와 부모가 이혼한 경우에는 부모의 협의로 친권을 행사할 자를 정하고, 협의할 수 없거나 협의가 이루어지지 아니하는 경우에는 당사자의 청구에 의하여 가정법원이 이를 정한다."고 규정하고 있었으므로, 이때에는 부 또는 모의 일방이 친권행사자로 되고, 친권행사자 아닌 다른 일방도 친권 자체를 상실하는 것은 아니며 다만 친권의 행사가 정지되는데, 친권행사자가 사망하면 다른 일방의 친권이 당연히 부활한다고 보았다. 그리고 친권은 천부의 자연권이므로 부 또는 모의 일방이 친권을 행사하더라도 다른 일방의 친권은 그 행사가 정지될 뿐 소멸하는 것은 아니라고도 주장하고 있다.

반면 후견개시설은 부모의 일방이 사망하면 자녀와의 관계가 완전히 단절되어 있던 다른 일방이 당연히 친권자로 된다면, 자녀의 복리를 해치게 된다고 주장한다. 후견인은 중요한 행위에 관하여 친족회의 동의를 받아야 하는 등(개정 전 제950조), 친권자보다 권한이 제약되므로, 자녀의 복리를 위해서는 다른 일방이 당연히 친권자가 되는 것이 아니라 후견인이 되어야 한다는 것이다. 이 설에서는 2005년 개정된 민법 제909조 제4항과 제5항에서 '친권을 행사할 자'라는 용어를 삭제하고 그 대신 '친권자'라는 용어를 채택함으로써,[3] '친권행사자론'의 핵심적인 이론적 근거를 제거하였다고도 주장한다.[4]

법 개정 전의 판례와 실무는 친권이 당연히 부활한다는 친권부활설을 따르고 있었다.[5] 당시의 가족관계등록예규도 그와 같이 규정하고 있었다.[6]

판례는 그 이유에 대하여는 명확히 밝히고 있지 않으나, 이혼 후 부모의 일방이 친

3 제909조 ④혼인외의 자가 인지된 경우와 부모가 이혼한 경우에는 부모의 협의로 친권자를 정하여야 하고, 협의할 수 없거나 협의가 이루어지지 아니하는 경우에는 당사자는 가정법원에 그 지정을 청구하여야 한다. 〈개정 2005. 3. 31.〉

⑤가정법원은 혼인의 취소, 재판상 이혼 또는 인지청구의 소의 경우에는 직권으로 친권자를 정한다. 〈개정 2005. 3. 31〉

4 金相瑢, "改正民法(친족 · 상속법) 解說", 法曹(2005. 8), 134면 이하; 同, ""親權自動復活論"에 대한 비판적 고찰", 법학논문집 제32집 제2호(2008), 45면 이하.

5 대법원 1994. 4. 29. 선고 94다1302 판결; 서울가법 2002. 8. 19. 자 2002느합35 심판 등.

6 친권자의 지정 또는 변경에 관한 가족관계등록사무 처리지침(제정 2007. 12. 10. 가족관계등록예규 제177호, 개정 2008. 6. 18. 가족관계등록예규 제286호) 제10조는 친권자로 지정된 사람이 사망, 실종선고, 대리권과 관리권의 상실(사퇴)로 인하여 친권을 행사할 수 없는 경우에도 다른 부 또는 모가 있는 때에는 후견이 개시되지 않으므로 후견개시신고를 할 수 없다고 규정하고 있다.

권자로 정하여졌더라도 다른 일방이 반드시 친권자로 부적합하다고는 볼 수 없다는 점 및 친권회복설이 주장하는 것처럼 후견인을 친권자로 변경하는 절차가 규정되어 있지 않다는 점 등을 고려한 것이 아닌가 생각된다.

입법례를 본다면 친권의 자동부활을 인정하지 않는 나라들이 있다.[7] 독일에서는 이혼 후에도 친권을 공동으로 행사하는 것이 원칙이지만, 부모가 공동으로 생활하고 있지 않을 때에는 부모 중 일방이 친권(elterliche Sorge) 또는 그 일부를 자신에게 단독으로 이전해 줄 것을 청구할 수 있다(제1671조). 이에 따라 단독 친권자로 정해졌던 사람이 사망하면, 가정법원은 친권의 이전이 자녀의 이익에 반하지 않는 한, 직권으로 생존하고 있는 다른 부모 일방에게 친권을 이전시킬 것을 명하여야 한다(제1680조 제2항 제1문). 스위스 민법 제134조 제3항은, 이혼 후 부모의 일방이 사망하면 후견기관(Vormundschaftsbehörde)이 친권을 새로 규율할 권한을 가진다고 규정한다. 오스트리아 민법(ABGB) 제145조 제1항은 단독친권자가 사망 등의 사유로 친권을 행사할 수 없게 되면 법원이 다른 부모 일방이나 조부 등이 친권을 행사할 것인지에 관하여 결정하도록 규정하고 있다. 일본의 경우에는 법률의 규정은 없으나, 다수의 하급심 판례와 통설은 일단 후견이 개시되지만, 생존하고 있는 다른 부모의 일방은 그가 자녀의 감호교육이나 재산관리를 하기에 적합하면 심판에 의하여 친권자의 변경을 청구할 수 있는 것으로 보고 있다.[8]

이러한 상황에서 2008년 유명한 여자 탤런트 최모 씨가 자살하자, 이혼한 생부가 자녀의 친권자가 되는 것이 적절한지에 관하여 논란이 일어났고, 그 영향으로 인하여 친권의 자동부활을 막는 입법이 추진되었다.

7 金相瑢, "親權自動復活論"(주 4), 55면 이하 참조.

8 李凞培(주 1), 361면 이하 참조.

2. 개정의 경과

이 문제에 관하여 국회에 처음 제출된 법안은 2009. 1. 22. 김상희 의원 등 18인이 제출한 민법개정안이었다. 김상희 의원안은, 이혼 등의 사유로 단독친권자로 정해진 부모의 일방이 사망하거나, 입양이 취소, 파양된 경우 등에는 친생부모의 친권이 당연히 부활하는 것은 아니고, 친생부모가 가정법원에 친권자의 변경을 청구할 수 있도록 하는 것을 주된 내용으로 하고 있었다.[9] 그리고 손숭미 의원 등 12인이 2009. 3. 31. 제출한 개정안은 김상희 의원 안을 전제로 하여, 단독 친권자의 사망이나 입양의 취소 등의 사유가 있는 경우, 가정법원이 친권자를 변경하거나 후견인, 그의 대행자를 선임할 때까지 생존하는 부 또는 모나 친생부모를 제외한 최근친의 직계혈족이나 3촌 이내의 후견인이 되도록 하는 제909조의3을 신설하여, 미성년자의 법정대리인 없는 공백기간이 생기지 않도록 하는 것을 내용으로 하였다.

다른 한편 정부는 2010. 2. 10.에 민법개정안을 제출하였다. 정부안은 그 제안이유를 다음과 같이 들고 있다.

> "이혼 등으로 단독 친권자로 정해진 부모의 일방이 사망하거나 친권을 상실하는 등 친권을 행사할 수 없는 경우에 가정법원의 심리를 거쳐 친권자로 정해지지 않았던 부모의 다른 일방을 친권자로 지정하거나 후견이 개시되도록 하고, 입양이 취소되거나 파양된 경우 또는 양부모가 사망한 경우에도 가정법원의 심리를 거쳐 친생부모 또는 그 일방을 친권자로 지정하거나 후견이 개시되도록 하여 부적격의 부 또는 모가 당연히 친권자가 됨으로써 미성년자의 복리에 악영향을 미치는 것을 방지하고, 이혼 등으로 단독 친권자로 정해진 부모의 일방이 유언으로 미성년자의 후견인을 지정한 경우라도 미성년자의 복리를 위하여 필요하다고 인정되면 후견을 종료하고 친권자로 정해지지 않았던 부모의 다른 일방을 친권자로 지정할 수 있게 하여 미성년자의 복리를 증진시키려는 것임."

9 이 안 중 친권자 변경 등에 관한 제909조의2는 "親權自動復活論"(주 4), 60면 이하에 있는 金相瑢 교수의 안과 같다.

정부안과 김상희 의원안은 모두 단독친권자가 사망한 경우에 다른 생존 부 또는 모 등의 친권이 당연히 부활하는 것이 아니라 가정법원에 의한 친권자 지정 또는 변경을 필요로 한다는 점에서는 공통된다. 그러나 정부안에는 후견인을 지정하는 경우에 생존하는 부 또는 모의 의견을 들어야 한다는 규정(제909조의2 제3항)과, 후견인이 선임된 경우에도 필요하면 친권자를 지정할 수 있다는 규정(제909조의2 제7항)이 있는데 반하여, 김상희 의원 안에는 그러한 내용이 포함되어 있지 않았다.

법제사법위원회는 위 각 법안을 심리한 끝에, 2011. 4. 21. 3건의 법률안은 본회의에 부의하지 않기로 하는 대신 3건의 법률안 내용을 반영하여 위원회의 대안을 마련하여 제안하기로 하였다. 위 대안은 주로 정부안을 바탕으로 하였다. 다만 정부안과 차이가 있는 것은 후견인 선임에 관한 부분이었다. 정부안은 미성년자와 일정한 관계가 있는 사람이 당연히 후견인이 되도록 하는 종전의 법정후견제를 전제로 하여, 가정법원이 후견인을 선임하는 경우 법정후견에 관한 제932조 및 제935조에도 불구하고 4촌 이내의 친족이나 그 밖에 적합한 사람을 후견인으로 선임할 수 있다고 규정하고 있었으나(제909조의2 제5항), 성년후견제를 도입한 2011. 3. 7.의 민법개정에 의하여 법정후견제가 폐지되었으므로, 정부안과 같은 규정은 불필요하게 되었다.

위 위원회 대안은 2011. 4. 29. 본회의에서 그대로 의결되었고, 의결된 법률안은 2011. 5. 6. 정부에 이송되었으며, 대통령은 2011. 5. 19. 법률 제10645호로 이를 공포하였다. 개정법 부칙은 개정법을 2013. 7. 1.부터 시행하는 것으로 규정하였다.

개정법은 우선, 단독친권자로 정하여진 부모의 일방이 사망하였거나, 입양이 취소되거나 파양된 경우 또는 양부모가 모두 사망한 경우에 친생부모 일방이 당연히 친권자로 되는 것이 아니라 신청에 따른 가정법원의 지정에 의하여 비로소 친권자가 되도록 하였다(제909조의2 제1항, 제2항). 그리고 일정한 기간 내에 그러한 신청이 없으면 법원이 미성년후견인을 선임하여야 한다(제3항). 가정법원은 친권자 지정 청구나 후견인 선임 청구가 미성년자의 복리를 위하여 적절하지 아니하다고 인정하면 청구를 기각할 수 있다(제4항). 가정법원은 친권자가 지정되거나 미성년후견인이 선임될 때까지 그 임무를 대행할 사람을 선임할 수 있다(제5항). 가정법원은 미성년후견인이 선임된 경우라도 후견을 종료하고 생존하는 부 또는 모, 친생부모 일방 또는 쌍방을 친권자로 지정할 수 있다(제6항).

그리고 친권상실 등의 사유가 있는 경우에도 제909조의 규정이 대부분 준용된다(제927조의2). 또한 단독친권자가 유언으로 미성년후견인을 선임한 경우에도 가정법원은 친권자를 지정할 수 있도록 하였다(제931조 제2항). 다른 한편 개정법은 가정법원이 친권자를 지정함에 있어서는 자子의 복리를 우선적으로 고려하여야 한다는 제912조 제2항을 신설하였다.

제2절 조문별 해설

○ 제909조의2

현행	개정
〈신설〉	제909조의2(친권자의 지정 등) ① 제909조 제4항부터 제6항까지에 따라 단독 친권자로 정해진 부모의 일방이 사망한 경우 생존하는 부 또는 모, 미성년자, 미성년자의 친족은 그 사실을 안 날부터 1개월, 사망한 날부터 6개월 내에 가정법원에 생존하는 부 또는 모를 친권자로 지정할 것을 청구할 수 있다. ② 입양이 취소되거나 파양된 경우 또는 양부모가 모두 사망한 경우 친생부모 일방 또는 쌍방, 미성년자, 미성년자의 친족은 그 사실을 안 날부터 1개월, 입양이 취소되거나 파양된 날 또는 양부모가 모두 사망한 날부터 6개월 내에 가정법원에 친생부모 일방 또는 쌍방을 친권자로 지정할 것을 청구할 수 있다. 다만, 친양자의 양부모가 사망한 경우에는 그러하지 아니하다. ③ 제1항 또는 제2항의 기간 내에 친권자 지정의 청구가 없을 때에는 가정법원은 직권으로 또는 미성년자, 미성년자의 친족, 이해관계인, 검사, 지방자치단체의 장의 청구에 의하여 미성년후견인을 선임할 수 있다. 이 경우

생존하는 부 또는 모, 친생부모 일방 또는 쌍방의 소재를 모르거나 그가 정당한 사유 없이 소환에 응하지 아니하는 경우를 제외하고 그에게 의견을 진술할 기회를 주어야 한다.

④ 가정법원은 제1항 또는 제2항에 따른 친권자 지정 청구나 제3항에 따른 후견인 선임 청구가 생존하는 부 또는 모, 친생부모 일방 또는 쌍방의 양육의사 및 양육능력, 청구 동기, 미성년자의 의사, 그 밖의 사정을 고려하여 미성년자의 복리를 위하여 적절하지 아니하다고 인정하면 청구를 기각할 수 있다. 이 경우 가정법원은 직권으로 미성년후견인을 선임하거나 생존하는 부 또는 모, 친생부모 또는 일방 또는 쌍방을 친권자로 지정하여야 한다.

⑤ 가정법원은 다음 각 호의 어느 하나에 해당하는 경우에 직권으로 또는 미성년자, 미성년자의 친족, 이해관계인, 검사, 지방자치단체의 장의 청구에 의하여 제1항부터 제4항까지에 따라 친권자가 지정되거나 미성년후견인이 선임될 때까지 그 임무를 대행할 사람을 선임할 수 있다. 이 경우 그 임무를 대행할 사람에 대해서는 제25조 및 제954조를 준용한다.

1. 단독 친권자가 사망한 경우
2. 입양이 취소되거나 파양된 경우
3. 양부모가 모두 사망한 경우

⑥ 가정법원은 제3항 또는 제4항에 따라 미성년후견인이 선임된 경우라도 미성년후견인 선임 후 양육상황이나 양육능력의 변동, 미성년자의 의사, 그 밖의 사정을 고려하여 미성년자의 복리를 위하여 필요하면 생존하는 부 또는 모, 친생부모 일방 또는 쌍방, 미성년자의 청구에 의하여 후견을 종료하고 생존하는 부 또는 모, 친생부모 일방 또는 쌍방을 친권자로 지정할 수 있다.

1. 제1항

제1항은 제909조 제4항부터 제6항까지에 따라 단독 친권자로 정해진 부모의 일방이 사망한 경우에 적용된다.

제909조 제4항은 혼인외의 자가 인지된 경우와 부모가 이혼하는 경우이다. 이때에

는 부모의 협의로 친권자를 정하여야 하고, 협의할 수 없거나 협의가 이루어지지 아니하는 경우에는 법원이 친권자를 지정하여야 한다. 협의가 이루어지지 않는 경우에 부모 중 일방만을 친권자로 지정할 수 있는가, 아니면 부모의 공동친권을 인정할 수 있는가 하는 점에 대하여 종전에 다소 의견 대립이 있었으나, 현재 법원의 실무는 부모가 공동으로 친권을 행사하는 것을 인정하고 있고,[10] 대법원의 판례도 이를 긍정한다.[11] 그러므로 제1항이 적용되는 것은 부모가 공동친권자가 되지 않고 그 중 일방만이 친권자로 된 경우이다.

제909조 제5항은 혼인의 취소, 재판상 이혼 또는 인지청구의 소의 경우에 법원이 직권으로 친권자를 정하는 경우이다.

제909조 제6항은 가정법원은 자의 복리를 위하여 필요하다고 인정되는 경우에는 자의 4촌 이내의 친족의 청구에 의하여 정하여진 친권자를 다른 일방으로 변경할 수 있다는 규정이다.[12]

그런데 인지의 경우에 인지 전에 단독친권자인 모가 사망하고, 그 후 부가 인지한 경우에는 제909조의2 제1항이 적용될 수 있는지가 불분명하다는 주장이 있다. 즉 제909조 제4항과 제5항은 부모 중 한 명 또는 두 명 모두를 친권자로 지정하기 위한 조항이므로, 문리해석상으로는 단독친권자인 모가 사망한 경우에 인지한 부의 친권을 배제하기 어렵게 된다는 것이다.[13] 그러나 인지되지 않은 상태에서 단독친권자인 모가 사망한 경우에는 후견이 개시되게 될 것이므로, 이때에는 후견인 선임 후의 친권자 지정에 관한 제909조의2 제6항이 유추적용되어야 할 것이다.

친권자가 유언으로 미성년후견인을 지정한 경우(제931조 제1항)에는 제909조의2는 적용되지 않는다. 그러나 이때에도 제931조 제2항에 의하여 생존하는 부 또는 모가 친권

10 상세한 것은 李東哲, "親權行使者 및 養育者 指定, 養育費 請求에 관한 몇 가지 問題", 서울가정법원 實務硏究 [X], 2005, 200면 이하 참조.

11 대법원 2012. 4. 13. 선고 2011므4719 판결.

12 정부안에는 제909조 제4항과 제5항의 경우만을 들고 있어서, 제909조 제6항의 경우는 배제하는 것으로 해석될 여지가 있었으므로 제909조 제6항도 추가되었다. 법무부, 친권제도 개선관련 「민법」 조문별 해설 자료, 2011, 9면.

13 권재문, "친권자의 공백 상황에 대처하기 위한 법정대리인의 결정", 家族法硏究 제27권 1호(2013), 127-8면.

자로 지정될 수 있다.

친권자 지정 청구를 할 수 있는 사람은 생존하는 부 또는 모, 미성년자, 미성년자의 친족이다. 여기서 미성년자의 친족은 제777조가 규정하는 8촌 이내의 혈족과 4촌 이내의 인척을 말한다고 해석된다.[14]

이와 같이 생존하는 부 또는 모의 친권이 당연히 부활하지 않고 친권자 지정청구를 하도록 한 것은, 생존하는 부 또는 모가 친권자가 되는 것이 미성년자의 복리를 위하여 적절한지를 가정법원이 심리하여 결정할 수 있게 하려는 데 그 목적이 있다(제3항 참조). 그런데 이처럼 가정법원에 친권자 지정 청구를 하게 하는 것은 법원의 업무 부담을 가중시킬 것이라는 우려가 있었다. 그러나 국회의 법안 심사 과정에서는 이로 인하여 증가되는 사건 수가 연간 약 3,200건 정도로 예상되어 업무부담이 크게 늘지는 않을 것이라고 보았다.[15]

친권자 지정 청구는 청구권자가 단독친권자가 사망하였음을 안 날부터 1개월, 단독친권자가 사망한 날부터 6개월 내에 하여야 한다. 이 두 기간 중 어느 하나라도 지나면 청구를 할 수 없다고 보아야 할 것이다. 그런데 이처럼 친권자 지정 청구를 할 수 있는 기간을 제한하고 있는 것에 대하여는 문제가 제기될 수 있다. 제6항은 미성년후견인이 선임된 경우라도 필요한 경우에는 생존하는 부 또는 모 등을 친권자로 지정할 수 있도록 규정하고 있으므로, 법문만을 놓고 본다면 제1항의 기간이 지났지만 미성년후견인이 선임되지 않은 경우에는 친권자 지정이 불가능한 것처럼 보이기 때문이다. 입법론적으로는 미성년후견인이 선임되기 전이라면 기간의 제한 없이 친권자 지정 청구를 할 수 있도록 규정하는 것이 바람직하다. 해석론으로서도 이러한 경우에는 제1항과 제2항의 적용 범위를 목적론적으로 확장하여, 친권자 지정이 가능하다고 해석하여야 할 것이다.

14 金相瑢, "2011년 가족법의 개정 동향", 法曹(2011. 12), 46면. 미성년자는 혼인으로 성년이 되므로, 미성년자의 배우자가 청구할 수 있는 경우란 생각할 수 없다.

15 법제사법위원회, "민법 일부개정법률안 심사보고서", 2011. 4, 8면 참조.

2. 제2항

제2항은 입양이 취소되거나 파양된 경우 또는 양부모가 모두 사망한 경우에 적용된다. 개정 전에는 일반입양에서 입양이 취소되거나 파양된 경우, 또는 양부모가 모두 사망한 경우에 누가 친권자가 되는가에 관하여 명확한 규정이 없었다. 학설상으로는 파양 또는 입양이 취소된 경우에는 친생부모의 친권이 부활하지만, 양부모가 모두 사망하는 경우에는 후견이 개시된다는 견해가 있었다.[16] 개정법은 이 경우에도 제1항과 마찬가지로 친권자 지정청구 절차를 거쳐야 친생부모가 친권자로 될 수 있도록 하였다.[17]

그러나 친양자의 경우에는 친양자로 입양된 때에는 친생부모와의 친족관계가 소멸하므로(제908조의3 제2항), 친양자의 양부모가 사망한 때에는 친생부모의 친권이 부활하지 않고, 이 경우에는 후견이 개시되며, 친권자 지정청구를 할 수 없다(제2항 단서).

그런데 이에 대하여는 부부의 한쪽이 그 배우자의 친생자를 친양자로 하는 경우(제908조의2 제1항 제1호 단서)에는 양부 또는 양모가 사망하더라도 친부 또는 친모가 있기 때문에 친권의 공백은 발생하지 않으므로, 개정법 제909조의2 제2항 단서에 "혼인중인 부부의 일방이 그 배우자의 친생자를 친양자로 하였는데 양친과 그의 배우자로서 자녀의 친생부모인 자가 모두 사망한 경우"에도 친권자 지정청구를 할 수 없다는 규정을 둠으로써 불필요한 해석상의 혼란을 방지할 필요가 있다는 주장이 있다.[18] 이는 예컨대 양부가 먼저 사망하고, 양부와 혼인한 친생모가 나중에 사망한 경우에, 친생부가 친권자 지정청구를 할 수 있는가 하는 경우에 문제될 수 있다. 그러나 양부모가 모두 사망한 경우에 친생부모가 친권자 지정청구를 할 수 없도록 한 근거는 양자와 친생부모와의 사이에 친족관계가 단절되었다는 점에 있으므로, 해석상 위에서 든 예의

16 金疇洙 · 金相瑢, 親族 · 相續法, 제9판, 2008, 406면.

17 권재문(주 13), 121-3면은 개정법이 단순히 "입양의 취소 또는 파양"이라고 한 것은 양부모가 부부인 경우에는 입양취소 또는 파양도 반드시 공동으로 하여야 함을 전제한 것이라고 해석되어야 한다고 주장한다. 그러나 이 규정이 반드시 이러한 문제까지 고려한 것이라고는 볼 수 없다.

18 권재문(주 13), 135-137면.

경우에도 친족관계가 단절된 친생부가 친권자 지정청구를 할 수는 없다고 보아야 할 것이다.

그리고 친양자 입양이 취소되거나 파양된 경우에는 친양자관계는 소멸하고 입양 전의 친족관계는 부활하므로(제908조의7 제1항), 이때에는 친생부모가 친권자 지정청구 절차를 거쳐 친권자가 될 수 있다.[19]

친권자 지정 청구를 할 수 있는 사람은 친생부모 일방 또는 쌍방, 미성년자, 미성년자의 친족이다. 친권자 지정청구를 할 수 있는 기간은 제1항과 마찬가지로 청구권자가 친권자를 지정하여야 할 사유, 즉 입양이 취소되거나 파양된 경우 또는 양부모가 모두 사망하였음을 안 날부터 1개월, 그러한 사유가 발생한 날부터 6개월 내이다. 이에 대하여는 제1항의 경우와 같은 문제점을 지적할 수 있다.

3. 제3항

제3항은 제1항 또는 제2항의 기간 내에 친권자 지정의 청구가 없을 때에는 가정법원은 직권으로 또는 법이 나열하는 청구권자의 청구에 의하여 미성년후견인을 선임할 수 있고, 이 경우에는 원칙적으로 친권자가 될 수 있었던 사람에게 의견을 진술할 기회를 주어야 한다고 규정한다.

우선 여기서 말하는 제1항 또는 제2항의 기간이 무엇을 의미하는지가 문제된다. 즉 친권자 지정 청구권자가 친권자 지정 사유가 있음을 안 날부터 1개월을 의미하는 것인지, 아니면 그러한 사유가 발생한 날부터 6개월이 지나야 한다는 것인지 하는 점이다. 법문 상으로는 두 가지 중 어느 하나만 지나면 미성년후견인의 선임이 가능하고, 따라서 친권자 지정 청구권자가 친권자 지정 사유가 있음을 안 날부터 1월이 지나면 친권자가 사망한 날부터 6개월이 지나지 않았더라도 미성년후견인을 선임할 수 있다고 보인다. 그러나 친권자 지정 청구권자가 언제 친권자 지정 사유가 있음을 알았는지는 법원이나 제3자가 쉽게 알기 어렵다. 그러므로 친권자 지정 청구권자가 친권자 지정 사유가

19 金相瑢(주 14), 48면.

있음을 언제 알았는지에 관계없이, 친권자 지정 사유가 발생한 날부터 6개월이 지나면 미성년후견인을 선임할 수 있도록 하는 것이 청구할 수 있는 시점을 명확하게 하는 방법이었을 것이다.

미성년후견인의 선임은 직권으로 할 수도 있지만, 대부분의 경우에는 청구권자의 청구가 있는 경우에 하게 될 것이다. 청구권자는 미성년자 본인, 미성년자의 친족, 이해관계인, 검사, 지방자치단체의 장으로서, 제1항과 제2항보다는 넓다. 그런데 원래 친권자가 될 수 있었던 생존하는 부 또는 모나 양자의 친생부모는 청구권이 없는가 하는 점이 문제된다. 형식적으로는 이러한 사람들도 미성년자의 친족에 해당하므로 청구권이 있다고 할 수 있으나, 제1항과 제2항은 청구권자로서 미성년자의 친족 외에 이러한 사람들을 별도로 열거하고 있어서 다소 균형이 맞지 않는다.

이해관계인의 의미는 명백하지 않다. 친권자가 없는 아동을 직접 보호하고 있는 위탁부모, 가정위탁지원센터의 장, 아동복지시설의 장 등이 여기에 해당될 수 있을 것이라는 설명이 있다.[20]

이처럼 미성년후견인을 선임하려는 경우에는 친권자가 될 수 있었던 생존하는 부 또는 모, 친생부모 일방 또는 쌍방의 소재를 모르거나 그가 정당한 사유 없이 소환에 응하지 아니하는 경우를 제외하고 그에게 의견을 진술할 기회를 주어야 한다.[21] 이는 미성년 자녀의 복리를 위하여 미성년후견인 선임 결정에 신중을 기하도록 함과 아울러 그 부모의 의사가 반영될 수 있도록 하기 위함이다.[22]

그런데 생존하는 부 또는 모나 친생부모가 단독친권자 또는 양부모의 사망, 입양의 취소, 파양사실을 알면서도 친권자의 지정을 청구하지 않는다면 자녀에 대해서 관심이 없는 경우가 대부분일 것이므로, 부모의 의견을 듣는 것에 대하여 큰 의미를 부여하기는 어렵다는 주장이 있다.[23] 그러나 이와 같은 사람들이 단독친권자나 양부모의 사망사

20 金相瑢(주 14), 49면.

21 원래의 정부안에서는 친권자 지정 시 생존친의 절차 참여권을 보장하기 위해 생존친의 '의견을 들어야 한다'로 규정하였으나, 가정법원이 마치 그 의견에 구속되는 것으로 오해될 소지 있으므로 '의견을 진술할 기회를 주어야 한다'로 표현이 수정되었다. 법무부(주 12), 9면.

22 법무부(주 12), 21면.

실 등을 모르고 있었을 수도 있으므로,[24] 이러한 의견 진술의 기회를 부여하는 것은 절차적 정의의 관점에서 필요하다.

이와는 대조적으로 피후견인이 될 미성년자 본인의 의견을 들어야 한다는 규정은 없다. 이는 이 경우뿐만 아니라 제1항과 제2항, 나아가 친족법 전체에 해당하는 문제이다. 다만 가사소송규칙 제100조에 의하면 자子의 양육에 관한 처분과 변경, 면접교섭권의 제한과 배제 및 친권자의 지정과 변경에 관한 심판의 청구가 있는 경우에 자子가 15세 이상인 때에는, 가정법원은 심판에 앞서 그 자子의 의견을 들어야 한다고 규정하고 있으나, 이것만으로는 자녀의 의사를 존중하고 이익을 보호하는 데 충분하지 않다. 그러므로 가사소송법과 같은 곳에 연령에 관계없이 자녀의 의견을 듣고 이를 고려하여야 한다는 규정을 둘 필요가 있다.[25]

누구를 미성년후견인으로 선임할 것인가는 가정법원이 직권으로 판단하여야 한다. 가령 청구인이 자신을 미성년후견인으로 선임하여 줄 것을 청구하였다고 하더라도, 가정법원은 청구인 아닌 다른 사람을 미성년후견인으로 선임할 수 있을 것이다.

4. 제4항

제4항은 친권자 지정 청구나 후견인 선임 청구가 미성년자의 복리를 위하여 적절하지 않다고 인정하면 청구를 기각할 수 있다고 규정한다. 이는 친양자가 될 사람의 복리를 위하여 친양자 입양의 청구를 기각할 수 있다는 제908조의3 제3항(2012. 2. 10. 개정 전에는 제2항)과 같은 취지이다. 구체적으로 어느 경우에 청구를 기각할 수 있는지는 가정법원이 법이 열거하고 있는 사유를 참작하여 합리적으로 결정할 수밖에 없다. 법이 열거하고 있는 사유는 생존하는 부 또는 모, 친생부모 일방 또는 쌍방의 양육의사 및 양육능력, 청구 동기, 미성년자의 의사, 그 밖의 사정이다.

23 권재문(주 13), 132면 참조.

24 金相瑢(주 14), 49-50면.

25 尹眞秀, "兒童의 司法節次上 聽聞", 民法論攷 Ⅳ, 2009, 349면 이하 참조.

가정법원이 친권자 지정청구를 기각할 때에는 직권으로 미성년후견인을 선임하여야 하고, 후견인 선임 청구를 기각할 때에는 친권자를 지정하여야 한다. 후견인 선임을 청구한 사람이 자신을 후견인으로 선임하여 달라고 하였으나, 법원이 다른 사람을 후견인으로 선임하는 것은 후견인 선임 청구의 기각에는 해당하지 않으므로, 이때에는 친권자를 지정할 필요가 없다.

5. 제5항

친권자가 지정되거나 미성년후견인이 선임될 때까지는 미성년자를 위하여 법정대리인이 없게 되는 공백상태가 발생한다. 이러한 경우에 대비하여 가정법원은 그때까지 그 임무를 대행할 사람을 선임할 수 있다. 가정법원은 직권으로 임무대행자를 선임할 수도 있지만, 미성년자, 미성년자의 친족, 이해관계인, 검사, 지방자치단체의 장도 이를 청구할 수 있다. 임무를 대행할 사람이 선임되면 그에 대하여는 제25조(부재자의 재산관리인의 권한에 관한 규정)와 제954조(법원의 후견사무에 관한 처분)가 준용된다. 따라서 법원이 선임한 재산관리인이 제118조에 규정한 권한을 넘는 행위, 즉 보존행위나 이용, 개량행위가 아닌 행위를 할 때에는 가정법원의 허가를 얻어야 하고(제25조의 준용), 가정법원은 대행자가 선임된 미성년자의 재산상황을 조사하고, 대행자에게 재산관리 등 후견임무 수행에 관하여 필요한 처분을 명할 수 있다(제954조의 준용). 그러나 후견인의 사임(제939조), 보수청구(제955조)에 관한 규정은 준용되지 않는다.[26]

6. 제6항

일단 미성년후견인이 선임된 경우라도, 친권자로 지정될 수 있었던 생존하는 부 또는 모, 친생부모 등이 친권자가 되기에 반드시 부적합하다고 말할 수 없는 경우도 있을 수 있다. 또 사후의 사정변경에 의하여 생존하는 부 또는 모 등을 친권자로 지정할 필

26 권재문(주 13), 131면은 이를 입법의 불비라고 한다.

요가 생길 수도 있다. 이러한 경우에 대비하여 제6항은, 가정법원이 후견을 종료하고 생존하는 부 또는 모, 친생부모 일방 또는 쌍방을 친권자로 지정할 수 있다고 규정한다. 그러한 친권자 지정이 가능한 사유로서, 법은 양육상황이나 양육능력의 변동, 미성년자의 의사, 그 밖의 사정을 고려하여 미성년자의 복리를 위하여 필요한 경우를 들고 있다.

그 청구권자는 생존하는 부 또는 모, 친생부모 일방 또는 쌍방, 미성년자이다. 그리고 이러한 결정을 하기 위해서는 법에 규정은 없으나, 제3항에 비추어 보면 미성년후견인에게 의견을 진술할 기회를 주어야 할 것이다.

그리고 미성년자가 인지되지 않은 상태에서 단독친권자인 모가 사망한 경우에는 후견이 개시되므로, 이 경우에는 후견인 선임 후의 친권자 지정에 관한 제909조의2 제6항이 유추적용 되어야 할 것이다(위 1. 참조).

○ 제912조 제2항

현행	개정
제912조(친권행사의 기준) 친권을 행사함에 있어서는 자의 복리를 우선적으로 고려하여야 한다.	제912조(친권 행사와 친권자 지정의 기준) ① (현행과 같음) ② 가정법원이 친권자를 지정함에 있어서는 자(子)의 복리를 우선적으로 고려하여야 한다. 이를 위하여 가정법원은 관련 분야의 전문가나 사회복지기관으로부터 자문을 받을 수 있다.

아동의 복리 내지 아동의 최선의 이익(the Best Interest of the Child)은 아동권리협약 제3조가 규정하고 있는 아동권리협약의 기본원칙으로서, 아동에 관한 법적 결정을 할 때 반드시 고려하여야 할 사항이다.[27] 그리하여 2005년 신설된 제912조는 이를 반영하여, 친권을 행사함에 있어서는 자의 복리를 우선적으로 고려하여야 한다고 규정하였다. 그

러나 자의 복리는 친권 행사뿐만 아니라 친권자의 결정에 관하여도 당연히 가장 중요하게 고려되어야 할 사항이다. 원래 아동의 최선의 이익이라는 기준도 미국에서 부모 중 누구를 양육자 내지 친권자로 정할 것인가 하는 문제에 관하여 발전된 것이다.

판례도, 부모가 이혼하는 경우에 부모 중 누구를 미성년인 자의 친권을 행사할 자 및 양육자로 지정할 것인가를 정함에 있어서는, 미성년인 자의 성별과 연령, 그에 대한 부모의 애정과 양육의사의 유무는 물론, 양육에 필요한 경제적 능력의 유무, 부 또는 모와 미성년인 자 사이의 친밀도, 미성년인 자의 의사 등의 모든 요소를 종합적으로 고려하여 미성년인 자의 성장과 복지에 가장 도움이 되고 적합한 방향으로 판단하여야 한다고 보고 있다.[28] 그리하여 개정법은 친권자를 지정함에 있어서도 자子의 복리를 우선적으로 고려하여야 한다는 제2항을 추가하여 이 점을 명확히 하였다.

그리고 개정법은 자녀의 복리 판단을 위하여 가정법원은 관련 분야의 전문가나 사회복지기관으로부터 자문을 받을 수 있다고 규정한다. 그러나 이러한 규정이 없더라도 가정법원은 당연히 그러한 자문을 받을 수 있으므로, 이 규정은 주의적인 것이다.[29]

○ 제927조의2

현행	개정
〈신설〉	제927조의2(친권 상실과 친권자의 지정 등) ① 제909조제4항부터 제6항까지에 따라 단독 친권자가 된 부 또는 모, 양부모(친양자의 양부모를 제외한다) 쌍방에게 다음 각 호의 어느 하나에 해당하는 사유가 있는 경우에는 제909조의2제1항 및 제3항부터 제5항까지를 준용한다. 다만, 제2호와 제3호의 경우 새로 정해진 친권자 또는 미성년후견인의 임무는 미성년자의 재산에 관한 행위에 한정된다.

27 이현재, "子의 최선의 이익 : 미국을 중심으로", 民事法研究 제11집 2호(2003), 91면 이하; 尹眞秀, "아동권리협약과 한국가족법", 民法論攷 Ⅳ, 2009, 317면 이하 참조.

28 대법원 2010. 5. 13. 선고 2009므1458, 1465 판결; 2012. 4. 13. 선고 2011므4719 판결.

29 金相瑢(주 14), 55면은 체계상으로는 가사소송규칙 등에 규정하는 것이 바람직하다고 한다.

1. 제924조에 따른 친권상실의 선고가 있는 경우
2. 제925조에 따른 대리권과 재산관리권 상실의 선고가 있는 경우
3. 제927조제1항에 따라 대리권과 재산관리권을 사퇴한 경우
4. 소재불명 등 친권을 행사할 수 없는 중대한 사유가 있는 경우

② 가정법원은 제1항에 따라 친권자가 지정되거나 미성년후견인이 선임된 후 단독 친권자이었던 부 또는 모, 양부모 일방 또는 쌍방에게 다음 각 호의 어느 하나에 해당하는 사유가 있는 경우에는 그 부모 일방 또는 쌍방, 미성년자, 미성년자의 친족의 청구에 의하여 친권자를 새로 지정할 수 있다.

1. 제926조에 따라 실권의 회복이 선고된 경우
2. 제927조제2항에 따라 사퇴한 권리를 회복한 경우
3. 소재불명이던 부 또는 모가 발견되는 등 친권을 행사할 수 있게 된 경우

1. 제1항

현행 실무상으로는 단독친권자에게 친권상실이나 대리권과 재산관리권 상실의 선고가 있거나, 단독친권자가 대리권과 재산관리권을 사퇴하였더라도 다른 부 또는 모가 있는 때에는 그의 친권이 부활하므로 후견이 개시되지 않는다.[30] 그러나 이는 단독친권자가 사망한 경우와 마찬가지로 자녀의 복리에 적합하지 않은 경우가 있을 수 있으므로, 제1항은 이 경우에 제909조의2 제1항 및 제3항부터 제5항까지를 준용하도록 하였다. 소재불명 등 친권을 행사할 수 없는 중대한 사유가 있는 경우도 마찬가지이다. 그러나 대리권이나 재산관리권 상실의 선고가 있거나, 대리권과 재산관리권을 사퇴한 경우에는 새로 정해진 친권자 또는 미성년후견인의 임무는 미성년자의 재산에 관한 행위에 한정된다.

다만 양부모 쌍방이 친권상실선고를 받은 경우는 후견개시의 사유가 되므로(제928조), 친생부모가 친권자 지정청구를 할 수 있는 여지가 없고, 따라서 제909조의 2 제2항

30 가족관계등록예규 제286호 제10조.

은 준용되지 않는다. 이 경우 제909조의2 제4항을 준용하여, 미성년후견인 선임 청구를 기각하고, 친생부모를 친권자로 지정하는 것도 허용되지 않는다고 해석된다.[31]

2. 제2항

제2항은 제1항에 의하여 단독친권자였던 사람이 친권을 행사할 수 없게 된 사유가 소멸하면 가정법원이 친권자를 새로 지정할 수 있는 것으로 규정한다. 이는 제909조의2 제6항과 같은 취지의 규정이라고 할 수 있다. 그 청구권자는 그 부모 일방 또는 쌍방, 미성년자, 미성년자의 친족이다.

우선 소재불명이던 부 또는 모가 발견되는 등 친권을 행사할 수 있게 된 경우(제3호)에는 그처럼 친권을 행사할 수 있게 된 것만으로 당연히 부 또는 모가 친권자로 되는 것은 아니고, 제2항에 의하여 친권자 지정 절차를 밟아야 한다. 그러나 실권의 회복이 선고된 경우(제1호)나 사퇴한 권리를 회복한 경우(제2호)에는 당연히 친권 또는 사퇴한 권리가 회복되게 된다. 따라서 이 경우에 이러한 사람을 친권자로 새로 지정한다는 것은 의미가 없다.[32]

다만 다른 친권자가 지정되었는데 그 후 실권의 회복이 선고되었거나 사퇴한 권리를 회복한 경우에는, 실권회복선고를 받거나 사퇴한 권리를 회복한 부 또는 모를 새로 단독친권자로 지정할 수 있을 것이다.[33] 그러한 조치가 없으면 기존의 친권자와 새로운 친권자가 공동친권을 행사하게 된다.

31 金相瑢(주 14), 61면 이하 참조.

32 권재문(주 13), 128-131면 참조.

33 金相瑢(주 14), 63면 이하.

○ 제931조

현행	개정
第931條(遺言에 依한 後見人의 指定) 未成年者에 對하여 親權을 行使하는 父母는 遺言으로 未成年者의 後見人을 指定할 수 있다. 그러나 法律行爲의 代理權과 財産管理權없는 親權者는 이를 指定하지 못한다.	제931조(유언에 의한 미성년후견인의 지정 등) ① 미성년자에게 친권을 행사하는 부모는 유언으로 미성년후견인을 지정할 수 있다. 다만, 법률행위의 대리권과 재산관리권이 없는 친권자는 그러하지 아니하다. ② 가정법원은 제1항에 따라 미성년후견인이 지정된 경우라도 미성년자의 복리를 위하여 필요하면 생존하는 부 또는 모, 미성년자의 청구에 의하여 후견을 종료하고 생존하는 부 또는 모를 친권자로 지정할 수 있다.

제1항은 종전 규정과 같고, 다만 "후견인"을 "미성년후견인"으로 고쳤다.

제2항은 단독친권자가 유언으로 미성년후견인을 지정하더라도, 미성년자의 복리를 위하여 필요하면 후견을 종료하고 생존하는 부 또는 모를 친권자로 지정할 수 있도록 하였다. 유언에 의하여 지정된 미성년후견인이 있더라도, 생존하는 부 또는 모가 친권자가 되는 것이 자녀 복리의 관점에서 더 나을 수 있으므로 이러한 경우에는 친권자를 지정할 수 있도록 한 것이다. 그 요건도 미성년자의 복리를 위하여 필요한 경우로서, 제909조의2 제6항보다는 완화되어 있다.

그 청구권자는 생존하는 부 또는 모, 미성년자이다.

제3장
입양 등

제1절 개정경위

1. 개정의 배경

2012년 입양법 개정의 핵심은 미성년자의 일반입양에 관하여 법원의 허가를 받도록 한 것이다. 이처럼 개정이 이루어지게 된 요인은 몇 가지를 들 수 있다. 그 하나는, 우리나라도 가입한 아동권리협약(Convention on the Rights of the Child, CRC) 제21조가 아동의 입양에 관하여는 관계당국의 허가를 받아야 하도록 규정하고 있다는 점이다. 한국은 위 협약에 가입할 때 위 조항에 대하여는 유보를 하였으나, 유엔의 아동권리위원회로부터 여러 차례에 걸쳐 유보를 철회하라는 권고를 받았다.[1] 다른 나라에서도 일반적으로 미성년자의 입양을 위하여는 법원의 허가를 요구하고 있다.[2]

1 尹眞秀, "兒童權利協約과 韓國家族法", 民法論攷 Ⅳ, 2009, 323면 이하 참조.

2 현소혜, 입양법제 선진화방안, 2009년 법무부 용역과제 보고서, 37면 이하 참조.

다른 한편 국내에서도 다른 목적을 위해 아동을 입양하는 경우, 입양한 아동을 학대하거나 심지어 살해하는 경우 등이 언론에 보도되었다. 그리하여 입양절차를 개선하여야 한다는 여론이 높아지게 되었다.

국가인권위원회는 2005. 4. 11. "유엔 아동의 권리에 관한 협약 제21조의 유보철회 및 이행에 대한 권고"를 발표하여, 아동의 권리에 관한 협약 제21조(가)의 이행을 위하여 입양은 관계기관의 심사 후 허가에 의해서만 가능하도록 하고, 파양의 경우도 아동의 이익을 보호하기 위한 경우에만 허가되도록 관련 민법 등을 개정하며, 아동의 권리에 관한 협약 제21조(가)에 대한 유보를 철회하도록 아동정책조정위원회 위원장인 국무총리 및 외교통상부장관에게 권고하였다.[3]

이처럼 미성년자 입양에 관하여 법원과 같은 관계당국의 허가를 받도록 하는 이유는, 입양하려는 사람이 아동을 제대로 양육할 수 있는지를 사전에 심사함으로써 아동의 복리를 보호하려는 것이다.

이러한 여러 가지 국내외의 상황 때문에 미성년자 입양에 관한 허가제도의 도입은 불가피하게 되었다.

2. 개정의 경과

법무부는 2010. 11. 제3기 가족법개정 특별분과위원회(이하 '개정위원회'라고 한다)를 구성하여 입양법 등 가족법 개정의 논의를 위촉하였고,[4] 그 위원회의 논의 결과에 따라 입법예고절차를 거쳐 2011. 9. 1. 국회에 입양제도의 개정을 주된 내용으로 하는

3 국가인권위원회 홈페이지 (http://www.humanrights.go.kr/03_sub/body02_2_v.jsp?m_link_url=03_sub/body02_2_v.jsp&m_id1=27&m_id2=378&m_id3=390&m_id4=561&id=535) 참조(최종방문 2013. 3. 12).

4 위원회의 구성은 다음과 같다. 위원장 : 윤진수 서울대학교 법학전문대학원 교수. 위원 : 김삼화 변호사, 김상용 중앙대학교 법학전문대학원 교수, 이경춘 서울고등법원 부장판사, 이은정 경북대학교 법학전문대학원 교수, 정현수 충북대학교 법학전문대학원 교수, 조경애 한국가정법률상담소 법률구조부장. 입양용역 담당 : 현소혜 홍익대학교 법학과 교수. 간사 : 임은정 법무부 검사. 직책은 2010. 11. 현재 기준.

민법개정안을 제출하였다. 정부의 제안이유는 다음과 같았다.

"현재 미성년자의 입양入養과 파양罷養은 시·읍·면의 장에 대한 신고만으로 가능하기 때문에 아동학대의 습벽이 있는 사람 등도 손쉽게 입양을 할 수 있고 그 결과 미성년자의 복리에 악영향을 끼치는 사례가 자주 발생하고 있으므로, 이를 방지하기 위하여 미성년자의 입양과 파양에 가정법원이 관여할 수 있도록 하고, 일정한 경우 부모의 동의 없이도 입양이 가능하게 하는 등 입양제도를 개선하는 한편, 친양자 입양 가능 연령을 현실에 맞게 완화하려는 것임."

그런데 당시 국회에는 이미 민법 중 가족법 개정을 위한 법안이 3개 제출되어 있었다.[5] 국회 법제사법위원회는 위 4개의 법률안을 심의한 끝에 2011. 11. 28. 위 4개의 법률안을 모두 본회의에 부의하지 않고, 법안심사소위원회가 마련한 대안을 위원회의 대안으로 제안하기로 의결하였다. 그 내용은 실제로 거의 정부안과 일치하고, 몇 군데만 차이가 있다.

법제사법위원회가 마련한 대안은 2011. 12. 29. 국회 본회의를 통과하여, 2012. 2. 10. 법률 제11300호로 공포되었으며, 2013. 7. 1.부터 시행될 예정이다. 위 개정의 중요한 내용은 다음과 같다. 첫째, 미성년자가 양자가 되려면 법원의 허가를 받아야 하고, 또 동의나 승낙을 하여야 하는 법정대리인이나 친권자가 동의나 승낙을 거부하는 것이 부당한 때에는 동의나 승낙 없이도 입양을 허가할 수 있도록 하였다. 둘째, 양자가 미성년자 또는 피성년후견인인 경우에는 협의상 파양은 허용하지 않고, 재판상 파양만 허용하였다. 셋째, 친양자 입양에서도 법정대리인이나 친권자가 동의나 승낙을 거부하더라도 친양자 입양을 허용할 수 있게 하였고, 또 친양자가 될 수 있는 연령도 높였다.

5 김학송 의원 등 10인이 2009. 12. 3. 제출한 민법개정안은 양자가 미성년자인 경우 파양의 협의 후 가정법원의 허가를 받도록 하는 것을 내용으로 하였다. 또한 이혜훈 의원 등 11인이 2010. 8. 3. 제출한 민법개정안은 중혼의 취소청구권자에 직계비속을 포함시키는 것을 내용으로 하였으며, 강창일 의원 등 10인이 2011. 4. 22. 제출한 민법개정안은 부부간의 계약취소권을 규정한 민법 제828조를 폐지하려고 하였다.

그 외에 개정법은 양자제도 외에도 중혼취소청구권자에 직계비속을 포함시키는 등 몇 개의 조문을 개정하였다.

그리고 개정법은 용어나 어법을 되도록 알기 쉽도록 바꾸었다. 예컨대 '자者'는 '사람'으로, '자子'는 '자녀'로 바꾸고, '양자를 할 수 있다'는 '입양을 할 수 있다'로, '규정에 위반한 때'는 '를 위반한 경우'로 표현을 바꾸었다.

다른 한편, 개정작업이 진행되고 있던 중 2011. 8. 4. 의원입법에 의하여 종전의 입양촉진 및 절차에 관한 특례법이 입양특례법으로 바뀌어 2012. 8. 5.부터 시행되었다. 새 입양특례법은 종전과는 달리 모든 아동 입양에 대하여 법원의 허가가 있어야 하고(제11조), 이 법에 따라 입양된 아동은 「민법」상 친양자와 동일한 지위를 가지도록 하고 있다(제14조). 그러나 위 법에 의하여 양자가 될 수 있는 것은 이른바 요보호아동에 한정된다(제9조).

제2절 조문별 해설

○ 제866조

현행	개정
第866條(養子를할能力) 成年에達한者는養子를 할수있다	제866조(입양을 할 능력) 성년이 된 사람은 입양(入養)을 할 수 있다.

개정법은 우선 제2절의 번호와 제목을 한글로 바꾸고, 제1관의 제목을 종전의 "入養의 要件"에서 "입양의 요건과 효력"으로 바꾸었다. 이는 입양의 효력에 관한 규정이 제882조의2로 추가된 데 따른 것이다. 제866조도 표현만이 달라졌을 뿐 내용에는 변화가 없다.

다만 개정안 작성 과정에서, 미성년자의 경우에 친생부모와의 친족관계가 단절되는 친양자(완전양자) 외에 친생부모와의 친족관계가 계속 유지되는 일반양자제도도 계속 존치할 것인가에 관하여 다소 논의가 있었다. 외국에서는 미성년자 입양의 방법으로서는 친양자(완전양자)만을 인정하는 입법례가 많고,[6] 학설로서도 미성년자 양자제도를 친양자제도로 일원화하여야 한다는 주장도 제기되고 있다.[7] 그러나 프랑스나 일본과 같이 일반양자와 친양자제도를 다같이 인정하는 나라도 여전히 존재한다. 개정위원회에서는 일반양자와 친양자를 병존시키는 데 특별한 문제점이 없다고 보아, 현행 체제를 유지하기로 하였다.[8]

○ **제867조**

현행	개정
〈신설〉	제867조(미성년자의 입양에 대한 가정법원의 허가) ① 미성년자를 입양하려는 사람은 가정법원의 허가를 받아야 한다. ② 가정법원은 양자가 될 미성년자의 복리를 위하여 그 양육 상황, 입양의 동기, 양부모(養父母)의 양육능력, 그 밖의 사정을 고려하여 제1항에 따른 입양의 허가를 하지 아니할 수 있다.

1. 제1항

제1항은 미성년자를 입양하려는 사람은 가정법원의 허가를 받도록 하였다. 입양의 성립 방식은 계약형 입양과 선고형 입양으로 나눌 수 있다. 선고형 입양은 당사자의 청구에 의하여 법원이 입양을 결정하는 방식이며, 법원의 심판이 있으면 입양이 성립

6 Rainer Frank (金相瑢 역), "완전양자제도(친양자제도) : 입양아동의 복리를 위한 유일한 대안", 부산대학교 법학연구 제43권 1호(2002), 345면 이하 참조.

7 예컨대 주인, "入養制度의 法規定 整備에 관한 提言", 家族法硏究 제25권 3호(2011), 37면 이하.

8 법무부, 제3기 가족법개정특별분과위원회 회의록, 2011, 21면 이하. 아래에서는 '회의록'이라고만 인용한다.

한다. 친양자 입양은 선고형 입양이다. 반면 계약형 입양에 있어서는 당사자의 합의가 입양성립의 기초가 된다. 종래의 일반양자는 계약형 입양에 속한다. 그러나 선고형 입양의 경우에도 당사자 사이에 입양의 합의가 존재할 것은 당연히 요구되고, 계약형 입양의 경우에도 법원이나 다른 국가기관이 허가 등의 방식에 의하여 개입하는 것이 배제되는 것은 아니다.[9]

계약형 입양의 경우에는 법원의 허가를 요한다고 하더라도, 이러한 허가는 그 합의의 효력발생을 위한 보충적인 요건으로서, 강학상 인가에 속한다. 그러므로 다른 입양의 요건을 갖추지 못하였다면, 법원의 허가가 있더라도 그 입양의 효력은 발생하지 않거나 취소되어야 한다.[10] 반면 친양자와 같은 선고형 입양의 경우에는 법원의 입양 선고가 확정되면, 입양의 요건에 관하여 하자가 있다고 하더라도 원칙적으로 입양의 효력에는 영향이 없다.[11] 개정법상의 일반양자 입양에서도 입양의 무효와 취소는 여전히 인정되고, 법원의 허가가 있어도 신고를 하여야만 입양이 성립하므로 여전히 계약형 입양에 속한다. 개정위원회의 논의과정에서는 법원의 허가만을 요구할 것인지, 아니면 법원의 심판에 의하고, 심판이 있으면 바로 입양의 성립을 인정할 것인지에 관하여 논의하였으나, 전자의 방식을 택하기로 하였다.[12]

일본 민법은 자기 또는 배우자의 직계비속을 양자로 하는 경우에는 허가를 받지 않아도 되는 것으로 규정하고 있으나,[13] 개정법은 이러한 예외를 인정하지 않았다.

9 金相瑢, "양자법의 문제점과 개정방향", 法曹(2009. 5), 42면 이하 참조.

10 대법원 1996. 5. 16. 선고 95누4810 전원합의체 판결은, 재단법인의 정관변경에 대한 인가는 기본행위에 대한 법률상의 효력을 완성시키는 보충행위로서, 정관변경 결의에 하자가 있을 때에는 그에 대한 인가가 있었다 하여도 기본행위인 정관변경 결의가 유효한 것으로 될 수 없다고 한다.

11 친양자 입양의 경우에는 입양의 무효는 인정되지 않고, 입양의 취소도 친생(親生)의 아버지 또는 어머니가 자신에게 책임이 없는 사유로 인하여 동의를 할 수 없었던 경우에 한하여 가능하다.

12 회의록 38면 이하.

13 제798조.

2. 제2항

가정법원은 허가 여부를 결정함에 있어 양자가 될 미성년자의 복리를 위하여 그 양육 상황, 입양의 동기, 양부모養父母의 양육능력, 그 밖의 사정을 심사하여야 한다. 그 결과 입양을 허가하는 것이 미성년자의 복리에 반할 때에는 입양을 허가하지 않아야 한다. 이는 일반양자의 경우에도 친양자에 관한 제908조의2 제3항과 같은 규율을 인정한 것이다.[14]

○ 제869조

법률 제10429호*	개정
제869조(15세 미만자의 입양승낙) 양자(養子)가 될 사람이 15세 미만인 경우에는 법정대리인이 그를 갈음하여 입양의 승낙을 한다. 다만, 미성년후견인이 입양을 승낙하는 경우에는 가정법원의 허가를 받아야 한다.	제869조(입양의 의사표시) ① 양자가 될 사람이 13세 이상의 미성년자인 경우에는 법정대리인의 동의를 받아 입양을 승낙한다. ② 양자가 될 사람이 13세 미만인 경우에는 법정대리인이 그를 갈음하여 입양을 승낙한다. ③ 가정법원은 다음 각 호의 어느 하나에 해당하는 경우에는 제1항에 따른 동의 또는 제2항에 따른 승낙이 없더라도 제867조제1항에 따른 입양의 허가를 할 수 있다. 1. 법정대리인이 정당한 이유 없이 동의 또

14 대법원 2010. 12. 24. 자 2010스151 결정은, 친양자 입양에 관하여, 외손자를 친양자로 입양하려는 주된 동기가 외손자의 복리가 아니라 생모의 재혼을 용이하게 하려는 것이라는 등의 이유로 친양자 입양을 불허한 것은 타당하다고 하였다.

	는 승낙을 거부하는 경우. 다만, 법정대리인이 친권자인 경우에는 제870조제2항의 사유가 있어야 한다. 2. 법정대리인의 소재를 알 수 없는 등의 사유로 동의 또는 승낙을 받을 수 없는 경우 ④ 제3항제1호의 경우 가정법원은 법정대리인을 심문하여야 한다. ⑤ 제1항에 따른 동의 또는 제2항에 따른 승낙은 제867조제1항에 따른 입양의 허가가 있기 전까지 철회할 수 있다.

* 법률 제10429호(2011. 3. 7. 민법 일부개정법률)는 2013. 7. 1. 시행되므로, 개정법에 의하여 개정된 부분은 시행되지 않아서 현행법은 아니다. 이하 같다.

1. 제1항, 제2항

개정 전 제869조는 양자가 될 자가 15세 미만인 때에는 법정대리인이 그에 갈음하여 입양의 승낙을 하도록 규정하고, 제871조는 양자가 될 자가 성년에 달하지 못한 경우에 부모 또는 다른 직계존속이 없으면 후견인의 동의를 얻어야 하며, 후견인이 동의나 승낙을 할 때에는 가정법원의 허가를 얻어야 하도록 규정하고 있었다. 그리고 성년후견제를 도입한 2011. 3. 7. 개정민법에서는 후견인을 미성년후견인으로 바꾸었을 뿐, 내용에는 차이가 없었다.

개정법 제1항은 개정 전의 제869조에, 제2항은 개정 전의 제871조에 대응하는 것이다. 다만 개정 전 법은 양자가 될 사람이 15세를 넘었는지 여부에 따라 구별하여, 그 미만은 법정대리인의 대락代諾을 요하는 것으로 하고, 15세 이상은 본인이 승낙하하는 것으로 하고 있었는데 반하여, 개정법은 그 기준인 15세를 13세로 낮추었고, 직계존속은 동의권자에서 제외하였다. 그리고 미성년자 입양은 항상 법원의 허가를 필요로 하므로, 후견인이 동의 또는 승낙을 하는 경우에만 법원의 허가를 요한다는 제869조 단서를 삭제하였다.

우선 기준 연령을 15세에서 13세로 낮춘 것은, 많은 나라에서 미성년자 본인의 승낙을 요하는 나이를 13세 또는 14세로 하고 있고, 미성년자의 자율성을 존중한다는 면에서도 15세보다는 낮추는 것이 좋겠다는 판단에 따른 것이다.[15] 미성년자가 13세 미만이면 그 미성년자의 동의나 승낙을 필요로 하는 것은 아니지만, 그의 의사가 매우 중요하게 고려되어야 할 것이다. 그러나 현행법상으로는 15세 미만의 미성년자의 의사를 들어야 한다는 규정이 없는데, 가사소송법에 입양의 경우뿐만 아니라 미성년자가 관계되는 경우에는 일반적으로 미성년자의 의사를 들어야 한다는 규정을 둘 필요가 있다.[16]

그리고 개정 전 법은 동의권자를 부모, 직계존속, 후견인의 순으로 정하고 있었는데, 개정법은 직계존속의 동의는 필요하지 않는 것으로 하였고, 법정대리인과 부모의 동의(제870조)는 다같이 필요한 것으로 하였다. 미성년자의 복리를 위하여는 법정대리인의 동의를 받아야 하고, 부모 아닌 직계존속의 동의는 미성년자의 복리와 관련하여서는 별다른 의미가 없기 때문이다. 다만 부모가 친권자로서 법정대리인인 경우에는 법정대리인으로서 동의나 승낙을 하였으면 부모로서의 동의를 별도로 필요로 하지는 않는다(제870조 제1항 제1호).

2. 제3항

제3항은 법정대리인의 동의나 승낙이 없어도 가정법원이 입양의 허가를 할 수 있는 경우를 규정하고 있다.

첫째, 법정대리인이 정당한 이유 없이 동의 또는 승낙을 거부하는 경우. 자녀의 복리를 위하여 입양이 반드시 필요하다고 판단되는데, 법정대리인이 자녀를 보호, 양육할 의사도 없으면서 정당한 이유 없이 입양에 반대하여 입양이 성립되지 못한다면, 자녀의 복리를 중대하게 침해하게 되므로, 이러한 경우에는 법정대리인의 동의 또는 승낙

15 회의록 63면 이하.

16 아래 제909조의2 제3항 해설 참조.

없이도 입양을 허가할 수 있도록 하여야 한다. 예컨대, 장기간 피후견인의 보호와 양육에 아무런 관심을 보이지 않았던 후견인이 입양의 대가로 금품을 요구하면서 동의나 승낙을 거부하는 경우가 이에 해당할 것이다.[17] 다른 나라에서도 대체로 이러한 규정을 두고 있다. 종래 이러한 경우에 부모나 법정대리인이 입양에 관한 동의를 거부하는 것이 권리남용에 해당한다는 이유로 재판상 그 동의를 구할 수 있는가가 논의되기도 하였다. 이에 대하여는 아래 제870조의 해설 참조. 그리고 친권자가 법정대리인인 경우에는 요건이 좀 더 엄격한 제870조 제2항의 사유가 있어야 한다.

둘째, 법정대리인의 소재를 알 수 없는 등의 사유로 동의 또는 승낙을 받을 수 없는 경우. 실제로 장기간 가정위탁양육을 하고 있는 위탁부모가 위탁아동을 입양하려고 하는데, 친권자와 연락이 되지 않아서 입양을 하지 못하는 경우가 종종 있는데, 이 규정에 의하여 이러한 문제를 해결할 수 있을 것이다.[18]

개정위원회에서는 법원의 허가와는 별도로 이러한 동의에 갈음하는 심판을 청구하게 할 것인가가 논의되었으나, 제4항에서 규정하는 것처럼 법정대리인의 절차 참여를 보장한다면 별도의 심판절차를 둘 필요가 없다는 결론을 내렸다.[19]

3. 제4항

법정대리인이 동의 또는 승낙을 거부함에도 가정법원이 입양을 허가하기 위하여는 법정대리인을 심문하여야 한다. 이는 법정대리인이 동의 또는 승낙을 거부할 정당한 사유가 있음에도 불구하고 법원이 이를 간과하여 입양을 허가하는 것을 막으려는 것이다.[20] 여기서 심문이란, 당사자 그 밖의 이해관계인에게 적당한 방법으로 서면 또는 말로 개별적으로 진술할 기회를 주는 것을 말하며, 공개법정에서 행할 것을 요하지 않는다.[21]

17 金相瑢, "개정 양자법 해설", 法曹(2012. 5), 20면 참조.

18 金相瑢(주 17), 10-11면 참조.

19 회의록 85면 이하.

20 독일 민법 제1748조 제2항 참조. 스위스 민법 제265조의d 제3항은 이러한 경우에 입양 결정을 서면으로 통지하도록 규정하고 있다.

4. 제5항

법정대리인이 성급하거나 경솔하게 동의 또는 승낙을 함으로써 생길 수 있는 문제를 예방하기 위하여 법정대리인은 동의 또는 승낙을 가정법원의 입양 허가가 있기 전까지는 철회할 수 있도록 하였다. 입양특례법 제12조 제5항도 같은 취지의 규정을 두고 있다.

○ 제870조

현행	개정
第870條(入養의同意) ① 養子가될者는父母의同意를얻어야하며父母가死亡其他事由로因하여同意를할수없는境遇에다른直系尊屬이있으면그同意를얻어야한다 ② 第1項의 경우에 直系尊屬이 數人인 때에는 最近尊屬을 先順位로 하고, 同順位者가 數人인 때에는 年長者를 先順位로 한다.	제870조(미성년자 입양에 대한 부모의 동의) ① 양자가 될 미성년자는 부모의 동의를 받아야 한다. 다만, 다음 각 호의 어느 하나에 해당하는 경우에는 그러하지 아니하다. 1. 부모가 제869조제1항에 따른 동의를 하거나 같은 조 제2항에 따른 승낙을 한 경우 2. 부모가 친권상실의 선고를 받은 경우 3. 부모의 소재를 알 수 없는 등의 사유로 동의를 받을 수 없는 경우 ② 가정법원은 다음 각 호의 어느 하나에 해당하는 사유가 있는 경우에는 부모가 동의를 거부하더라도 제867조제1항에 따른 입양의 허가를 할 수 있다. 이 경우 가정법원은 부모를 심문하여야 한다. 1. 부모가 3년 이상 자녀에 대한 부양의무를 이행하지 아니한 경우

21 법원실무제요 민사소송[Ⅱ], 2005, 329면.

2. 부모가 자녀를 학대 또는 유기(遺棄)하거나 그 밖에 자녀의 복리를 현저히 해친 경우

③ 제1항에 따른 동의는 제867조제1항에 따른 입양의 허가가 있기 전까지 철회할 수 있다.

미성년자를 입양하기 위해서는 원칙적으로 15세 미만인지 여부를 막론하고 부모의 동의를 받아야 한다.[22] 그 규정의 체계는 법정대리인의 동의 또는 승낙에 관한 제869조와 같다.

제1항은 원칙적으로 부모가 동의를 하여야 하지만, 부모가 제869조 제1항에 따른 동의를 하거나 같은 조 제2항에 따른 승낙을 한 경우, 부모가 친권상실의 선고를 받은 경우 및 부모의 소재를 알 수 없는 등의 사유로 동의를 받을 수 없는 경우에는 동의를 받을 필요가 없는 것으로 규정하고 있다.

제2항은 제869조 제3항 제1호와 같은 취지이지만, 부모의 동의가 없이도 입양의 허가를 할 수 있는 요건을 제한하고 있다. 즉 부모가 3년 이상 자녀에 대한 부양의무를 이행하지 아니한 경우이거나, 부모가 자녀를 학대 또는 유기遺棄하거나 그 밖에 자녀의 복리를 현저히 해친 경우 중 어느 하나라야 한다.

종래 이와 같은 경우에도 부모의 동의나 승낙의 거부가 권리남용에 해당하므로 당사자가 법원에 이러한 동의나 승낙을 명할 것을 청구할 수 있다는 주장이 있었다.[23] 그러나 그러한 주장은 해석론의 범위를 넘어서는 것이다.[24] 개정법은 이 문제를

22 개정 전에는 미성년자가 15세 미만이어서 대락입양을 하는 경우에 그와 별도로 친권자 아닌 부 또는 모의 동의를 받아야 하는지에 관하여 논란이 있었다. 金相瑢(주 9), 45면 이하 참조. 개정법은 부모가 제869조에 의한 동의나 승낙을 한 경우에는 부모의 동의는 필요없는 것으로 규정하여 그렇지 않은 경우에는 부모의 동의가 필요한 것임을 명백히 하고 있다.

23 김주수·김상용, 친족·상속법, 제10판, 2011, 359-360면은 친양자 입양에서의 친생부모 입양의 동의에 관하여 그와 같이 주장한다. 대구지법 가정지원 2009. 12. 4. 자 2009느단496 심판은, 이혼한 양모가 재혼한 남편과의 사이에 양자를 친양자로 입양하려는 데 대하여, 그 동의권자인 양부가 이혼을 원인으로 한 재산분할금을 받을 것을 조건으로 친양자 입양에 동의하겠다고 주장한 데 대하여, 양부는 양자를 양육할 의사가 없고 앞으로도 그러한 상태가 계속될 것으로 예견되므로 양자의 복리라는 관점에서 보면 양부가 친양자 입양에 동의하지 않는 것은 민법 제908조의2 제1항 제3

입법적으로 해결하였다. 그런데 이는 친권자의 권리를 지나치게 침해하는 것이 아닌가 하는 의문이 제기될 수 있으나, 입양을 허가하는 것이 자녀의 복리를 위하여 반드시 필요하다면 자녀의 최선의 이익이라는 관점에서는 부모의 권리는 뒤로 물러서야 할 것이다.[25]

헌법재판소 2012. 5. 31. 선고 2010헌바87 결정은, 친양자 입양에서의 친생부모의 동의와 관련하여, 친생부모는 그로부터 출생한 자와의 가족 및 친족관계의 '유지'에 관하여 헌법 제10조 및 제36조 제1항에 의하여 인정되는 기본권을 가진다고 하면서, 개정 전 민법이 친생부모의 친권이 상실되거나 사망 기타 그 밖의 사유로 동의할 수 없는 경우를 제외하고는 친생부모가 친양자 입양에 동의하여야 한다고 규정하고 있던 것이 헌법에 위반되지는 않는다고 보았다. 그렇지만 개정 민법이 친생부모의 동의나 승낙 없이 친양자 입양이 성립할 수 있도록 동의배제사유를 확대한 것은 다행한 일이라는 판시를 덧붙였다.[26]

그러나 이러한 친생부모의 권리가 헌법적 기본권이라는 점에서 일반적인 법정대리인의 경우(제869조 제3항 제1호)보다는 요건을 강화하였다.

이러한 경우에 친권상실 제도를 이용하여 부모의 친권을 상실시키고 부모의 동의 없이 입양하게 하는 방법도 불가능한 것은 아니지만, 반드시 친권상실이 인정될 것이라고 말할 수도 없을 뿐만 아니라 친권상실과 입양 허가라는 두 번의 절차를 거치게 하는 것은 당사자로 하여금 불필요한 번거로움을 겪게 하는 것이 된다.[27]

호가 정한 '사망 그 밖의 사유로 동의할 수 없는 경우'에 해당한다고 봄이 상당하다고 하였다.

24 배인구, "친양자제도 성립요건의 문제점에 관한 소고", 사법 제21호(2012), 253면 이하도 같은 취지이다. 서울고등법원 2007. 10. 2. 선고 2007나11080 판결은, 부모가 성년의 자(子)의 입양에 대한 동의를 거부하는 것이 동의권의 남용에 해당할 경우, 일부 외국의 사례와 같이 예외적인 사정이 있으면 신분법상의 동의·허락 등을 가정법원의 재판으로 대체할 수 있도록 하는 명문의 규정을 두었다면 모르되, 그와 같은 명문의 규정이 없는 현행법 하에서 법원이 그 동의에 갈음한 의사의 진술을 명하는 판결을 선고하여 민법 제870조 제1항의 동의를 대체할 수는 없다고 하였다.

25 金相瑢(주 9), 53면 이하 참조.

26 위 결정의 반대의견은, 개정 전 제908조의2를 '친생부모가 자신에게 책임이 있는 사유로 일정기간 자녀에 대한 부양의무를 이행하지 아니하거나 면접교섭을 하지 아니한 경우, 또는 친생부모에 의한 학대·유기 기타 양자가 될 자의 이익을 현저히 해하는 사유가 있는 경우'에도 그 친생부모의 동의가 있어야 친양자 입양을 청구할 수 있다고 해석하는 한, 헌법에 위반된다고 하였다.

제3항은 제869조 제5항과 같다.

○ 제871조

법률 제10429호	개정
제871조(미성년자입양의 동의) 양자가 될 사람이 미성년인 경우 부모나 다른 직계존속이 없으면 미성년후견인의 동의를 받아야 한다. 다만, 미성년후견인이 동의를 하는 경우에는 가정법원의 허가를 받아야 한다.	제871조(성년자 입양에 대한 부모의 동의) ① 양자가 될 사람이 성년인 경우에는 부모의 동의를 받아야 한다. 다만, 부모의 소재를 알 수 없는 등의 사유로 동의를 받을 수 없는 경우에는 그러하지 아니하다. ② 가정법원은 부모가 정당한 이유 없이 동의를 거부하는 경우에 양부모가 될 사람이나 양자가 될 사람의 청구에 따라 부모의 동의를 갈음하는 심판을 할 수 있다. 이 경우 가정법원은 부모를 심문하여야 한다.

개정 전 제870조는 양자가 될 사람이 미성년인 경우뿐만 아니라 성년인 경우에도 부모의 동의를 받아야 하고, 부모가 없으면 다른 직계존속의 동의를 받도록 하였다. 그러나 부모 아닌 다른 직계존속의 동의를 받게 하는 것은 별다른 의미가 없으므로, 미성년자와 마찬가지로 다른 직계존속의 동의는 받지 않아도 되는 것으로 하였다.

한편 개정위원회에서는 성년인 사람에 대하여 반드시 부모의 동의까지 요구할 필요가 있는지도 논의하였다.[28] 그러나 이제까지 성년자에 대하여 부모의 동의를 요건으로 하는 것에 대하여 특별히 이의가 제기되지 않았던 점 등을 고려하여 부모의 동의는 필요한 것으로 하였다.[29]

27 金相瑢(주 17), 25면 주 22); 배인구(주 24), 255면 이하 참조.

28 독일 민법 제1768조는 성년자 입양의 경우에는 부모의 동의는 요구하지 않고 있다.

제2항은 부모가 정당한 이유 없이 동의를 거부하는 경우에 부모의 동의를 갈음하는 심판을 할 수 있도록 하였다. 성년자 입양의 경우에는 법원의 허가가 필요하지 않기 때문에 이 경우에는 별도의 심판절차를 마련한 것이다. 부모를 반드시 심문하여야 하는 것은 제869조, 제870조와 마찬가지이다.

○ 제872조

현행	개정
第872條(後見人과被後見人間의入養) 後見人이被後見人을養子로하는境遇에는 家庭法院의 許可를얻어야한다.	〈삭제〉

개정법 제873조는 피성년후견인이 양자가 되는 경우에는 제867조를 준용하여 항상 가정법원의 허가를 받아야 하는 것으로 하였으므로, 종전의 제872조는 더 이상 존치할 필요가 없게 되었다.

○ 제873조

법률 제10429호	개정
제873조(피성년후견인의 입양) 피성년후견인은 성년후견인의 동의를 받아 입양을 할 수 있고 양자가 될 수 있다.	제873조(피성년후견인의 입양) ① 피성년후견인은 성년후견인의 동의를 받아 입양을 할 수 있고 양자가 될 수 있다. ② 피성년후견인이 입양을 하거나 양자가 되는 경우에는 제867조를 준용한다. ③ 가정법원은 성년후견인이 정당한 이유 없이 제1항에 따른 동의를 거부하거나 피성

29 회의록 57면 이하.

	년후견인의 부모가 정당한 이유 없이 제871조제1항에 따른 동의를 거부하는 경우에 그 동의가 없어도 입양을 허가할 수 있다. 이 경우 가정법원은 성년후견인 또는 부모를 심문하여야 한다.

피성년후견인은 입양을 하거나 양자가 되는 경우에 성년후견인의 동의를 받아야 하고, 또 가정법원의 허가도 받아야 한다. 개정위원회에서는 피성년후견인이 양자가 되는 경우에 가정법원의 허가를 받아야 하는 것은 당연한데, 입양을 하는 경우까지 가정법원의 허가를 받게 할 필요가 있는지에 관하여 논의가 있었으나, 성년후견인과 양자가 되려는 사람이 공모하여 피성년후견인의 재산 등을 노리고 입양을 하려는 것과 같은 경우도 있을 수 있으므로, 마찬가지로 법원의 허가를 받도록 하였다.[30]

제3항은 제869조 제3항 등과 같은 취지이다.

○ 제874조, 제877조

현행	개정
第874條(夫婦의 共同入養) ① 配偶者있는 者가 養子를 할 때에는 配偶者와 共同으로 하여야 한다. ② 配偶者있는 者가 養子가 될 때에는 다른 一方의 同意를 얻어야 한다.	제874조(부부의 공동 입양 등) ① 배우자가 있는 사람은 배우자와 공동으로 입양하여야 한다. ② 배우자가 있는 사람은 그 배우자의 동의를 받아야만 양자가 될 수 있다.
第877條(養子의禁止) ① 尊屬또는年長者는이를 養子로하지못한다 ② 삭 제	제877조(입양의 금지) 존속이나 연장자를 입양할 수 없다.

30 회의록 제143면 이하.

개정된 제874조와 제877조는 개정 전의 규정과 내용상 달라진 것은 없고, 그 표현만을 바꾸었다.

○ 제878조

현행	개정
第第878條(入養의 效力發生) ①入養은 「가족관계의 등록 등에 관한 법률」에定한바에依하여申告함으로써그效力이생긴다. ②前項의申告는當事者雙方과成年者인證人2人의連署한書面으로하여야한다	제878조(입양의 성립) 입양은 「가족관계의 등록 등에 관한 법률」에서 정한 바에 따라 신고함으로써 그 효력이 생긴다.

제1항은 개정 전 법과 그 내용이 같고, 표현만이 약간 달라졌다.

개정법은 개정 전 법 제2항을 삭제하였다. 이러한 규정은 실체에 관한 것이라기보다는 절차에 관한 것이므로, 필요하다면 가족관계의 등록 등에 관한 법률에서 규정하면 될 것이기 때문이다. 개정위원회에서는 혼인신고와 이혼신고에 관하여 같은 내용을 규정하고 있는 제812조 제2항과 제836조 제2항도 같이 개정하여야 하는지도 검토하였으나, 이들 규정은 별도로 개정하지 않기로 하였다.[31]

○ 제881조, 제882조

현행	개정
第881條(入養申告의審査) 入養申告는그入養이第866條乃至第877條, 第878條第2項의規定	제881조(입양 신고의 심사) 제866조, 제867조, 제869조부터 제871조까지, 제873조, 제874조,

31 회의록 168면 이하.

其他法令에違反함이없는때에는이를受理하여야한다.	제877조, 그 밖의 법령을 위반하지 아니한 입양 신고는 수리하여야 한다.
第882條(外國에서의入養申告) 第814條의規定은入養의境遇에準用한다	제882조(외국에서의 입양 신고) 외국에서 입양 신고를 하는 경우에는 제814조를 준용한다.

제881조는 개정된 앞의 조문들에 맞추어 수정을 하였고, 표현을 바꾸었을 뿐 내용 자체가 달라지지는 않았다. 제882조는 표현만을 바꾸었다.

○ 제882조의2

현행	개정
〈신설〉	제882조의2(입양의 효력) ① 양자는 입양된 때부터 양부모의 친생자와 같은 지위를 가진다. ② 양자의 입양 전의 친족관계는 존속한다.

본조는 신설된 조문이다. 양자가 입양된 때부터 양부모의 친생자와 같은 지위를 가진다는 것과,[32] 양자의 입양 전 친족관계는 존속한다는 것은 종래부터 인정되어 왔던 것으로서 특별히 새로운 내용은 아니다.

다만 정부의 개정안 제3항은 "양자는 양부 또는 양모의 성과 본을 따른다. 다만, 양자는 양부모의 동의를 받아 종전의 성과 본을 계속 사용할 수 있다"고 규정하고 있었는데, 이 개정 제안은 받아들여지지 않았다. 이는 대법원의 반대의견을 따른 것이다. 대법원은 종전의 친족관계가 단절되는 친양자 입양과 달리 일반적인 입양은 종전의 친족관계가 계속 유지되므로 원칙적으로 양부모의 성과 본을 따르도록 하는 것은 신중할

32 金相瑢(주 17), 34면 주 27)은, 친생자라고 하는 것보다는 '혼인중의 출생자'와 같은 지위를 갖는다고 표현하는 것이 보다 정확할 것이라고 하였다. 그러나 양부나 양모가 항상 혼인하고 있는 사람인 것은 아니므로, 입양된 사람이 항상 혼인중의 출생자가 되는 것은 아니다.

필요가 있고, 개명의 경우 가정법원의 허가를 받도록 되어 있으므로, 성과 본을 변경할 때에도 가정법원의 허가를 받도록 하는 것이 체계상 합당하다는 점을 이유로 들었다.[33] 그러나 종전의 친족관계가 계속 유지된다는 것을 반대 이유로 드는 것은 그다지 설득력이 없다. 대법원은 입양이 다른 목적으로 성을 바꾸는 수단으로 악용될 것을 우려하는 것으로 보이지만, 적어도 입양에 관하여 법원이 관여하는 미성년자 입양이나 피성년후견인의 입양의 경우에는 성과 본의 당연 변경을 인정하였어도 별 문제가 없었을 것이다.

어쨌든 개정법에 따르더라도 일반양자의 성과 본은 변경되지 않으므로, 양자가 양부모의 성과 본을 따르고자 하는 경우에는 민법 제781조 제6항에 의하여 가정법원의 허가를 받아 성과 본을 변경하는 방법을 이용할 수밖에 없다.[34]

○ 제883조

현행	개정
第883條(入養無效의原因) 入養은다음各號의境遇에는無效로한다 1. 當事者間에入養의合意가없는때 2. 第869條, 第877條第1項의規定에違反한때	제883조(입양 무효의 원인) 다음 각 호의 어느 하나에 해당하는 입양은 무효이다. 1. 당사자 사이에 입양의 합의가 없는 경우 2. 제867조제1항(제873조제2항에 따라 준용되는 경우를 포함한다), 제869조제2항, 제877조를 위반한 경우

제883조 제1호는 표현만 달라졌을 뿐 개정 전과 마찬가지이다.

제2호 가운데 법정대리인의 대락이 없는 경우(제869조 제2항 위반)와 존속이나 연장자를 입양한 경우(제877조 위반)에 입양이 무효로 되는 것은 개정 전과 마찬가지이다.

33 법제사법위원회, 민법 일부개정법률안 심사보고서, 2011. 12, 6면 참조.

34 金相瑢(주 17), 34면 이하 참조.

그리고 개정법은 미성년자가 양자가 되는 경우나 피성년후견인이 입양을 하거나 양자가 되는 경우에 법원의 허가를 받지 않은 때(제867조 제1항, 제873조 제2항 위반)도 무효 사유로 하고 있다. 종전에는 판례가 이른바 친생자 출생신고에 의한 입양의 성립을 인정하고 있었는데,[35] 개정법에 따를 때에는 이러한 친생자 출생신고에 의한 입양은 가정법원의 허가가 없는 한 무효라고 볼 수밖에 없다.[36] 종전의 판례는 구체적 타당성을 강조한 나머지 입양의 요식성에 반하는 결과를 승인하는 것이 되었는데, 이러한 상태를 그대로 유지한다면 입양에 대하여 허가제를 도입하는 취지에 어긋나게 되므로, 허가 없는 입양은 무효사유로 규정하였다.[37]

○ 제884조

현행	개정
第第884條(入養取消의原因) 入養은다음各號의境遇에는 家庭法院에그取消를請求할수있다. 1. 入養이 第866條 및 第870條 내지 第874條의 規定에 위반한 때 2. 入養 당시 養親子의 一方에게 惡疾 기타 중대한 사유가 있음을 알지 못한 때 3. 詐欺 또는 强迫으로 因하여 入養의 意思表示를 한 때	제884조(입양 취소의 원인) ① 입양이 다음 각 호의 어느 하나에 해당하는 경우에는 가정법원에 그 취소를 청구할 수 있다. 1. 제866조, 제869조제1항, 같은 조 제3항제2호, 제870조제1항, 제871조제1항, 제873조제1항, 제874조를 위반한 경우 2. 입양 당시 양부모와 양자 중 어느 한쪽에게 악질(惡疾)이나 그 밖에 중대한 사유가 있음을 알지 못한 경우 3. 사기 또는 강박으로 인하여 입양의 의사표시를 한 경우 ② 입양 취소에 관하여는 제867조제2항을 준용한다.

35 대법원 1977. 7. 26. 선고 77다492 전원합의체 판결 등.

36 일본 민법 제807조는 법원의 허가를 받지 않은 미성년자 입양을 취소사유로 규정하고 있다.

37 회의록 220면 이하 참조.

1. 제1항

제1항은 입양의 취소 사유에 대하여 규정하고 있는데, 입양의 요건에 관하여 새로운 규정이 추가되었으므로 이에 따른 수정이 필요하게 되었다.

개정법이 인정하고 있는 입양 취소 사유는 다음과 같다.

첫째, 성년이 되지 않은 사람이 입양을 한 경우(제866조 위반).

둘째, 13세 이상의 미성년자가 동의 없이 입양의 승낙을 한 경우(제869조 제1항 위반).

셋째, 법정대리인이 동의 또는 승낙을 할 수 있는 상태에 있었는데도 법원이 법정대리인의 소재불명 등을 이유로 동의 또는 승낙을 받을 수 없다고 하여 동의 또는 승낙 없이 입양의 허가를 한 경우(제869조 제3항 제2호 위반).

넷째, 미성년자가 부모의 동의를 받지 않고 양자가 된 경우(제870조 제1항 위반).

다섯째, 성년자가 부모의 동의를 받지 않고 양자가 된 경우(제871조 제1항 위반).

여섯째, 피성년후견인이 성년후견인의 동의를 받지 않고 양자가 되거나 입양을 한 경우(제873조 제1항 위반).

일곱째, 배우자가 있는 사람이 배우자와 공동으로 입양하지 않았거나(제874조 제1항 위반) 배우자 있는 사람이 배우자의 동의 없이 양자가 된 경우(제874조 제2항 위반).

여덟째, 입양 당시 양부모와 양자 중 어느 한쪽에게 악질惡疾이나 그 밖에 중대한 사유가 있음을 알지 못한 경우.

아홉째, 사기 또는 강박으로 인하여 입양의 의사표시를 한 경우.

마지막 두 가지 경우는 개정 전과 같은 내용이다.

이외에도 정부안에서는 법정대리인이나 부모 등을 심문하여야 하는데도 심문하지 않은 경우(제869조 제4항, 제870조 제2항 후단, 제871조 제2항 후단, 제873조 제3항 후단 위반)를 취소사유로 규정하였으나, 개정법은 이를 취소사유에서 제외하였다. 이는 절차상의 하자 때문에 실체법상의 법률관계를 취소할 수 있도록 하기보다는 즉시항고 등으로 절차상 다툴 수 있도록 하는 것이 적절하다는 대법원의 의견이 반영된 것이다.[38]

2. 제2항

개정법은 입양 취소의 경우에도 입양 허가에 관한 제867조 제2항을 준용하여, 입양의 취소 사유가 있더라도 양자가 된 미성년자나, 양자 또는 양부모가 된 피성년후견인의 복리를 위하여 입양을 취소하지 않는 편이 낫다고 인정하는 때에는 입양취소청구를 기각할 수 있도록 하였다.

○ 제885조-제888조

현행	개정
第885條(入養取消請求權者) 入養이 第866條의 規定에 위반한 때에는 養父母, 養子와 그 法定代理人 또는 直系血族이 그 取消를 請求할 수 있다.	제885조(입양 취소 청구권자) 양부모, 양자와 그 법정대리인 또는 직계혈족은 제866조를 위반한 입양의 취소를 청구할 수 있다.
第886條(同前) 入養이 第870條의 規定에 違反한때에는同意權者가그取消를請求할수있고 第871條의規定에違反한때에는 양자 또는 동의권자가그取消를請求할수있다.	제886조(입양 취소 청구권자) 양자나 동의권자는 제869조제1항, 같은 조 제3항제2호, 제870조제1항을 위반한 입양의 취소를 청구할 수 있고, 동의권자는 제871조제1항을 위반한 입양의 취소를 청구할 수 있다.
법률 제10429호 제887조(입양취소청구권자) 입양이 제872조를 위반한 경우에는 피후견인, 친족 또는 후견감독인이 그 취소를 청구할 수 있고, 제873조를 위반한 경우에는 피성년후견인이나 성년후견인이 그 취소를 청구할 수 있다.	제887조(입양 취소 청구권자) 피성년후견인이나 성년후견인은 제873조제1항을 위반한 입양의 취소를 청구할 수 있다.

38 민법 일부개정법률안 심사보고서(주 33), 6-7면 참조.

第888條(同前) 入養이 第874條의 規定에 위반한 때에는 配偶者가 그 取消를 請求할 수 있다.	제888조(입양 취소 청구권자) 배우자는 제874조를 위반한 입양의 취소를 청구할 수 있다.

제885조에서 제888조까지는 입양 취소 청구권자를 규정하고 있는데, 개정 전 법과 크게 달라지지는 않았다.

성년이 되지 않은 사람이 입양을 한 경우(제866조 위반)의 입양 취소 청구권자는 양부모, 양자와 그 법정대리인 또는 직계혈족이다(제885조).

미성년자의 입양에서 동의권자의 동의를 받지 않은 경우(제869조제1항, 같은 조 제3항제2호, 제870조제1항 위반)의 취소청구권자는 양자와 동의권자이고, 성년자의 입양에서 동의권자의 동의를 받지 않은 경우(제871조 위반)의 경우에는 동의권자만이 취소 청구권자이다(제886조).

피성년후견인이 성년후견인의 동의 없이 입양을 하거나 양자가 된 경우(제873조 제1항 위반)에는 피성년후견인과 성년후견인이 취소 청구권자이다(제887조).

배우자가 있는 사람이 배우자와 공동으로 입양하지 않았거나, 배우자 있는 사람이 배우자의 동의 없이 양자가 된 경우(제874조 위반)의 경우에는 배우자가 취소 청구권자이다(제888조).

그리고 입양 당시 양부모와 양자 중 어느 한쪽에게 악질惡疾이나 그 밖에 중대한 사유가 있음을 알지 못한 경우(제884조 제1항 제2호)와 사기 또는 강박으로 인하여 입양의 의사표시를 한 경우(제884조 제1항 제3호)에 관하여는 개정 전이나 개정된 법상 취소 청구권자가 누구인가에 관하여 규정이 없으나, 입양의 당사자에 한정된다고 보인다. 즉 제2호의 경우에는 그러한 사유가 있음을 알지 못한 자이고, 제3호의 경우에는 그러한 의사표시를 한 자이다.[39]

39 김주수 · 김상용(주 23), 339면 참조.

○ 제889조-제896조

현행	개정
第889條(入養取消請求權의消滅) 第866條의規定에違反한入養은養親이成年에達한後에는그取消를請求하지못한다	제889조(입양 취소 청구권의 소멸) 양부모가 성년이 되면 제866조를 위반한 입양의 취소를 청구하지 못한다.
第891條(同前) 第871條의規定에違反한入養은養子가成年에達한後3月을經過하거나死亡한때에는그取消를請求하지못한다	제891조(입양 취소 청구권의 소멸) ① 양자가 성년이 된 후 3개월이 지나거나 사망하면 제869조제1항, 같은 조 제3항제2호, 제870조제1항을 위반한 입양의 취소를 청구하지 못한다. ② 양자가 사망하면 제871조제1항을 위반한 입양의 취소를 청구하지 못한다.
第892條(同前) 第872條의規定에違反한入養은後見의終了로因한管理計算의終了後6月을經過하면그取消를請求하지못한다	〈삭제〉
법률 제10429호 제893조(입양취소청구권의 소멸) 제873조를 위반한 입양은 성년후견개시의 심판이 취소된 후 3개월이 지난 때에는 그 취소를 청구하지 못한다.	제893조(입양 취소 청구권의 소멸) 성년후견개시의 심판이 취소된 후 3개월이 지나면 제873조제1항을 위반한 입양의 취소를 청구하지 못한다.
第894條(同前) 第870條, 第874條의規定에違反한入養은그事由있음을안날로부터6月, 그事由있은날로부터1年을經過하면그取消를請求하지못한다	제894조(입양 취소 청구권의 소멸) 제869조제1항, 같은 조 제3항제2호, 제870조제1항, 제871조제1항, 제873조제1항, 제874조를 위반한 입양은 그 사유가 있음을 안 날부터 6개월, 그 사유가 있었던 날부터 1년이 지나면 그 취소를 청구하지 못한다.

第896條(同前) 第884條第2號의規定에該當한事由있는入養은 養親子의 一方이그事由있음을안날로부터6月을經過하면取消를請求하지 못한다.	제896조(입양 취소 청구권의 소멸) 제884조제1항 제2호에 해당하는 사유가 있는 입양은 양부모와 양자 중 어느 한 쪽이 그 사유가 있음을 안 날부터 6개월이 지나면 그 취소를 청구하지 못한다.

제889조에서 제896조까지는 입양취소청구권의 소멸 사유를 규정한다. 이 또한 개정 전과 큰 차이는 없다.

미성년자가 입양을 한 경우(제866조 위반), 양부모가 성년이 되면 입양의 취소를 청구하지 못한다(제889조).

미성년자가 법정대리인이나 부모의 동의를 받지 않고 양자가 된 경우에, 양자가 성년이 된 후 3개월이 지나거나 사망하면 취소를 청구하지 못하고(제891조 제1항), 성년인 사람이 부모의 동의 없이 양자가 된 경우에 양자가 사망하면 취소를 청구하지 못한다(제891조 제2항).

개정 전 제892조는 가정법원의 허가 없이 후견인이 피후견인을 양자로 한 경우에(개정 전 제872조 위반), 그러한 입양은 후견의 종료로 인한 관리계산의 종료 후 6월을 경과하면 그 취소를 청구하지 못한다고 규정하고 있었으나, 개정 전 제872조가 다른 대체 규정 없이 삭제되었으므로 제892조도 삭제되었다.

성년후견인의 동의 없이 피성년후견인이 입양을 하거나 양자가 된 경우(제873조 제1항 위반)에는 성년후견개시의 심판이 취소된 후 3개월이 지나면 입양의 취소를 청구하지 못한다(제893조).

법정대리인이나 배우자 등의 동의를 얻어야 하는데도 동의 없이 이루어진 입양의 경우(제869조제1항, 같은 조 제3항제2호, 제870조제1항, 제871조제1항, 제873조제1항, 제874조 위반)에는 그 사유가 있음을 안 날부터 6개월, 그 사유가 있었던 날부터 1년이 지나면 그 취소를 청구하지 못한다(제894조).

입양 당시 양부모와 양자 중 어느 한쪽에게 악질惡疾이나 그 밖에 중대한 사유가 있음을 알지 못한 경우(제884조 제2호)에는 양부모와 양자 중 어느 한 쪽이 그 사유가 있음을 안 날부터 6개월이 지나면 그 취소를 청구하지 못한다(제896조).

○ 제897조

현행	개정
第897條(準用規定) 第823條, 第824條의規定은入養의取消에準用하고第806條의規定은入養의無效또는取消에準用한다	제897조(준용규정) 입양의 무효 또는 취소에 따른 손해배상책임에 관하여는 제806조를 준용하고, 사기 또는 강박으로 인한 입양 취소 청구권의 소멸에 관하여는 제823조를 준용하며, 입양 취소의 효력에 관하여는 제824조를 준용한다.

제897조는 내용상 변화는 없고, 표현만을 알기 쉽게 바꾸었다.

○ 제898조-제901조

현행	개정
第898條(協議上罷養) ①養親子는協議에依하여罷養할수있다 ② 삭 제	제898조(협의상 파양) 양부모와 양자는 협의하여 파양(罷養)할 수 있다. 다만, 양자가 미성년자 또는 피성년후견인인 경우에는 그러하지 아니하다.
법률 제10429호 제899조(15세 미만자의 협의상 파양) ① 양자가 15세 미만인 경우에는 제869조에 따라 입양을 승낙한 사람이 양자를 갈음하여 파양의 협의를 하여야 한다. 다만, 입양을 승낙한 사	〈삭제〉

람이 사망하거나 그 밖의 사유로 협의를 할 수 없을 때에는 생가(生家)의 다른 직계존속이 이를 하여야 한다. ② 제1항에 따른 협의를 미성년후견인이나 생가의 다른 직계존속이 하는 경우에는 가정법원의 허가를 받아야 한다.	
第900條(未成年者의協議上罷養) 養子가未成年者인때에는第871條의規定에依한同意權者의同意를얻어罷養의協議를할 수 있다	〈삭제〉
第901條(準用規定) 第899條 및 第900條의 경우 直系尊屬이 數人인 때에는 第870條第2項을 準用한다.	〈삭제〉

개정법은 양자가 미성년자 또는 피성년후견인인 경우에는 협의상 파양은 더 이상 허용하지 않고, 재판상 파양만을 인정하기로 하였다. 성년자의 경우에는 협의상 파양이 계속 허용된다.

미성년자 입양의 성립을 위하여 법원의 허가를 필요로 한다면, 파양에 있어서 협의에 의하여 파양할 수 있게 하는 것은 아동의 복리를 지키기 위하여 충분하지 못하다.[40] 유엔아동권리위원회도 한국에서 입양의 해소(dissolution)가 법원과 같은 관계기관의 관여 없이 이루어지는 점에 대하여 우려를 표명하였다.[41] 국가인권위원회도 아동의 이익을 위해 파양할 현저한 이유가 있을 때만 제한적으로 재판에 의해 파양이 가능하도록 민법 등을 개정할 것을 권고하였다.[42] 이러한 사정은 양자가 피성년후견인인 경우에도 마찬가지이다.

40 金相瑢(주 17), 13면은, 양자가 미성년자인 경우에는 파양이 자녀의 복리에 미치는 영향, 파양 후 자녀의 보호, 양육 등 장래의 문제가 함께 고려되어야 하는데, 협의파양을 인정함으로써 파양 절차에 법원이 개입하지 않는 경우에는 이러한 사정을 고려할 수 없다고 주장한다.

41 尹眞秀(주 1), 342면 주 122) 참조.

42 제1절 개정경위 1. 개정의 배경 참조.

개정위원회에서는 파양 절차에서 법원이 개입하는 방법으로서, 협의상 파양을 인정하되 법원이 파양의 허가를 하는 방안과, 재판상 파양만을 인정하는 방안 두 가지를 놓고 논의하였는데, 아동의 보호를 위하여는 재판상 파양만을 인정하는 것이 낫다고 보아 그와 같이 결정하였다.[43] 그리하여 미성년자의 협의상 파양에 관하여 적용되는 조문인 제899조에서 제901조는 폐지하였다.

○ 제902조

법률 제10429호	개정
제902조(피성년후견인의 협의상 파양) 양친이나 양자가 피성년후견인인 경우에는 성년후견인의 동의를 받아 파양의 협의를 할 수 있다.	제902조(피성년후견인의 협의상 파양) 피성년후견인인 양부모는 성년후견인의 동의를 받아 파양을 협의할 수 있다.

개정법상 양자가 피성년후견인인 경우에는 협의파양은 불가능하므로 개정법은 양부모가 피성년후견인인 경우만을 규정하였다.

○ 제903, 904조

현행	개정
第903條(罷養申告의審査) 罷養의申告는그罷養이第878條第2項, 第898條乃至前條의規定其他法令에違反함이없으면이를受理하여야 한다	제903조(파양 신고의 심사) 제898조, 제902조, 그 밖의 법령을 위반하지 아니한 파양 신고는 수리하여야 한다.

43 회의록 208면 이하. 김학송 의원 등이 제출한 민법개정안은 양자가 미성년자인 경우에 파양의 협의 후 가정법원의 허가를 받도록 하는 것을 내용으로 하였다.

第904條(準用規定) 第823條와第878條의規定은 協議上罷養에準用한다	제904조(준용규정) 사기 또는 강박으로 인한 파양 취소 청구권의 소멸에 관하여는 제823조를 준용하고, 협의상 파양의 성립에 관하여는 제878조를 준용한다.

제903조와 제904조는 개정 전과 내용에서는 차이가 없고, 다만 개정 전의 제878조 제2항은 삭제되었으므로 이를 반영하였으며, 표현을 알기 쉽게 바꾸었다

○ 제905조

현행	개정
第905條(裁判上罷養原因) 養親子의一方은다음各號의事由가있는境遇에는 家庭法院에罷養을請求할수있다. 1. 家族의 名譽를 汚瀆하거나 財産을 傾倒한 중대한 過失이 있을 때 2. 다른一方또는그直系尊屬으로부터甚히不當한待遇를받았을때 3. 自己의直系尊屬이다른一方으로부터甚히不當한待遇를받았을때 4. 養子의生死가3年以上分明하지아니한때 5. 其他養親子關係를繼續하기어려운重大한事由가있을때	제905조(재판상 파양의 원인) 양부모, 양자 또는 제906조에 따른 청구권자는 다음 각 호의 어느 하나에 해당하는 경우에는 가정법원에 파양을 청구할 수 있다. 1. 양부모가 양자를 학대 또는 유기하거나 그 밖에 양자의 복리를 현저히 해친 경우 2. 양부모가 양자로부터 심히 부당한 대우를 받은 경우 3. 양부모나 양자의 생사가 3년 이상 분명하지 아니한 경우 4. 그 밖에 양친자관계를 계속하기 어려운 중대한 사유가 있는 경우

재판상 파양 사유 중 개정 전 제1호 사유는 양자가 家를 위하여 인정된다는 관념에서 나온 것으로서, 현대의 양자제도가 기본적으로 자녀를 위한 것이라는 점에서는 시대에 맞지 않으므로 삭제하기로 하였다.

그리고 개정 전 제2호 사유를 구체화하여, 양부모가 양자의 복리를 현저히 해친 경우(제1호)와 양부모가 양자로부터 심히 부당한 대우를 받은 경우(제2호)를 파양 사유로 인정하였다. 개정 전의 파양 사유 중 직계존속에 의한 부당한 대우(개정전 제2호)와 직계존속에 대한 부당한 대우(개정전 제3호)도 시대에 맞지 않으므로 삭제하였다.

개정법 제3호와 제4호는 개정 전의 제4호와 제5호에 해당하는 규정이다.

개정위원회에서는 입양 허가 또는 입양 취소의 경우와 같이, 파양이 양자에게 가혹한 결과를 가져오는 때에는 파양 청구를 기각하는 규정을 둘 것인가를 검토하였으나, 그와 같은 규정을 둘 실익이 크지 않다고 보아 두지 않기로 하였다.[44]

○ 제906조

현행	개정
第906條(準用規定) 第899條乃至第902條의規定은裁判上罷養의請求에準用한다.	제906조(파양 청구권자) ① 양자가 13세 미만인 경우에는 제869조제2항에 따른 승낙을 한 사람이 양자를 갈음하여 파양을 청구할 수 있다. 다만, 파양을 청구할 수 있는 사람이 없는 경우에는 제777조에 따른 양자의 친족이나 이해관계인이 가정법원의 허가를 받아 파양을 청구할 수 있다. ② 양자가 13세 이상의 미성년자인 경우에는 제870조제1항에 따른 동의를 한 부모의 동의를 받아 파양을 청구할 수 있다. 다만, 부모가 사망하거나 그 밖의 사유로 동의할 수 없는 경우에는 동의 없이 파양을 청구할 수 있다. ③ 양부모나 양자가 피성년후견인인 경우에

44 회의록 249면.

	는 성년후견인의 동의를 받아 파양을 청구할 수 있다. ④ 검사는 미성년자나 피성년후견인인 양자를 위하여 파양을 청구할 수 있다.

개정 전 제906조는 협의상 파양에 관한 제899조에서 제902조까지를 재판상 파양에 준용하고 있었다. 개정법은 제899조에서 제902조를 삭제하였으므로 그에 해당하는 내용을 제1항에서 제3항까지 규정하였다.

다만 개정법은 파양의 청구권자를 종전보다 확대하였다. 즉 제1항에서는 양자가 13세 미만인 경우에 파양을 청구할 수 있는 사람이 없는 경우에는 양자의 친족[45]이나 이해관계인이 가정법원의 허가를 받아 파양을 청구할 수 있다고 규정하고, 제4항에서는 검사도 파양청구권자로 규정하였다. 이는 양자의 복리를 위하여는 파양이 필요함에도 불구하고 파양을 청구할 수 있는 사람이 없거나, 현실적으로 파양 청구가 어려운 경우에 대비한 것이다.[46] 개정위원회의 논의 과정에서는 가정법원이 직권으로 파양시킬 수 있도록 하는 방법도 검토하였으나, 현실적인 어려움이 있을 것을 고려하여 이러한 규정은 두지 않기로 하였다.[47]

○ 제907조

현행	개정
第907條(罷養請求權의消滅) 第905條第1號乃至第3號와第5號의事由는다른一方이이를안날	제907조(파양 청구권의 소멸) 파양 청구권자는 제905조 제1호 · 제2호 · 제4호의 사유가 있

45 金相瑢(주 17), 42면은 제777조에 의한 양자의 친족은 생가의 친족뿐만 아니라 양가의 친족도 포함한다고 한다. 이 점은 개정위원회에서 따로 논의되지 않았다.

46 프랑스 민법 제370조 제1항은 검사의 청구에 의한 단순입양의 파양을 인정하고, 독일 민법 제1773조 제1항은 양자가 미성년인 동안에는 후견법원이 직권으로 친양자 입양을 해소할 수 있도록 규정하고 있다.

47 회의록 250면 이하.

로부터6月, 그事由있은날로부터3年을經過하면罷養을請求하지못한다	음을 안 날부터 6개월, 그 사유가 있었던 날부터 3년이 지나면 파양을 청구할 수 없다.

이 규정은 개정 전과 실질적으로 달라진 것은 없다. 다만 개정법에서는 파양 청구권자의 범위를 확대하였으므로, 각 청구권자별로 파양 사유가 있음을 안 날부터 6개월의 기간을 따지게 된다.[48]

○ 제908조

현행	개정
第908條(罷養과損害賠償請求權) 第806條의規定은裁判上罷養에準用한다	제908조(준용규정) 재판상 파양에 따른 손해배상책임에 관하여는 제806조를 준용한다.

개정법은 개정 전 법의 표현만을 바꾼 것이다.

○ 제908조의2

현행	개정
제908조의2(친양자 입양의 요건 등) ①친양자(親養子)를 하려는 자는 다음 각 호의 요건을 갖추어 가정법원에 친양자 입양의 청구를 하여야 한다. 1. 3년 이상 혼인중인 부부로서 공동으로	제908조의2(친양자 입양의 요건 등) ① 친양자(親養子)를 입양하려는 사람은 다음 각 호의 요건을 갖추어 가정법원에 친양자 입양을 청구하여야 한다. 1. 3년 이상 혼인 중인 부부로서 공동으로

48 다만 청구인이 검사인 경우에는 검사가 파양사유가 언제 알았는지를 따지는 것은 의미가 없고, 파양 사유가 있었던 날부터 3년이 경과하였는지 여부만 문제될 것이다. 회의록 258면 참조.

입양할 것. 다만, 1년 이상 혼인중인 부부의 일방이 그 배우자의 친생자를 친양자로 하는 경우에는 그러하지 아니하다.

2. 친양자로 될 자가 15세 미만일 것
3. 친양자로 될 자의 친생부모가 친양자 입양에 동의할 것. 다만, 부모의 친권이 상실되거나 사망 그 밖의 사유로 동의할 수 없는 경우에는 그러하지 아니하다.
4. 제869조의 규정에 의한 법정대리인의 입양승낙이 있을 것

② 가정법원은 친양자로 될 자의 복리를 위하여 그 양육상황, 친양자 입양의 동기, 양친(養親)의 양육능력 그 밖의 사정을 고려하여 친양자 입양이 적당하지 아니하다고 인정되는 경우에는 제1항의 청구를 기각할 수 있다.

입양할 것. 다만, 1년 이상 혼인 중인 부부의 한쪽이 그 배우자의 친생자를 친양자로 하는 경우에는 그러하지 아니하다.

2. 친양자가 될 사람이 미성년자일 것
3. 친양자가 될 사람의 친생부모가 친양자 입양에 동의할 것. 다만, 부모가 친권상실의 선고를 받거나 소재를 알 수 없거나 그 밖의 사유로 동의할 수 없는 경우에는 그러하지 아니하다.
4. 친양자가 될 사람이 13세 이상인 경우에는 법정대리인의 동의를 받아 입양을 승낙할 것
5. 친양자가 될 사람이 13세 미만인 경우에는 법정대리인이 그를 갈음하여 입양을 승낙할 것

② 가정법원은 다음 각 호의 어느 하나에 해당하는 경우에는 제1항제3호·제4호에 따른 동의 또는 같은 항 제5호에 따른 승낙이 없어도 제1항의 청구를 인용할 수 있다. 이 경우 가정법원은 동의권자 또는 승낙권자를 심문하여야 한다.

1. 법정대리인이 정당한 이유 없이 동의 또는 승낙을 거부하는 경우. 다만, 법정대리인이 친권자인 경우에는 제2호 또는 제3호의 사유가 있어야 한다.
2. 친생부모가 자신에게 책임이 있는 사유로 3년 이상 자녀에 대한 부양의무를 이행하지 아니하고 면접교섭을 하지 아니한 경우
3. 친생부모가 자녀를 학대 또는 유기하거나 그 밖에 자녀의 복리를 현저히 해친 경우

③ 가정법원은 친양자가 될 사람의 복리를 위하여 그 양육상황, 친양자 입양의 동기, 양부모의 양육능력, 그 밖의 사정을 고려하여 친양자 입양이 적당하지 아니하다고 인정되는 경우에는 제1항의 청구를 기각할 수 있다.

1. 친양자의 연령

개정 전 법은 친양자로 될 자가 15세 미만이라야 한다고 규정하고 있었다. 그러나 이 문제는 친양자제도 도입 당시에도 많은 논란의 대상이 되었고, 미성년자는 친양자로 될 수 있어야 한다는 주장도 유력하였다.[49] 그리하여 개정법은 미성년자는 모두 친양자가 될 수 있도록 법을 개정하였다. 그리고 친양자가 될 사람이 13세 이상인 경우에는 법정대리인의 동의를 받아 입양을 승낙할 수 있도록 하였다.[50]

2. 법정대리인, 친생부모의 동의 또는 승낙에 대한 예외

그리고 제2항에서는 일반입양과 마찬가지로 일정한 요건이 있으면 법정대리인의 동의 또는 승낙이나 친생부모의 동의가 없이도 가정법원이 친양자 입양 청구를 인용할 수 있도록 하였다.

첫째, 법정대리인이 정당한 이유 없이 동의 또는 승낙을 거부하는 경우. 다만, 법정대리인이 친권자인 경우에는 요건이 가중된다.[51]

49 조경애, "친양자 제도의 개선방향(사례를 중심으로)", 家族法硏究 제22권 3호(2008), 313면 이하; 국회 법제사법위원회, '민법중개정법률안에 관한 공청회' 자료집, 2002. 3, 122면(윤진수) 등.

50 개정 전에는 15세 미만인 미성년자만이 친양자가 될 수 있었으므로 그의 승낙은 처음부터 문제되지 않았다.

51 개정 전 법이나 개정법은 모두 법정대리인이 소재불명 그 밖의 사유로 동의할 수 없는 경우 동의면제 가능성에 관해 명문의 규정을 두지 않고 있다. 그러나 개정법에서는 제908조의8에 의해 일반입양에서의 법정대리인의 동의면제에 관한 제869조 제3항 제2호가 친양자입양에도 준용된다고 보아야 할 것이다. 현소혜, "개정 「민법」상 입양과 「입양특례

둘째, 친생부모가 자신에게 책임이 있는 사유로 3년 이상 자녀에 대한 부양의무를 이행하지 아니하고 면접교섭을 하지 아니한 경우. 일반입양의 경우에는 부모가 3년 이상 자녀에 대한 부양의무를 이행하지 아니한 경우이면 되지만(제869조 제2항 제1호), 친양자의 경우에는 자신에게 책임이 있는 사유여야 하고, 또 면접교섭도 하지 않아야 한다.[52]

셋째, 친생부모가 자녀를 학대 또는 유기하거나 그 밖에 자녀의 복리를 현저히 해친 경우.

앞에서 본 것처럼 헌법재판소 2012. 5. 31. 선고 2010헌바87 결정은, 개정 전 법이 이러한 예외를 인정하지 않은 것이 위헌이라고는 할 수 없지만, 이와 같이 법이 개정된 것은 다행한 일이라고 하였다.

3. 부부만 친양자 입양을 하게 하는 것의 위헌 여부

개정 전 법은 혼인 중인 부부만이 친양자를 입양할 수 있게 하였고, 이 점은 개정법에서도 변화가 없다. 그런데 독신인 사람도 친양자 입양을 할 수 있도록 하여야 하고, 이를 허용하지 않는 것은 위헌이라는 주장이 있다.[53]

이는 입법론으로서는 충분히 고려할 가치가 있으나, 현행법이 독신자라도 일반입양은 할 수 있도록 하고 있는 점에 비추어 보면, 부부만이 친양자 입양을 할 수 있도록 하는 것이 위헌이라고는 할 수 없을 것이다.

법」상 입양", 家族法硏究 제27권 1호(2013), 100-1면은 이와 같이 보면서도, 입법론적으로는 친양자 입양에 관하여 이 점을 명백히 하는 것이 바람직하다고 한다.

52 정부안에는 "자신에게 책임이 있는 사유로"라는 부분이 없었는데, 입법과정에서 추가되었다.

53 배인구(주 24), 235면 이하. 서울가정법원은 2011년 이 점을 이유로 제908조의2에 대하여 위헌제청을 하여 사건이 헌법재판소에 계속되어 있다(2011헌가42 사건).

4. 기타

제3항은 개정 전 제2항과 같은 내용이고, 다만 "친양자로 될 자"를 "친양자로 될 사람"으로 바꾸었다.

○ 제908조의4

현행	개정안
제908조의4(친양자 입양의 취소 등) ① 친양자로 될 자의 친생(親生)의 부 또는 모는 자신에게 책임이 없는 사유로 인하여 제908조의2제1항제3호 단서의 규정에 의한 동의를 할 수 없었던 경우에는 친양자 입양의 사실을 안 날부터 6월내에 가정법원에 친양자 입양의 취소를 청구할 수 있다. ② 제883조 및 제884조의 규정은 친양자 입양에 관하여 이를 적용하지 아니한다.	제908조의4(친양자 입양의 취소 등) ① 친양자로 될 사람의 친생(親生)의 아버지 또는 어머니는 자신에게 책임이 없는 사유로 인하여 제908조의2제1항제3호 단서에 따른 동의를 할 수 없었던 경우에 친양자 입양의 사실을 안 날부터 6개월 안에 가정법원에 친양자 입양의 취소를 청구할 수 있다. ② 친양자 입양에 관하여는 제883조, 제884조를 적용하지 아니한다.

제908조의4는 개정 전과 내용이 달라지지는 않았고, 표현만을 바꾸었다.

○ 제908조의6

현행	개정
제908조의6(준용규정) 제908조의2 제2항의 규정은 친양자 입양의 취소 또는 제908조의5 제1항 제2호의 규정에 의한 파양의 청구에 관하여 이를 준용한다.	제908조의6(준용규정) 제908조의2제3항------------------------ 제908조의5 제1항 제2호에 따른 ------------------------------.

개정 전 제908조 제2항이 개정에 따라 제3항으로 바뀌었으므로 이를 반영하였다. 나머지는 표현의 수정이다.

○ 제818조, 제828조, 제843조, 제925조

현행	개정안
제818조(중혼의 취소청구권자) 혼인이 제810조의 규정을 위반한 때에는 당사자 및 그 배우자, 직계존속, 4촌 이내의 방계혈족 또는 검사가 그 취소를 청구할 수 있다.	제818조(중혼의 취소청구권자) 당사자 및 그 배우자, 직계혈족, 4촌 이내의 방계혈족 또는 검사는 제810조를 위반한 혼인의 취소를 청구할 수 있다.
第828條(夫婦間의契約의取消) 夫婦間의契約은 婚姻中언제든지夫婦의一方이이를取消할수 있다 그러나第三者의權利를害하지못한다	〈삭제〉
第843條(準用規定) 第806條, 第837條, 第837條의2 및 第839條의2의規定은裁判上離婚의境遇에準用한다	제843조(준용규정) 재판상 이혼에 따른 손해배상책임에 관하여는 제806조를 준용하고, 재판상 이혼에 따른 자녀의 양육책임 등에 관하여는 제837조를 준용하며, 재판상 이혼에 따른 면접교섭권에 관하여는 제837조의2를 준용하고, 재판상 이혼에 따른 재산분할청구권에 관하여는 제839조의2를 준용하며, 재판상 이혼에 따른 재산분할청구권 보전을 위한 사해행위취소권에 관하여는 제839조의3을 준용한다.
第925條(代理權, 管理權喪失의 宣告) 法定代理人인親權者가不適當한管理로因하여子의財産을危殆하게한때에는法院은第777條의規定에依한子의親族의請求에依하여그法律行爲의	제925조(대리권, 재산관리권 상실의 선고) 가정법원은 법정대리인인 친권자가 부적당한 관리로 인하여 자녀의 재산을 위태롭게 한 경우에는 제777조에 따른 자녀의 친족 또는 검사

代理權과財産管理權의喪失을宣告할수있다	의 청구에 따라 그 법률행위의 대리권과 재산관리권의 상실을 선고할 수 있다.

제818조, 제828조, 제843조, 제925조는 입양에 관한 것은 아니지만, 논란의 대상이 되었던 것들로서, 개정법은 이 규정들도 개정하였다. 개정법의 다른 규정들은 2013. 7. 1.부터 시행되지만, 위 4개 조문은 공포한 날부터 시행되었다.

1. 제818조

개정 전에는 중혼의 취소청구권자에 직계존속은 포함되어 있으나, 직계비속은 제외되어 있었다. 그런데 헌법재판소 2010. 7. 29. 선고 2009헌가8 결정은, 중혼의 취소청구권자에 직계비속을 제외한 것이 평등원칙에 반한다고 하여, 제818조에 대하여 헌법불합치결정을 내렸다.

그리하여 이혜훈 의원 등 11인이 2010. 8. 3. 중혼취소청구권자에 직계비속을 포함시키는 내용의 개정안을 제출하였다. 정부안은 개정 전의 '직계존속'을 '직계혈족'으로 바꿈으로써 직계비속도 청구권자에 포함시켰고, 개정법은 정부안을 받아들였다.

2. 제828조

부부간의 계약 취소권을 규정한 제828조에 대하여는, 부부 사이의 계약이라도 아무런 이유 없이 취소할 수 있게 할 합리적인 근거가 없으므로, 이 규정은 삭제되어야 한다는 주장이 많았다.[54] 개정법은 이를 받아들여 제828조를 삭제하였다.

54 예컨대 金性叔, "夫婦契約取消權의 問題點", 家族法研究 제10호(1996), 109면 이하 등.

3. 제843조

개정 전 제843조는 협의이혼에 관하여 재산분할청구권 보전을 위한 사해행위취소권을 규정하고 있는 제839조의3을 재판상 이혼에 관하여는 준용하지 않고 있었다. 종전에도 개정 전 제843조가 협의이혼에 있어서의 재산분할청구권에 관한 제839조의2를 재판상 이혼에 준용하고 있었기 때문에, 제839조의3도 당연히 재판상 이혼에 적용될 수 있다고 해석되고 있었다. 개정법은 제839조의3도 재판상 이혼에 준용된다는 점을 명확히 하여 논란의 소지를 없앴다.

4. 제925조

개정 전 제925조는 대리권, 재산관리권 상실 선고의 청구권자에 검사를 포함시키지 않고 있었다. 그러나 제924조는 친권상실 선고의 청구권자에 검사를 포함시키고 있는데, 대리권, 재산관리권 상실 선고의 경우에 검사를 청구권자에 포함시키지 않을 별다른 이유는 없다. 그리하여 개정법은 대리권, 재산관리권 상실 선고의 청구권자에 검사를 포함시켰다.

참고문헌

1. 단행본

金疇洙, 親族・相續法, 第5全訂版, 2000.

金疇洙・金相瑢, 親族・相續法, 제9판, 2008.

김주수・김상용, 친족・상속법, 제10판, 2011.

김주수/김상용, 주석 민법 [친족(3)] 제4판, 2010.

編輯代表 郭潤直, 民法注解[III] 總則(3), 1992.

성년후견제도연구회, 성년후견제도 연구, 2007.

송덕수, 민법총칙, 2011.

법무부 민법개정자료발간팀 編, 2013년 개정민법 자료집(上), 2012.

법원실무제요 민사소송[II], 2005.

법원실무제요 가사[II], 2010.

현소혜, 입양법제 선진화방안, 2009년 법무부 용역과제 보고서.

제3기 가족법개정특별분과위원회 회의록, 2011.

2. 논문

구상엽, "개정민법상 성년후견제도에 대한 연구 – 입법 배경, 입법자의 의사 및 향후 과제를 중심으로 –", 서울대학교 대학원 박사학위논문, 2012.

권재문, "친권자의 공백 상황에 대처하기 위한 법정대리인의 결정", 家族法硏究 제27권 1호, 2013.

김명엽, "성년후견제도 도입을 위한 법무부 입법안의 개선에 관한 연구", 法과 政策 第16輯 第2號, 2010.

김민중, "임의후견제도의 개혁", 법학연구 제27권, 2008.

金相瑢, "改正民法(친족・상속법) 解說", 法曹, 2005.8.

_____, ""親權自動復活論"에 대한 비판적 고찰", 법학논문집 제32집 제2호, 2008.

_____, "양자법의 문제점과 개정방향", 法曹, 2009.5.

_____, "2011년 가족법의 개정 동향", 法曹, 2011.12.

______, “개정 양자법 해설”, 法曹, 2012.5.

金性叔, “夫婦契約取消權의 問題點”, 家族法硏究 제10호, 1996.

김판기, “2011년 민법개정과 향후 과제”, 법학연구 제19권 제2호, 2011.

김형석, “민법 개정안에 따른 성년후견법제”, 家族法硏究 第24卷 2號, 2010.

______, “피성년후견인과 피한정후견인의 소송능력”, 家族法硏究 第27卷 1號, 2013.

南潤鳳, “高齡化 社會에서의 成年後見에 관한 硏究”, 法과 政策硏究 第8輯 第2號, 2008.

박인환, “새로운 성년후견제 도입을 위한 민법개정안의 검토”, 가족법연구 제24권 1호, 2010.

______, “개정민법상 임의후견제도의 쟁점과 과제”, 가족법연구 제26권 2호, 2012.

배인구, “친양자제도 성립요건의 문제점에 관한 소고”, 사법 제21호, 2012.

백승흠, “후견인의 요양·감호의무에 관한 고찰－개정전 일본 민법의 해석론과 성년후견을 중심으로－”, 家族法硏究 第18卷 2號, 2004.

______, “成年後見의 監督에 관한 고찰－독일과 일본의 제도를 비교하여－”, 家族法硏究 第20卷 2號, 2006.

______, “민법 개정안의 후견계약제도”, 대한공증협회지 제3호, 2010.

______, “성년후견제도의 도입과 과제”, 법학논총 제27집 제1호, 2010.

宋鎬烈, “成年後見法制化의 基本原則과 方向”, 동아법학 제33호, 2003.

______, “성년후견감독법제에 관한 고찰”, 재산법연구 제25권 제1호, 2008.

신권철, “성년후견제도의 도입과 법원의 역할”, 사법 제14호, 2010.

신은주, “우리나라에서 성년후견제도의 도입”, 한국의료법학지 제17권 제6호, 2009.

梁壽山, “親權者와 親權行使者”, 家族法硏究 제10호, 1996.

엄덕수, 성년후견 법안, 그 쟁점과 입법 방향, 法務士 제516호, 2010.

윤일구, “성년후견제도 도입에 따른 문제점과 과제”, 法學論叢 第32輯 第2號, 2012.

윤진수, “친족회의 동의를 얻지 않은 후견인의 법률행위에 대한 표현대리의 성립 여부”, 민사법학 제19호, 2001.

______, “兒童權利協約과 韓國家族法”, 民法論攷 Ⅳ, 2009.

______, “兒童의 司法節次上 聽聞”, 民法論攷 Ⅳ, 2009.

李東哲, “親權行使者 및 養育者 指定, 養育費 請求에 관한 몇 가지 問題”, 서울가정법원 實務硏究 [X], 2005.

이영규, “성년후견법안의 검토 및 향후과제”, 경남법학 제26집, 2010.

이재경, “의료분야에서 성년후견제도의 활용에 관한 연구”, 성균관법학 제21권 제3호, 2009.

______, “성년후견제도에 있어서 정신질환자에 대한 의료행위와 후견인의 동의권에 관한 연구”, 家族法硏究 第26卷 3號, 2012.

이진기, “개정민법 규정으로 본 성년후견제도의 입법적 검토와 비판”, 가족법연구 제26권 2호, 2012.

이현재, “子의 최선의 이익 : 미국을 중심으로”, 民事法硏究 제11집 2호, 2003.

李熙培, “單獨親權行使者가 死亡한 경우 生存親의 親權行使權能의 復活與否와 親權喪失의 事由”, 家族法硏究 제10호, 1996.

정남휘, “성인후견제도의 입법적 고찰”, 법무사 506호, 2009.

제철웅·박주영, "성년후견제도의 도입논의와 영국의 정신능력법의 시사점", 家族法研究 第21卷 3號, 2007.
제철웅, "성년후견제도의 개정방향", 민사법학 제42호, 2008.
______, "요보호성인의 인권존중의 관점에서 본 새로운 성년후견제도", 民事法學 제56호, 2011.
______, "성년후견인의 민법 제755조의 책임 – 그 정당성에 대한 비판적 검토 – ", 法曹 제670호, 2012.
조경애, "친양자 제도의 개선방향(사례를 중심으로)", 家族法研究 제22권 3호, 2008.
주인, "入養制度의 法規定 整備에 관한 提言", 家族法研究 제25권 3호, 2011.
현소혜, "의료행위 동의권자의 결정 – 성년후견제 시행에 대비하여 – ", 홍익법학 제13권 제2호, 2012.
______, "개정 「민법」상 입양과 「입양특례법」상 입양", 家族法研究 제27권 1호, 2013.
황영두, "민법상 성년후견제도에 관한 고찰", 慶星法學 第20輯 第2號, 2011.
Rainer Frank (金相瑢 역), "완전양자제도(친양자제도) : 입양아동의 복리를 위한 유일한 대안", 부산대학교 법학연구 제43권 1호, 2002.

3. 기사 기타 자료

김상용, "성년후견법안의 문제점", 법률신문 제3787호, 2009.10.22.
김은효, "민법(성년후견)일부 개정안에 대한 소론", 법률신문 제3793호, 2009.11.16., 15면.
국회 법제사법위원회, '민법중개정법률안에 관한 공청회' 자료집, 2002.3.
법제사법위원회, "민법 일부개정법률안 심사보고서", 2011.4.
____________, "민법 일부개정법률안 심사보고서", 2011.12.

저자 윤진수

1977년 2월 서울대학교 법과대학 졸업
1984년 8월 서울대학교 대학원 졸업(법학석사)
1993년 8월 서울대학교 대학원 졸업(법학박사)
1979년 9월 - 1982년 8월 육군 법무관
1982년 9월 - 1997년 2월 서울민사지방법원, 서울형사지방법원, 서울가정법원, 전주지방법원 정주지원, 광주고등법원, 서울고등법원 판사, 헌법재판소 헌법연구관, 대법원 재판연구관, 전주지방법원 부장판사, 수원지방법원 부장판사
1997년 3월 - 현재 서울대학교 법과대학 조교수, 부교수, 교수, 서울대학교 법학전문대학원 교수
2006년 2월 - 2008년 2월 한국비교사법학회 회장
2008년 1월 - 2009년 12월 한국가족법학회 회장
2008년 10월 - 현재 민사판례연구회 회장
2011년 1월 - 2011년 12월 한국민사법학회 회장
2009년 2월 - 현재 법무부 민법개정위원회 부위원장·실무위원장·분과위원장 역임

현소혜

1998년 2월 서울대학교 법과대학 졸업
2001년 2월 서울대학교 대학원 졸업(법학석사)
2009년 2월 서울대학교 대학원 졸업(법학박사)
2006년 2월 - 2007년 8월 헌법재판소 헌법연구관보
2007년 8월 - 2012년 2월 홍익대학교 법과대학 조교수
2010년 9월 - 2011년 12월 법무부 성년후견제 관계법령정비위원회 위원
2012년 3월 - 2013년 2월 서강대학교 법학전문대학원 조교수
2013년 2월 - 현재 서강대학교 법학전문대학원 부교수

2013년 6월 30일 초판 1쇄 발행

발행 **법무부**
황교안 법무부장관
주소 : 경기도 과천시 관문로 47 정부과천청사
전화 : 02-2110-3164
팩스 : 02-503-7037
홈페이지 : http://www.moj.go.kr

기획 **서정민** 법무부 법무심의관실 검사

출판·판매 **민속원**
출판등록 : 제18-1호
주소 : 서울 마포구 대흥동 337-25
전화 : 02) 804-3320, 805-3320, 806-3320(代)
팩스 : 02) 802-3346
홈페이지 : www.minsokwon.com

이 도서의 국립중앙도서관 출판시도서목록(CIP)은 서지정보유통지원시스템 홈페이지(http://seoji.nl.go.kr)와 국가자료공동목록시스템(http://www.nl.go.kr/kolisnet)에서 이용하실 수 있습니다. (CIP제어번호 : CIP2013008908)

ISBN 978-89-285-0473-2 94360
978-89-285-0384-1(세트)